Marketing e o mercado infantil

Dados Internacionais de Catalogação na Publicação (CIP)
(Câmara Brasileira do Livro, SP, Brasil)

Veloso, Andres Rodriguez
   Marketing e o mercado infantil / Andres Rodriguez Veloso, Diogo Hildebrand, Marcos Cortez Campomar. -- São Paulo : Cengage Learning, 2012.

   Bibliografia.
   ISBN 978-85-221-1195-4

   1. Consumidores - Comportamento 2. Consumidores - Satisfação 3. Crianças como consumidoras 4. Marketing 5. Marketing - Pesquisa 6. Publicidade e crianças I. Hildebrand, Diogo. II. Camponar, Marcos Cortez. III. Título.

12-02736   CDD-658.8342083

Índice para catálogo sistemático:
   1. Crianças como consumidoras : Marketing : Administração 658.8342083

Marketing e o mercado infantil

Andres Rodriguez Veloso

Diogo Hildebrand

Marcos Cortez Campomar

Austrália • Brasil • Japão • Coreia • México • Cingapura • Espanha • Reino Unido • Estados Unidos

Marketing e o mercado infantil
Andres Rodriguez Veloso, Diogo Hildebrand,
Marcos Cortez Campomar

Gerente Editorial: Patricia La Rosa

Supervisora Editorial: Noelma Brocanelli

Supervisora de Produção Editorial:
Fabiana Alencar Albuquerque

Editor de Desenvolvimento: Fábio Gonçalves

Editora de Direito de Aquisição e Iconografia:
Vivian Rosa

Assistente de Direitos de Aquisição e
Iconografia: Milene Uara

Pesquisa Iconográfica: Renata Harfiel

Copidesque: Nelson Luis Barbosa

Revisão: Maria Alice da Costa e Luicy Caetano
de Oliveira

Diagramação: Cia. Editorial

Capa: MSDE/Manu Santos Design

© 2013 Cengage Learning Edições Ltda.

Todos os direitos reservados. Nenhuma parte deste livro poderá ser reproduzida, sejam quais forem os meios empregados, sem a permissão, por escrito, da Editora. Aos infratores aplicam-se as sanções previstas nos artigos 102, 104, 106 e 107 da Lei nº 9.610, de 19 de fevereiro de 1998.

Esta editora empenhou-se em contatar os responsáveis pelos direitos autorais de todas as imagens e de outros materiais utilizados neste livro. Se porventura for constatada a omissão involuntária na identificação de algum deles, dispomo-nos a efetuar, futuramente, os possíveis acertos.

Para informações sobre nossos produtos, entre em contato pelo telefone **0800 11 19 39**

Para permissão de uso de material desta obra, envie seu pedido
para **direitosautorais@cengage.com**

© 2013 Cengage Learning. Todos os direitos reservados.

ISBN-13: 978-85-221-1195-4
ISBN-10: 85-221-1195-2

Cengage Learning
Condomínio E-Business Park
Rua Werner Siemens, 111 – Prédio 20 – Espaço 04
Lapa de Baixo – CEP 05069-900
São Paulo – SP
Tel.: (11) 3665-9900 – Fax: (11) 3665-9901
SAC: 0800 11 19 39

Para suas soluções de curso e aprendizado, visite
www.cengage.com.br

Impresso no Brasil.
Printed in Brazil.
1 2 3 4 5 6 7   13 12 11 10 09

Este livro é dedicado a Marina, Ludmila e Ana, às esposas que, por convivência, são também profundas conhecedoras do marketing voltado à criança e nos ajudaram a dar forma a este livro.

Prefácio

Caro leitor,

Este não é apenas um livro comum sobre comportamento do consumidor ou sobre estratégia de marketing. Ao tratar do público infantil, é indispensável procurar fontes múltiplas de conhecimento para fundamentar a discussão com a necessária profundidade. Fomos buscar apoio na psicologia, na pedagogia e entre aqueles que estudam o desenvolvimento físico, cognitivo e social da criança. Abordaremos, ao longo do livro, trabalhos publicados no Brasil, assim como estudos seminais realizados, primordialmente, nos Estados Unidos e, em um nível menor, na Europa e na Ásia. Buscamos apoio também nas inúmeras pesquisas realizadas por nós, ao longo dos últimos seis anos, com crianças e suas famílias, empresas de brinquedo, varejistas e profissionais de marketing. Para pesquisar esse público, tivemos de trabalhar com métodos de pesquisa dos mais diversos tipos, incluindo observações, coleta de desenhos e entrevistas. Esse esforço de pesquisa bibliográfica e empírica resultou nesta obra, que se configura em um compêndio sobre as questões relacionadas à comercialização de produtos aos infantes. Fundamentalmente, esta obra analisa como o marketing, uma disciplina, arte ou ciência que trata do indivíduo como consumidor e que tem como função oferecer às pessoas produtos (bens e serviços) que satisfaçam suas necessidades e seus desejos, pode ser aplicado adequadamente ao público infantil.

Ao incentivar as trocas entre as pessoas e as empresas, o profissional de marketing pretende, acima de tudo, a satisfação do seu cliente. Nesse sentido, o objetivo deste livro é, principalmente, oferecer um sustentáculo teórico para que as empresas passem a tratar o consumidor infantil com a atenção e o cuidado que merece, visando tanto a satisfação completa de suas necessidades como, simultaneamente, o respeito e o auxílio a esse indivíduo ainda em formação. Algumas vezes a ânsia por lucros rápidos nubla a visão daqueles que estão no comando das empresas. Por isso, ressaltamos a necessidade de respeitar as fragilidades naturais das crianças em desenvolvimento e mostramos como a empresa pode ser lucrativa ao mesmo tempo que contribui para a educação e o desenvolvimento delas.

Este livro foi escrito por dois economistas de formação e um administrador que, em momentos distintos, se enveredaram pelos caminhos do marketing. A diferente formação e as habilidades dos três autores se complementam em uma obra que analisa o marketing de modo diferente.

Andres, Diogo e Marcos
Agosto 2012

Sumário

Apresentação XI

Parte 1 – O processo de desenvolvimento da criança como consumidora 1

    1 Evolução da importância da criança como consumidora 3

    2 Processo de desenvolvimento da criança 17

    3 Processo de socialização do consumidor 31

Parte 2 – Composto de marketing aplicado ao consumidor infantil 57

    4 Estratégias de marketing aplicadas ao segmento infantil 59

    5 Desenvolvimento de produtos para o consumidor infantil 75

    6 O preço dos produtos e a renda da criança 89

    7 Praça (distribuição) e o varejo para o público infantil 99

    8 Promoção – Comunicação com a criança 107

    9 Marcas e personagens 117

Parte 3 – Tópicos avançados de marketing aplicado ao consumidor infantil 125

    10 Processo decisório familiar 127

    11 A criança e a mídia 139

    12 Pesquisa de marketing e o consumidor infantil 155

    13 Legislação e ética no marketing aplicadas ao público infantil 177

Referências bibliográficas 183

Apresentação

> Sempre existiu no marketing moderno a percepção da influência da criança nas compras do domicílio. [...] o novo mercado infantil, referenciado aqui, não significa as crianças que influenciam as compras dos pais. Nem significa itens comprados para o domicílio, como leite e pão. E também não inclui os bilhões de dólares gastos pelos pais com as crianças. O termo mercado infantil, conforme empregado aqui, refere-se ao grupo composto por crianças entre 5 e 13 anos [...] que compram produtos e serviços para seu uso pessoal e satisfação.
> (McNeal, 1969, p. 16)

O mercado infantil é aquele constituído por crianças, das recém-nascidas até aquelas com 12 anos incompletos, a partir de quando são consideradas adolescentes (Brasil, 1990). No Brasil, este mercado é composto por cerca de 39 milhões de crianças, ou seja, 20,5% da população (IBGE, 2006). Este mercado é um dos mais desafiadores e difíceis de abordar, pela complexidade de compreender o indivíduo ainda em formação e por ser muitas as questões éticas que permeiam o uso do marketing por empresas que focam o consumidor infantil (criança consumidora). São diversos os grupos interessados direta ou indiretamente na compreensão do comportamento do consumidor infantil, desde as próprias crianças e seus pais até as empresas, os responsáveis por políticas públicas (governo), organizações do terceiro setor (organizações não governamentais) e órgãos da mídia (televisão, rádio, revistas, jornais e atualmente sites da internet) (Moschis e Churchill, 1978).

A compreensão do comportamento do consumidor infantil é um tema de extrema complexidade, pois no epicentro do sistema se encontra uma criança em pleno desenvolvimento fisiológico e cognitivo (Piaget, 1959), fortemente influenciada pelo contexto social em que está envolvida (Kail, 2004). O processo pelo qual a criança se insere ou é inserida no meio social onde vive denomina-se socialização. Parte integrante desta, fundamentalmente na sociedade capitalista hoje vigente, é o processo de socialização do consumidor ou, em outras palavras, o desenvolvimento das crianças como consumidores capazes (Ward, 1974).

É referente a esse processo de desenvolvimento que as empresas estarão criando e aperfeiçoando estratégias para oferecer produtos que tenham chances mais significativas de sucesso no mercado infantil. Para isso, é necessário que haja uma correta compreensão das capacidades, qualidades e comportamentos específicos deste grupo, o que permite também que as empresas tratem este consumidor com o cuidado necessário.

Para atingir o objetivo de fornecer uma base para que o leitor aprofunde seu conhecimento de marketing aplicado ao consumidor infantil, organizamos este livro em três partes:

Parte 1

A primeira parte está organizada em três capítulos. O Capítulo 1 aborda questões históricas que permitem compreender de forma mais aprofundada as razões que tornaram o segmento de mercado composto pelas crianças significativo para as empresas na segunda metade do século xx. O Capítulo 2 discute as questões que envolvem o desenvolvimento da criança, pois é a partir da compreensão das fases de desenvolvimento que a empresa poderá adequar suas estratégias ao consumidor que almeja atingir. O Capítulo 3 trata do processo de socialização do consumidor, ou seja, do processo de aprendizado que ocorre para que a criança se torne um consumidor capacitado. Esta primeira parte dá a base para que o leitor compreenda as análises e considerações feitas no restante do texto.

Parte 2

A segunda parte analisa, primeiro, as principais estratégias de marketing aplicadas ao consumidor infantil. No Capítulo 4, são explorados os conceitos de segmentação e posicionamento adequados ao mercado infantil. Do Capítulo 5 ao 8, analisa-se o composto (ou mix) de marketing, ou seja, *produto* (Capítulo 5), *preço* (Capítulo 6), *praça* (Capítulo 7) e *promoção* (Capítulo 8). Finaliza-se a segunda parte com um capítulo que trata de marcas e personagens. Decidimos pela apresentação desse tema em separado, pois esta é uma estratégia bastante utilizada por empresas que focam o consumidor infantil, fazendo-se necessário tratar desse aspecto das estratégias de marketing de forma mais aprofundada.

Parte 3

Na terceira parte, são abordados alguns tópicos que, se não forem centrais aos processos apresentados na segunda, são muito importantes para as empresas que trabalham com as crianças. Primeiro, apresentamos no Capítulo 10 uma discussão sobre o processo decisório familiar. Isso se faz necessário, pois as mudanças culturais estão aumentando a importância da criança nas compras domiciliares, seja influenciando ou participando ativamente. Já no Capítulo 11, analisa-se a relação da criança com a mídia. Nesse capítulo, discute-se os diferentes tipos de mídia e os impactos que ela pode ter sobre a criança. É dada atenção especial à polêmica sobre a idade na qual a criança estaria apta a lidar de forma consciente com os apelos de marketing das empresas. Também são debatidos os impactos negativos que as ações de marketing podem ter sobre o público infantil. No Capítulo 12, são apresentadas as principais técnicas de pesquisa e como elas podem ser utilizadas de forma adequada junto ao consumidor infantil. E, para finalizar o livro, o Capítulo 13 foca questões que envolvem legislação e ética relacionadas ao trabalho com esse público.

PARTE 1

O processo de desenvolvimento da criança como consumidora

Para explorar adequadamente a complexidade das questões relacionadas ao consumo infantil, faz-se necessário estudar o processo de desenvolvimento social e cognitivo da criança e seu impacto na tomada de decisão em marketing. Assim, dividimos o livro em três partes: Parte 1, "O processo de desenvolvimento da criança como consumidora"; Parte 2, "Composto de marketing aplicado ao consumidor infantil"; e Parte 3, "Tópicos avançados de marketing aplicado ao consumidor infantil". Nesta primeira parte serão apresentados os fatores que levam ao crescimento da importância da criança como segmento atrativo para as empresas. Também serão evidenciadas as bases para a compreensão das características da criança durante seu desenvolvimento e como ela se insere no mundo do consumo por meio do processo de socialização. Esses temas são necessários para que o leitor compreenda as características e, em alguns casos, as limitações que a criança apresenta por causa de sua idade e estágio de desenvolvimento. Ao explorar essas questões a fundo, o leitor estará apto a visualizar a aplicabilidade das estratégias de marketing para cada momento do processo de desenvolvimento da criança. Certamente este livro não é exaustivo, mesmo porque o conhecimento em marketing é transitório e evolutivo. Este recorte apresenta um retrato atual do tema, o qual dá base para que o leitor possa ter ele mesmo um papel representativo no desenvolvimento desta importante área de estudos.

1 Evolução da importância da criança como consumidora

O consumidor infantil

A criança é vista na sociedade atual como algo sagrado, sem preço e insubstituível (Lewis, 2010, p. 84). Porém, essa preocupação não é algo que existe há muito tempo. As sociedades ocidentais passaram a dedicar uma importância cada vez maior à criança somente a partir do século XX (Montigneaux, 2003).

O estudo da pintura desenvolvida no período renascentista, entre os séculos XIII e XVII, durante a transição da Idade Média para a Idade Moderna, traz uma perspectiva interessante para a compreensão do papel da criança na sociedade. Pinturas renascentistas representam as crianças como miniadultos, participando das atividades hoje consideradas de adultos com muita desenvoltura (Ariès, 1962). Elas bebem, comem, vestem roupas de adultos nessas representações. Destaca-se que empresas de vestuário que desenvolvem roupas de adultos para crianças, como ternos e roupas sociais, na verdade estão remetendo a esse passado distante, com inegável apelo aos pais.

Durante o período renascentista, por volta do século XVI, era comum o trabalho infantil na agricultura ou na pecuária (Kussmaul, 1981). As crianças que trabalhavam em casas eram aprendizes de uma profissão ou ajudavam nas tarefas domésticas.

Na Idade Moderna, a criança ainda era tratada de forma diferente de como é tratada hoje. Uma breve visita aos livros de História, principalmente aqueles referentes à Revolução Industrial na Inglaterra, traz informações sobre questões envolvendo a criança e o trabalho. Naquela época, era muito comum a utilização da criança nas fábricas como mão de obra barata. Tanto as mulheres como as crianças eram submetidas a jornadas de trabalho acima de doze horas.

Crianças a partir de quatro anos subiam em chaminés para limpá-las, um trabalho demasiadamente perigoso. Por conta da situação dos *climbing boys* ("garotos escaladores", em tradução livre), foi criada em 1788 a primeira lei que buscou de alguma forma proteger a criança (Act 1788). Durante esse período da História, o hábito de submeter a criança a jornadas de trabalho de doze horas não era visto como algo cruel ou abusivo, mas sim como algo necessário para a sobrevivência da família e para o desenvolvimento da criança.

Somente no século XIX outras leis mais abrangentes foram criadas na Inglaterra. Destacam-se como as mais importantes o "Regulation Act of 1819" (que limitou a idade mínima para trabalhar em 9 anos e o máximo de horas trabalhadas em doze), o "Regulation of Child Labor Law of 1833" (que estabeleceu inspetores pagos para controlar a aplicação da lei) e o "Ten Hour Bill of 1847" (que limitou em dez o número de horas trabalhadas por crianças e mulheres).

A chegada do século XX trouxe uma série de mudanças que sedimentaram a importância social da criança e criaram a ideia da infância, em que a criança deveria receber cuidados maiores e ser protegida. Nesse período, os brinquedos ainda eram feitos pelas próprias crianças, com sobras de material ou desenvolvidos por conta de uma moda passageira, como no caso dos balões (Gross, 2010).

A importância da criança na família cresce a partir de 1900, principalmente na classe média norte-americana. Com o declínio da mortalidade infantil, diminuição do tamanho da família e afluência econômica, as crianças tornaram-se inestimáveis, foram retiradas do mercado de trabalho e passaram a ser valorizadas como bens de consumo (Gross, 2010, p. 83). A criança se transforma num objeto que exterioriza *status* e permite que os pais se exibam perante a sociedade. Apesar de antiga, até hoje permanece essa questão do uso da criança como meio de os pais ostentarem *status*. Isso explica a criação de versões para crianças de produtos de luxo consumidos pelos pais.

Apesar dessa crescente importância dentro da família, a ideia de uma criança que também é um consumidor e que faz parte do mercado de atuação das empresas surgiu somente após o término da Segunda Guerra Mundial. Isso aconteceu porque o mercado infantil passou a atender aos requisitos necessários para ser considerado um mercado promissor: tamanho, capacidade de compra e necessidades próprias (McNeal, 1992, p. 4).

Esse período da história foi marcado por uma profunda mudança social e econômica decorrente do esforço de guerra. Até o fim da guerra, o número de crianças nos Estados Unidos era praticamente o mesmo desde o início do século (aproximadamente 10 milhões) (McNeal, 1992). Porém, após o término da guerra, o número de nascimentos aumentou significativamente.

Os dados apresentados na Figura 1.1 esclarecem a grandeza na mudança do número de nascimentos anuais no país. Nesse mesmo período ocorreu um grande crescimento econômico, fazendo que o PIB norte-americano passasse de US$ 200.000 milhões em 1940 para US$ 300.000 milhões em 1950 e mais de US$ 500.000 milhões em 1960 (About.com Economics). O resultado desses dois fenômenos foi um país em desenvolvimento, com aumento da renda familiar e do número de consumidores, crescimento da classe média, a exemplo do que aconteceu no Brasil ao longo da

1 Evolução da importância da criança como consumidora

década de 2000. Em ambos os casos, o crescimento econômico gera uma quantidade de recursos disponíveis no domicílio que, de alguma forma, são direcionados para a criança.

Figura 1.1 – Nascimentos nos Estados Unidos – *baby boom*.
Fonte: Adaptado de Rosemberg (2011).

O pós-guerra também gerou uma mudança de atitude na população norte-americana. A guerra criou um sentimento de que a vida deveria ser aproveitada ao máximo, sendo assim, imediatismo, egocentrismo e autogratificação passaram a ser a norma (McNeal, 1992). Esses novos conceitos foram ainda mais facilmente difundidos depois do surgimento e desenvolvimento da televisão na segunda metade do século XX. Então, aproveitando a crescente importância e difusão de valores fundamentalmente hedônicos, as empresas e os profissionais de marketing intensificaram a criação e o desenvolvimento de produtos para o crescente mercado infantil.

Se no começo do século XX as festas de aniversário das crianças eram focadas nos pais e seus amigos, na segunda metade do século a criança se torna o centro das atenções, tanto com a popularização da música "Parabéns para você" ("Happy birthday to you", de 1893) como com o surgimento de uma infraestrutura de serviços (local e bufê) e a venda de livros que ensinavam como organizar a festa (Gross, 2010). É somente nesse momento que as propagandas passam a incentivar o ato de presentear as crianças no dia do seu aniversário. A própria festa de aniversário evolui para um momento de egocentrismo autorizado pela suspensão de limites (Lewis, 2010, p. 84).

Ao longo dos anos 1960 e 1970, inicia-se o desenvolvimento de produtos (tanto bens como serviços) para as crianças. Num primeiro momento a estratégia seguiu a antiga tradição da adaptação dos produtos destinados a adultos para o público infantil, estratégia que se provou bastante ineficaz ao longo do tempo (McNeal, 1999).

A insistência das empresas de apenas adaptar produtos para um novo público prolongou-se até a década de 1970. A Figura 1.2 resume os principais desenvolvimentos que tornaram o mercado infantil significativo do ponto de vista da empresa e dos profissionais de marketing. A partir da década de 1980, uma série de mudanças sociais fez que essa importância se aprofundasse cada vez mais.

Os fatores apresentados na Figura 1.2, apesar de terem sido identificados em relação à realidade norte-americana, não são estranhos à realidade brasileira. Talvez esta seja um tanto divergente daquela quanto à época em que esses fatores vieram à tona, mas certamente é possível encontrar consonância entre o Brasil e os Estados Unidos.

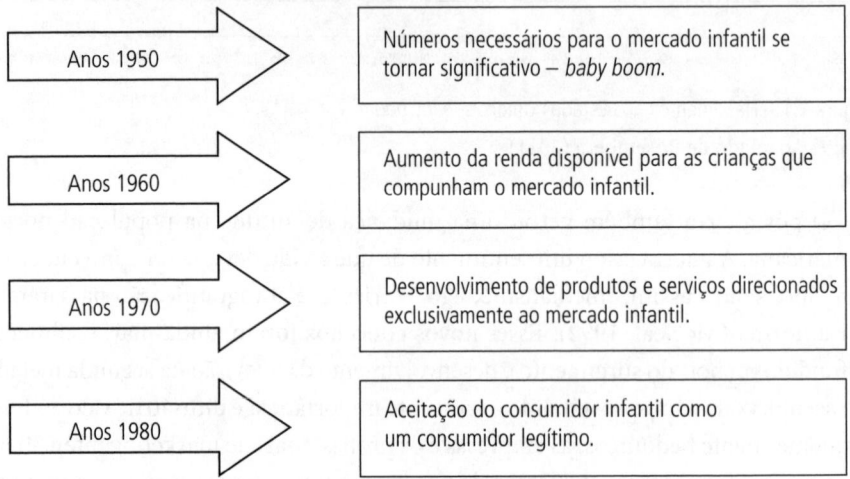

Figura 1.2 – Desenvolvimento do segmento infantil nos Estados Unidos (1950-1980).
Fonte: Adaptado de McNeal, 1992 (p. 4-6).

O primeiro fator preponderante foi o aumento do número de provedores na família. Esse aumento se deu basicamente mediante a maior participação da mulher no mercado de trabalho. Entre 1981 e 2002, a taxa de atividade feminina passou de 32,9% para 46,6% (Hoffmann e Leone, 2004). Já a taxa de fecundidade diminuiu sensivelmente, como pode ser visto na Figura 1.3.

Somado à entrada da mulher no mercado de trabalho está o fenômeno correlato da diminuição do tamanho das famílias. Ambos eventos criaram uma situação em que o domicílio tem maior renda disponível, os pais estão ausentes e sofrem com o sentimento de culpa, e o número de crianças é menor. Isso direciona, direta e indiretamente, uma parcela cada vez maior da renda do casal para as poucas crianças que habitam o domicílio. Parte dessa renda é utilizada com a compra de presentes para diminuir a culpa que os pais sentem, outra parte é utilizada nos parcos momentos de convivência familiar.

1 Evolução da importância da criança como consumidora

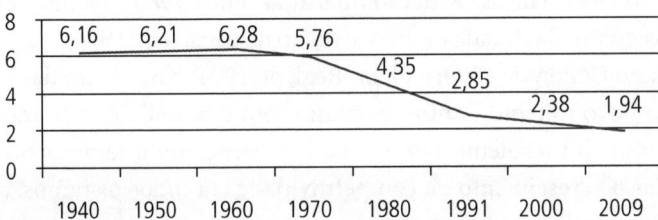

Figura 1.3 – Taxa de fecundidade no Brasil.
Fonte: IBGE (2010).

Quadro 1.1 – Fatores que explicam o crescimento da importância do consumidor infantil

Fator	Explicação
Aumento do número de provedores por família	Com o aumento da participação da mulher no ambiente de trabalho, é cada vez mais comum encontrar famílias em que ambos os pais trabalham.
Diminuição do número de crianças por família	A queda da taxa de fecundidade tem gerado famílias com um número cada vez menor de filhos. Dessa forma, os pais têm mais renda disponível para gastar por criança.
Pais mais idosos (e mais ricos)	No passado (década de 1960 e 1970), existia a expectativa de que a mulher deveria ter filhos antes de atingir os 30 anos. Essa perspectiva mudou. Atualmente, as famílias têm filhos com idades cada vez mais avançadas. Isso faz que a criança nasça numa família estruturada, com ambos os pais trabalhando, com carreiras consolidadas, ou seja, com renda superior.
Famílias desestruturadas	Numa família onde os pais são separados, o número de parentes dispostos a presentear a criança aumenta. Caso a criança passe parte do tempo com o pai e parte do tempo com a mãe, ocorre a necessidade de comprar produtos mais corriqueiros de forma duplicada.
Mães solteiras	É cada vez mais comum encontrar lares chefiados por mães solteiras. Isso faz que a criança tenha de assumir responsabilidades mais rapidamente que o normal, tendo então de realizar compras, cuidar da casa, resumindo, ter um papel mais participativo. Nesses casos também pode acontecer de a criança ter outra renda provinda do pai ausente.
Avós cada vez mais importantes	Com a presença cada vez maior da mulher no mercado de trabalho, torna-se necessário encontrar quem cuide das crianças. Os avós são candidatos naturais a este trabalho. É comum também estes avós terem parte da renda disponível, a qual acaba sendo direcionada para a criança.
O fator culpa	Pais solteiros ou divorciados carregam consigo a culpa de não estar presente na criação do filho. Essa situação gera a sensação de culpa, a qual é canalizada para a compra de bens e serviços por meio do conceito de *quality time*. O pai quer aproveitar o máximo de tempo com a criança, não poupando esforços financeiros para tal.
Pais preocupados com o futuro das crianças	Os pais, provindos de uma geração que atravessou diversas crises, entendem que apenas com um preparo excepcional a criança poderá sobreviver no mercado de trabalho. Essa preocupação reverte em aulas de idiomas, computação, esportes, música etc.

Fonte: Adaptado de McNeal (1999, p. 19-22).

Outro ponto, que merece destaque no Quadro 1.1, é a preocupação dos pais com o futuro das crianças. A década perdida (anos 1980), os inúmeros planos econômicos do fim da década de 1980 e início da década de 1990 (Plano Cruzado, de 1986; Plano Collor, de 1990; e Plano Real, de 1994) e o estouro das bolhas econômicas do novo milênio (empresas ponto.com e imobiliária) criaram um ambiente econômico turbulento em que os pais passaram a temer pelo futuro de suas crianças. O crescimento da competitividade em todos os ramos, até mesmo na busca pelas melhores oportunidades de trabalho, criou uma geração de pais que enxerga um futuro muito difícil para seus filhos. Dessa forma, eles não poupam esforços para investir na formação de seus filhos, seja por meio de cursos de informática, idiomas, ou por outras habilidades que possam ser úteis para o futuro profissional da criança.

O mercado infantil

O mercado infantil é composto por crianças entre 0 e 12 anos. Esse segmento representa 20,5% da população brasileira, ou seja, aproximadamente 39 milhões de crianças (IBGE, 2006). Desse total, 50,9% são do sexo masculino e 49,1% do sexo feminino. Dos 44 milhões de crianças, cerca de 34 milhões moram na zona urbana e cerca de 10 milhões na zona rural. Esse mercado certamente representa importante área de atuação para empresas que buscam progredir.

O mercado infantil pode ser compreendido a partir de uma perspectiva evolutiva do papel da criança. Nessa visão, a criança pode assumir três papéis diferentes. No início, ela será apenas responsável por influenciar o consumo das pessoas que estão à sua volta. Essa influência indireta é bastante poderosa. Nos Estados Unidos, por exemplo, US$ 176 bilhões são gastos anualmente com as crianças e outros US$ 74 bilhões são gastos levando em consideração a presença delas (Siegel, Coffey e Livingston, 2004). Como "presença" entende-se os pais fazendo compras pensando nos filhos; por exemplo, ao selecionar um restaurante para jantar, escolhem um que tenha um *playground* no estabelecimento.

Somente a partir de determinada idade, aproximadamente aos 4 ou 5 anos, a criança começa a fazer algumas compras independentes. O Quadro 1.2 analisa esse processo de desenvolvimento nas suas diferentes etapas.

A influência da criança sobre o comportamento dos pais acontece de duas formas. Inicialmente, ocorre a influência indireta, pois a criança ainda não possui a capacidade de influenciar diretamente os pais nos primeiros anos de vida. A in-

1 Evolução da importância da criança como consumidora

Quadro 1.2 – O desenvolvimento da criança como consumidora

Fase	Idade	Comportamento
Acompanham os pais e observam	Aproximadamente 1 ano	A criança que vai ao supermercado e fica sentada no carrinho, observando as coisas que acontecem ao seu redor. Ao se aproximar da idade de 2 anos, a criança já começa a fazer ligações entre anúncios televisivos e o conteúdo das lojas. Ela também passa a fazer ligações entre certas lojas e produtos que a satisfaz.
Acompanham os pais e fazem exigências	A partir dos 2 anos	Nessa idade, as crianças já começam a fazer requisições aos pais. Visitam a lojas de modo mais frequente e a exposição à mídia televisiva faz que cresça a variedade de itens que elas pedem. Nesses primeiros momentos as exigências podem tomar forma no grito, choro etc.
Acompanham os pais e selecionam produtos com permissão	A partir de 3 ou 4 anos	Nessa fase, a criança não está mais sentada no carrinho de supermercado. Ela tem permissão para circular pelos corredores do estabelecimento. Começa a reconhecer algumas marcas, principalmente as relacionadas àqueles produtos dos quais ela gosta. A criança começa a receber permissão para buscar alguns produtos, seja para que se mantenha ocupada, seja para ensiná-la os rudimentos do papel de consumidor.
Acompanham os pais e fazem compras independentes	Entre 4 e 5 anos	Nessa etapa, a criança percorre todo o processo de consumo chegando a pagar pelo produto. Surge, nessa fase, uma série de problemas para o infante relacionados com o entendimento do processo de troca de uma economia capitalista (valor do dinheiro e processo de compra). Também faz falta determinado nível de conhecimento matemático para que a criança possa realmente entender o que está acontecendo. Além disso, surgem as primeiras impressões marcantes sobre o consumo. Problemas encontrados com relação ao atendimento e à loja podem resultar em impressões negativas.
Vão sozinhas à loja e fazem compras independentes	Entre 5 e 7 anos	Nesta fase acontecem as primeiras experiências como consumidor independente. Os itens comprados dividem-se entre produtos destinados à própria satisfação (doces e refrigerantes) e para a casa (leite e pão).

Fonte: Adaptado de McNeal (1992).

fluência se dará na compra de produtos que visem dar suporte a ela. Por exemplo, um casal com filho recém-nascido pode trocar um carro pequeno por um familiar ou comprar uma casa ou apartamento maior para acomodar a família em crescimento. Além disso, a compra de serviços será bastante influenciada pela criança.

A família terá de optar por empresas de serviços que estejam preparadas ou dispostas a acomodar crianças; por exemplo, restaurantes ou hotéis. A criação de áreas de lazer, como as do McDonalds, é condizente com a necessidade dos pais em ter um local que entretenha seus filhos. Essa influência indireta se dará por todo o período da infância, adolescência e, em alguns casos, até da vida adulta. Invariavelmente, os pais de alguma forma levarão em conta a presença de seus filhos no momento de realizar parte de suas compras.

A partir de determinada idade, a criança, com o desenvolvimento da fala e o aumento de seu conhecimento sobre os produtos disponíveis, geralmente por meio da mídia televisiva, começa a influenciar seus pais diretamente. Essa influência ocorre mediante pedidos diretos. A criança, exposta às propagandas, passa a tomar conhecimento das marcas e das categorias de produto. Nesse período, os principais pedidos serão relacionados a brinquedos, salgadinhos, *fast-food* e bebidas lácteas (como Danoninho, Toddynho) (Veloso, Hildebrand e Daré, 2008).

A criança desenvolve uma série de estratégias para solicitar presentes aos pais. As mais utilizadas são: prometer que vai tirar boas notas; falar que está barato e explicar o que o produto tem de bom (Pesquisa Kids Experts Cartoon Network). A criança, desde muito cedo, já sabe que o choro, o grito e a súplica funcionam muito bem com adultos. Já com 4 anos elas compreendem que o uso dessas técnicas é muito eficiente para convencer os adultos. Essa falta de limites, a incapacidade dos pais em dizer "não", transfere um poder maior para a criança que utiliza esses estratagemas. Muitas vezes ela apenas quer chamar a atenção dos pais, utilizando o pedido de produtos como alternativa para sua inserção na família.

A influência da criança também será significativa em domicílios onde se exige maior participação dela. Tanto em domicílios onde os dois pais trabalham como em domicílios de pais separados. Em ambos os casos, será necessário que a criança participe mais das decisões familiares de consumo. Ela passará a comprar diretamente alguns produtos quando tiver renda disponível e liberdade para tanto. Nos Estados Unidos, por exemplo, é bastante comum o *milk-run*, a prática de enviar as crianças para comprar alguns produtos básicos no varejista mais próximo. Essa prática pode ser encontrada no Brasil, porém, para as classes sociais mais altas e para aquelas famílias que vivem nas grandes cidades em condomínios fechados, ela é raramente aplicada. De qualquer forma, é comum a criança acompanhar os pais em algumas compras e já receber ensinamentos sobre como se portar nos estabelecimentos.

Em geral, a partir dos 5 ou 6 anos a criança começa a ter uma renda própria (mesada), se tornando efetivamente um consumidor de forma mais direta. A mesada, que muitas vezes é dada a partir dos 3 anos, tem importância financeira crescente no mercado de consumo infantil. A partir da Figura 1.4 percebe-se que a mesada

1 Evolução da importância da criança como consumidora

tende a crescer com a idade, pois os pais passam a entender que a criança já tem algum nível de autonomia e necessidades próprias. Interessante notar que as meninas recebem um valor ligeiramente maior que os meninos, o que indica que os pais estão atentos à tendência natural de amadurecimento mais precoce entre indivíduos do sexo feminino. Além de ter a mesada como fonte de renda, as crianças dessa idade costumam receber dinheiro em momentos mais pontuais como aniversários, Natal etc. No Brasil, um dos presentes preferidos pelas crianças entre 7 e 15 anos, ocupando o segundo lugar no *ranking*, é dinheiro (Pesquisa Kids Experts Cartoon Network). Em primeiro lugar aparecem Mp3 e Mp4 players, iPod e, em terceiro, videogames. Somando a mesada às fontes individuais, as crianças brasileiras receberam em média R$ 7,40 por semana, em 2004, e R$ 7,85, em 2005. Esse dinheiro é gasto principalmente com itens de baixo valor unitário como guloseimas, salgadinhos, sorvetes, bebidas, brinquedos e jogos mais baratos. À medida que amadurece, a criança também recebe certa renda por atividades realizadas, por exemplo, o pagamento pela realização de tarefas domésticas, *babysitting* e até mesmo pelo bom desempenho na escola.

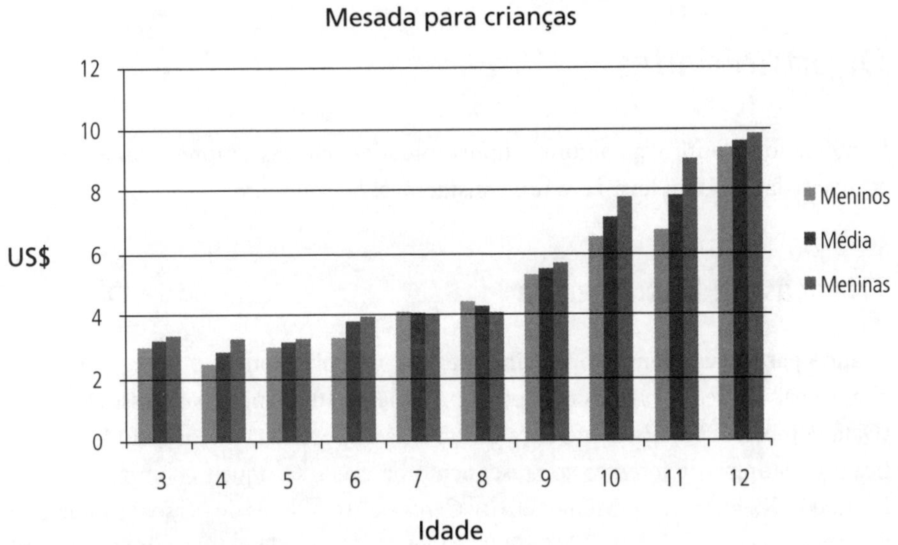

Figura 1.4 – Média de mesada para crianças nos Estados Unidos.
Fonte: Kids' Money (2011).

A socialização do consumidor acontece em todas as dimensões do processo, como nas etapas de busca por informações e, curiosamente, na poupança. Diferentemente do que muitos tendem a pensar, as crianças não gastam todo o dinheiro que recebem. Elas também economizam para compras mais significativas, como videogames para os meninos e carrinhos de bebês para as meninas (Siegel, Coffey e Livingston, 2004, p. 75). Dependendo do tipo de ensinamento que a criança recebeu, seu nível de economia será maior ou menor. Algumas empresas, principalmente instituições financeiras (bancos comerciais), estão observando atentamente essas mudanças. Isso se dá não pela possibilidade de lucro no curto prazo com as pequenas economias das crianças, mas sim com a possibilidade de criar um relacionamento precoce com elas. O foco dessas instituições está no consumidor futuro, que seria a última etapa do processo de desenvolvimento da criança como consumidora. É interessante criar vínculos emocionais com as crianças para garantir uma predileção pela marca da empresa no futuro. Por mais óbvio que possa parecer, as crianças de hoje são os consumidores do amanhã, e nada melhor que estar à frente dos seus concorrentes desde cedo.

Em resumo, é possível compreender a criança como parte do *mercado primário* (como consumidora), do *mercado de influência* (influencia direta e indiretamente o comportamento de outros) e do *mercado futuro* (como consumidora futura) (McNeal, 1992).

Oportunidades

O mercado infantil traz algumas oportunidades para as empresas que, se bem aproveitadas, podem levá-las a um considerável crescimento.

Crianças de baixa renda

Grande parte das crianças brasileiras situa-se na baixa renda, ou seja, para cada criança nas classes A e B existem aproximadamente 10 crianças nas classes C, D e E (Data Popular, 2006). Essa diferença ganha uma importância maior quando se verificam os números referentes ao crescimento da classe C, aqueles com renda entre R$ 1.500 e R$ 4.500 (Info Money, 2010). Cerca de 30 milhões de pessoas passaram a fazer parte da classe C entre 2003 e 2009, criando a chamada *nova classe média* composta por 94,9 milhões de pessoas (Neri, 2010). Esse segmento já representa em número mais da metade da população brasileira e soma um consumo maior que as classes A e B juntas. Esse fenômeno não é exclusivo do Brasil, tem sido observado ao redor do mundo (Goldman Sachs Economic Research, 2008).

Essa expansão da classe C está redirecionando o foco das empresas, pois as crianças que antes faziam parte da classe D e E e estavam alijadas do consumo passam a ter determinado nível de renda disponível. Essa expansão da renda faz com que as famílias da nova classe C passem a consumir produtos de categorias que lhes eram estranhas até então. O número de domicílios com algum tipo de telefone passou de 65,4% para 84,3%, com computador de 16,3% para 34,7% (Oliveira, 2010). O mercado de aviação aumentou 21,6% em 2010 por conta do crescimento da classe C e das ações de algumas companhias aéreas, como TAM e Azul, que fecharam parcerias com grandes redes de comércio, como Casas Bahia e Magazine Luiza, para vender passagens diretamente para a classe C (Hakime, 2010). A expansão das companhias aéreas chegou até as estações de metrô em 2011, com unidades da Gol e da TAM disputando clientes que circulam por esse meio de transporte.

Esta expansão está potencializando o fenômeno da migração de alunos da escola básica da rede pública para a privada (Takahashi, 2010). O crescimento da renda familiar leva à disponibilidade de direcionar recursos para a compra de serviços até então considerados supérfluos ou de difícil aquisição.

Uma questão importante envolvendo a classe C e a compra de serviços está na necessidade de educar esse consumidor para frequentar ambientes que ainda lhes são estranhos e que inibem sua presença.

Pais atarefados, com sentimento de culpa e preocupados com o futuro das crianças

Esse segmento de mercado crescerá a partir do aumento do número de famílias em que ambos os pais trabalham e do aumento da preocupação destas com o futuro bem-estar das crianças. Esse crescimento ocorrerá principalmente pela necessidade de compra de serviços relacionados aos cuidados com as crianças, sua educação e preparação para o futuro. É bastante normal, em especial entre crianças das classes A e B, a realização de uma série de atividades extraclasses. Praticam esportes, aprendem a tocar algum instrumento musical, outros idiomas, informática etc.

Empresas que ofereçam serviços que ajudem aos pais na gestão do processo de educação e preparação da criança terão sucesso. Por exemplo, as escolas de idiomas estão investindo em idiomas que, até algum tempo atrás, eram pouco estudados, como o mandarim. Além disso, algumas dessas escolas já contam com serviços de transporte para crianças. Estes são exemplos de adaptação e ampliação do serviço para atender às necessidades dos pais.

Outro setor relacionado à educação que tem apresentado alto crescimento é o dos sistemas de monitoramento, que trazem benefícios para a escola e para os pais. A empresa Pátio Virtual já atua nesse setor há dez anos. Eles criaram um sistema que envolve a instalação de câmeras ligadas à internet nas escolas e o desenvolvimento de um site que permite que os pais possam acompanhar seus filhos na escola ao vivo a qualquer momento do dia. Esse sistema tem proporcionado uma sensação de segurança aos pais que trabalham e não podem estar presentes na vida dos filhos durante o dia. Essa facilidade é ainda mais valorizada para crianças pequenas que ainda estão no berçário. Para aquelas com uma idade maior, as possibilidades de utilização do serviço se multiplicam. Por exemplo, quando existe uma atividade especial na escola, como uma apresentação de teatro, a escola tem a chance de convidar os pais para assistir o evento pela internet. Entre outras possibilidades, esta permite que eles tenham maior proximidade com seus filhos mesmo a distância. O apelo desse sistema é tão grande perante os pais que as escolas que os instalam estão identificando um crescimento no número de matrículas por conta desse serviço agregado.

Já a ideia de que os pais buscam aproveitar ao máximo o pouco tempo que lhes resta de convivência com os filhos abre espaço para serviços focados no entretenimento. Empresas de serviços que ofereçam instalações adequadas e preparadas à criança terão a predileção dos consumidores. É claro que isso só não será o bastante, haverá a necessidade de investir em atrações que sejam valorizadas pelo público infantil. Empresas que criam parques, instalações específicas a esse público serão premiadas com a frequência do consumidor. Isso significa que a atenção aos detalhes é essencial. Desse modo, as empresas do setor de serviços tendem a construir uma sala com móveis de tamanho adequado às crianças, disponibilizando brinquedos, computadores e televisão a cabo. A iniciativa também se estende pela construção de instalações sanitárias adequadas à criança, com itens de segurança que permitam que ela vá ao banheiro sozinha. Essa estrutura pode ser claramente observada na rede mineira de lanchonetes Boca do Forno. A empresa criou um ambiente dentro de sua loja com decoração e mobiliário adequado ao consumidor infantil. Além disso, incorporou um banheiro infantil, com louças e sistema de abertura de portas adequados para fornecer segurança e tranquilidade a esse público. Esse tipo de exemplo indica o caminho adequado para empresas que pretendem oferecer serviços de qualidade para o público infantil.

Tecnologia e a criança

Os desenvolvimentos tecnológicos deste início de século tem causado profundas transformações no mercado de consumo de mídia. Uma das repercussões que surgem é a possibilidade cada vez mais fácil e prática que as crianças têm para acessar

1 Evolução da importância da criança como consumidora

a internet de diversas formas. Entre elas, destaca-se o crescimento do mercado de *tablets* e *smartphones*. As crianças buscam a tecnologia como ferramenta para demonstrar sua capacidade de dominar habilidades, explorar novas identidades e aumentar seu círculo de amizades (Azzarone, 2003).

Esse mercado é significativo, pois as crianças desde cedo começam a navegar na internet. Grise (2011) identificou que as mais novas (entre 7 e 8 anos) preferem acessar sites de jogos on-line (81%). Estes continuam a ser preferidos por 47% das crianças entre 9 e 10 anos, seguidos pelas redes sociais com 25% de preferência. A relação se inverte para crianças entre 11 e 12 anos, com 67% de preferência para redes sociais e 8% para jogos. Essa transição indica o aprendizado no processo de socialização e interação com outras crianças.

A partir das considerações feitas percebe-se que surge um mercado significativo para empresas que buscam atender as crianças que estão envolvidas com essas novas tecnologias (*tablets* e *smartphones*) e o acesso à internet. É possível desenvolver sites focados no consumidor infantil ou aplicativos. De forma lenta, porém contínua, esses aparelhos estão substituindo a televisão como "babá eletrônica". É cada vez mais comum encontrar crianças circulando pela cidade com um *tablet*. Estas, submergidas na tecnologia, ficam quietas e proporcionam momentos de tranquilidade para os pais. Por outro lado, isso cria uma situação em que a criança se isola do convívio social. Ao ficar brincando com o *tablet* ou com o *smartphone* não participa da conversa que ocorre em um restaurante, por exemplo. Isso faz que ela perca importantes momentos de convivência com outras crianças ou adultos. Com certeza esse tipo de comportamento trará algum impacto na formação da criança.

Em resumo, o mercado infantil tem apresentado uma significativa evolução ao longo das últimas décadas, impulsionado por mudanças significativas no ambiente socioeconômico e institucional. Vimos também brevemente neste capítulo que a criança desempenha diferentes papéis ao longo do seu desenvolvimento e que o processo de socialização é determinante em sua formação como consumidora. Assim, para compreender melhor o comportamento da criança como consumidora, abordaremos em detalhes as características do desenvolvimento psicossocial do infante no próximo capítulo.

2 Processo de desenvolvimento da criança

Ao atender o consumidor infantil, desenvolvendo e oferecendo produtos que satisfaçam suas necessidades e seus desejos específicos, as empresas devem ficar atentas para as diferentes características da criança de acordo com sua idade. Certamente não é o mesmo receber num ambiente de serviços uma criança de 4 anos e uma de 12. Também não é o mesmo que desenvolver um brinquedo atrativo para uma criança de 2 anos e para uma de 8. As crianças diferem em relação às suas habilidades, às suas capacidades de comunicação e na avaliação do que lhes é atrativo ou não. O conhecimento dessas diferenças e das razões de sua existência, assim como a compreensão do processo de desenvolvimento que a criança vive traz importantes aportes para a criação e entrega de um produto ao mercado infantil.

Um dos maiores estudiosos do desenvolvimento infantil foi o psicólogo suíço Jean Piaget (1896-1980). Ele deu origem a uma corrente de estudos sobre o desenvolvimento cognitivo das crianças. Com base em seus estudos, Piaget determinou um processo ou padrão de desenvolvimento universal que ocorre em etapas entre a infância e a adolescência (Shaffer, 2009). Outro pesquisador, o psicólogo russo Lev Vygotsky (1896-1934), desenvolveu outra teoria afirmando que o crescimento cognitivo é influenciado pela cultura em que a criança está inserida. Ambas as teorias se entrelaçam para gerar um conhecimento aprofundado e abrangente do processo de desenvolvimento da criança.

Desenvolvimento cognitivo de Piaget e implicações no consumo

Piaget identificou a existência de quatro grandes estágios de desenvolvimento cognitivo. Entre um intervalo e outro, a criança passa por mudanças profundas na sua maneira de pensar e, por isso, deve ser vista e compreendida de forma diferente (Kail, 2004). Essas mudanças ocorrem porque, ao longo do tempo, a criança vai desenvolvendo áreas específicas no cérebro, o que induz à criação de teorias cada vez mais completas que buscam dar significado e trazer compreensão do mundo a sua volta.

De tempos em tempos ocorrem mudanças profundas no entendimento da criança sobre o mundo em virtude do desenvolvimento da sua capacidade de compreensão. Foi observando essas mudanças que Piaget estabeleceu os limites dos estágios.

No que concerne às empresas e ao atendimento do consumidor infantil, cabe lembrar que as idades que se localizam nos momentos de transição são merecedoras de uma atenção especial, pois a criança terá características de ambos os estágios. Além disso, o próprio Piaget considerava que as idades-limite eram no máximo aproximações, uma vez que influências ambientais e fatores culturais poderiam acelerar ou retardar o ritmo e as características do desenvolvimento (Shaffer, 2009, p. 221).

É bastante claro que a fase transição de um estágio a outro é importante para as empresas que atendem ao consumidor infantil, pois o entendimento da criança sobre o mundo muda, e, portanto, mudam também suas necessidades, e a forma como compreendem mensagens de comunicação. A empresa também deve estar atenta às mudanças que ocorrerão na relação da criança com os produtos que lhe são oferecidos. Existem momentos em que a criança perde o interesse por algumas categorias de produtos, como as crianças de cerca de 10 anos que perdem o interesse por lanches e sucos de frutas e alguns tipos de brinquedos (Siegel, Coffey e Livingston, 2004). O Quadro 2.1 a seguir apresenta esses quatro estágios.

Quadro 2.1 – Visão geral dos quatro estágios do desenvolvimento cognitivo segundo Piaget

Estágio	Idade aproximada	Características
Sensório-motor	Do nascimento aos 2 anos	O conhecimento que o bebê tem do mundo está baseado nos sentidos e nas habilidades motoras. Ao final do período, ele emprega representações mentais.
Pensamento pré-operatório	Dos 2 aos 6 anos	A criança aprende a utilizar símbolos, como palavras e números, para representar aspectos do mundo, mas se relaciona com ele apenas por meio de sua própria perspectiva.
Pensamento operatório-concreto	Dos 7 aos 11 anos	A criança entende e aplica operações lógicas a experiências desde que estejam centradas no aqui e agora.
Pensamento operatório-formal	Da adolescência em diante	O adolescente ou adulto pensa abstratamente, especula sobre situações hipotéticas e raciocina dedutivamente sobre o possível.

Fonte: Kail (2004, p. 13).

Antes de passar para a análise de cada estágio individualmente, é importante salientar que a progressão de um a outro acontece numa sequência invariante, ou seja, não é possível pular estágios. Isso se deve ao fato de a criança construir o conhecimento de forma progressiva, com um estágio dando suporte ao outro.

2 Processo de desenvolvimento da criança

Estágio sensório-motor (do nascimento aos 2 anos)

Durante este estágio a criança recém-nascida desenvolve capacidades motoras e sensoriais. Nos primeiros meses de vida ela está inserida no processo de aprendizagem que resultará na capacidade de andar sozinha. Esse processo envolve desde a habilidade de agarrar objetos (aos 4 meses), engatinhar (aos 10 meses) e, finalmente, andar (aos 14 meses) (Kail, 2004). Essas crianças desenvolverão um conhecimento daquilo que lhe está próximo. Piaget subdividiu esse estágio em seis subestágios:

- Atividades reflexas (1º mês de vida): durante este período a criança apresenta apenas atividade reflexa. O máximo que a criança consegue é inserir novos objetos, como um brinquedo, nas atividades reflexas que realiza.
- Reações circulares primárias (de 1 a 4 meses): são os primeiros atos repetitivos que a criança aprende, como chupar os dedos e produzir sons. A criança neste momento está centrada na descoberta do próprio corpo.
- Reações circulares secundárias (de 4 a 8 meses): a criança descobre que pode realizar atividades com objetos, deixando de prestar atenção exclusivamente ao próprio corpo. Ela começa a compreender que pode controlar alguns objetos à sua volta.
- Coordenação de esquemas secundários (de 8 a 12 meses): a criança começa, intencionalmente, a realizar ou coordenar uma ou mais ações com determinado objetivo. Esse é o início do desenvolvimento de sua capacidade de solucionar problemas.
- Reações circulares terciárias (de 12 a 18 meses): a criança passa a interagir de forma mais profunda com os objetos que a cercam. Busca novas formas e meios de interagir, procurando resolver problemas ou reproduzir resultados divertidos. A criança está começando a explorar sua criatividade.
- Solução de problemas por combinações mentais (de 18 a 24 meses): nesta etapa, a criança testa mentalmente as diferentes soluções para o problema que se apresenta e escolhe aquela que é mais adequada.

Ao longo desses primeiros 24 meses, as crianças utilizam os cinco sentidos para entender o mundo, ou seja, trabalham seu sistema sensorial e motor (Davidoff, 2001). Através da visão, do som, do toque, do gosto e do cheiro as informações são coletadas pela criança. Um dos aspectos mais importantes desenvolvido durante este período é o da permanência do objeto (Shaffer, 2009; Kail, 2004). Até então, a criança ainda não possui a compreensão de que um objeto que foi escondido continua a existir. Há controvérsias em relação ao momento em que a criança desenvolve a noção da permanência do objeto, porém não se discute o fato de que nos primeiros meses de vida ela demonstra não compreender que os objetos existem quando estes não estão visíveis.

Durante esse período, o bebê também desenvolve a capacidade de imitar respostas novas e complexas mesmo quando o modelo está ausente. Dessa forma, a criança pode parecer mostrar emoções e comportamentos próprios, quando na verdade está apenas imitando algo que viu anteriormente (Davidoff, 2001).

Estágio sensório-motor – Implicações para o marketing

Crianças até 2 anos ainda têm limitado desenvolvimento social, porém isso não elimina a capacidade das empresas em criar e oferecer produtos que sejam aceitos pelas crianças ou pelos pais. Os pais serão altamente sensíveis para brinquedos que tenham uma característica delicada e divertida e que ajudem no desenvolvimento da criança. As crianças, por sua vez, terão uma predileção por brinquedos simples que possibilitem o estímulo sensorial, por meio de sua textura, dos sons que produz, de suas cores (Acuff e Reiher, 1997). É esperado que esses brinquedos proporcionem interação entre a criança e seus pais. Como essa criança ainda está centrada em si mesma, ela não tem capacidade para interagir com outras crianças, por isso não cabe desenvolver produtos com esse intuito. A criança desta idade somente dedicará atenção a determinado objeto ou ação por um espaço prolongado de tempo se essa atividade for internalizada, como abrir e fechar algum brinquedo (Acuff e Reiher, 1997). Empresas de serviços devem dar atenção especial para a criação de espaços reservados e suporte para o cuidado com a criança, como banheiros especiais para a família, estoque de objetos que podem ser necessários para trocar fraldas, treinamento dos funcionários para lidar com as famílias e os bebês pequenos, pois nem todos os pais gostam que estranhos toquem ou brinquem com seus filhos recém-nascidos.

Estágio do pensamento pré-operatório (de 2 a 7 anos)

Ao adentrar este estágio de desenvolvimento, a criança apresentará um drástico aumento da sua capacidade de usar símbolos mentais, como palavras e imagens, para representar algum objeto ou evento (Shaffer, 2009). Essa capacidade começa a ser percebida por meio do uso de palavras, ou seja, a criança já sabe que as palavras estão ligadas a determinado objeto ou ação. É nessa fase que ela demonstra esse conhecimento por meio de jogos simbólicos; por exemplo, ao brincar com um objeto imaginário. Esse período, por compreender uma grande faixa etária e apresentar clara diferenciação interna, foi dividido por Piaget em dois subestágios (Shaffer, 2009).

- Período pré-conceitual (de 2 a 4 anos): durante esse período surge a função simbólica, ou seja, a capacidade de utilizar uma palavra ou imagem para simbolizar ou representar um objeto. Derivado disso surge também o jogo simbólico, ou a capacidade de brincar de faz de conta. Nesse período, também é saliente o animismo (dar características de vida a objetos inanimados) e o egocentrismo (somente enxergar o mundo da própria perspectiva e não compreender a perspectiva do outro).
- Período intuitivo (de 4 a 7 anos): nessa etapa, a criança ainda utiliza a intuição para perceber objetos ou eventos, isto é, ela enxerga o que as coisas parecem ser, em oposição a um pensamento lógico e racional. É exemplo dessa questão a incapacidade da criança em compreender que certa quantidade de líquido derramada em outro frasco ainda é a mesma quantidade (princípio da conservação). Somente por volta dos 6 ou 7 anos é que a criança passa a compreender esse tipo de experimento.

Durante o período pré-operatório a criança guia-se fortemente pelas suas percepções da realidade, conseguindo resolver problemas manipulando objetos concretos, mas tendo dificuldades extremas em realizar abstrações (Davidoff, 2001). Uma das formas preferidas pelas crianças para se expressar nesse período são os desenhos, que representarão a realidade na sua visão particular.

O egocentrismo da criança, decorrente do subdesenvolvimento da área do cérebro responsável pela compreensão e apreensão do estado físico e emocional de outros indivíduos, a impede de ter a visão do outro. Em outras palavras, nessa idade a criança ainda está impossibilitada de compreender a perspectiva de um terceiro, o que limita sua capacidade de sentir empatia (Martí, 1995). De certa forma, algumas empresas se apoiam nessa característica das crianças para incentivá-las a pedir produtos para seus pais ou familiares. A criança ainda não tem a correta compreensão de que os pais tiveram de trabalhar para obter a renda e que esta é escassa. Apesar de compreender que para comprar produtos é necessário pagar por eles, como o ato de dar dinheiro no caixa do supermercado, ela não entende as implicações dessa atividade para seus pais.

O egocentrismo também faz que a criança não consiga imaginar os objetivos de outrem. Assim, ela não compreende as intenções de uma propaganda. Não compreende que há uma empresa por trás daquelas cenas apresentadas na televisão e que existe uma função para aquele comercial. Por conseguinte, muitas vezes o infante não consegue nem distinguir corretamente a diferença entre o comercial e a programação televisiva, situação ainda mais agravada quando os produtos ou marcas são inseridos diretamente nesta última.

A criança nessa etapa de seu desenvolvimento já possui determinado nível de entendimento da realidade para compreender que os pais buscam atender a seus desejos e que se ela chorar, berrar ou criar algum tipo de comoção possivelmente terá seus pedidos atendidos. Surge aí a cena corriqueira das crianças chorando em supermercados, aeroportos, lojas de brinquedo ou em outros varejistas que vendam produtos desejados por elas.

Ainda não está plenamente desenvolvida a capacidade da criança em analisar mais de uma característica de um objeto ou acontecimento simultaneamente. Ela tende a focar um aspecto daquilo que está analisando. Isso dificulta a compreensão de questões mais complexas; por exemplo, caso a empresa ofereça mais de um apelo de venda ou diferencial de mercado no seu produto, terá dificuldades para que sua oferta seja adequadamente internalizada pelo mercado-alvo. Mais ainda, brinquedos desenvolvidos com muitos detalhes, funções e características sutis não terão efeito sobre as crianças desta faixa etária (Acuff e Reiher, 1997).

Esse período na fase de crescimento é marcado pela emergência da autonomia da criança (Acuff e Reiher, 1997). É nessa fase que o conceito de infância, como os adultos a imaginam, se cristaliza. Fazem-se presente, então, as brincadeiras de faz de conta, a fantasia e o uso constante da imaginação. O conceito de animismo ajuda a entender de forma mais profunda essa questão. A criança, por considerar que objetos, como uma mesa ou cadeira, podem ter vida, passa a aceitar um leque muito mais amplo de fantasia nos livros que lê, programas que assiste ou histórias que ouve (Acuff e Reiher, 1997).

As crianças também diferem em suas habilidades motoras. De acordo com sua idade, elas terão a capacidade de realizar algumas atividades, mas não terão como realizar outras. Por exemplo, a habilidade para amarrar os cadarços do tênis só aparece por volta dos 6 anos. Até então, os fabricantes devem se centrar na utilização de velcro ou outras formas de fechar o tênis que não dependam de um adulto. Ideia similar vale para roupas, visto que a criança não consegue abotoar uma roupa até os 4 anos, mas consegue fechar um zíper com facilidade.

A atenção da criança, ao longo dessa etapa do desenvolvimento, está focada em características salientes do produto, como uma personagem conhecida, cores gritantes, partes que brilham. A criança não presta atenção para a marca da empresa, pois esse tipo de informação só passa a ser relevante quando ela começa a interagir e a valorizar algum grupo de colegas.

2 Processo de desenvolvimento da criança

Estágio do pensamento pré-operatório – Implicações para o marketing

Crianças desta faixa etária apresentam quatro grandes necessidades que podem ser trabalhadas pelas empresas: necessidade de estímulo, de amor e carinho, de segurança e de autonomia e poder. A necessidade de estímulo está interligada com a energia que as crianças têm nessa idade e com a constante busca por novidades, informações e conhecimento. Elas querem brinquedos, filmes ou jogos que lhes tragam estímulos. A necessidade por amor e carinho é percebida pela relação dessas crianças com animais de estimação ou bichos de pelúcia. A necessidade de segurança faz que a criança ainda não consiga assistir a filmes que podem assustá-la de alguma forma. Até um filme que parece tranquilo, como *Procurando Nemo*, pode assustar uma criança de 4 ou 5 anos. O próprio ambiente do cinema pode ter esse efeito. A ideia vale para programas televisivos, formato de sites, tipos de brinquedos e outros produtos oferecidos para esse público. Por último, a necessidade de autonomia e poder é compreendida pela atração das crianças por super-heróis e estrelas do esporte. Elas fantasiam ser aquele modelo e ter controle sobre o seu mundo. De forma geral, essas necessidades interagem com o conceito do jogo simbólico. As crianças gostam e submergem no mundo do faz de conta. Porém elas ainda não deixaram de lado o egocentrismo por isso, muitas vezes, mesmo brincando em grupo, cada criança estará, na verdade, brincando sozinha. Brinquedos que exijam interação entre crianças de 2 a 7 anos só têm chance de funcionar para o extremo mais próximo dos 7 anos. Outra característica dessa faixa etária é a incapacidade de compreender um humor mais sutil, como sarcasmo ou jogo de palavras. Para essas crianças o que vai funcionar é o humor visual/sensorial, ao estilo do seriado *O Gordo e o Magro*, do filme *Esqueceram de mim* ou do seriado de televisão *Chaves*. No entanto, uma mistura do humor mais refinado com o humor pastelão tem a possibilidade de atingir uma variedade mais ampla de público, a exemplo do que Os Trapalhões fizeram durante anos. Essa etapa da vida da criança também é marcada pela vontade de se expressar a qual é canalizada para o desenho. É muito comum as crianças quererem desenhar, seja onde for. Caso não haja papel disponível, elas escrevem em mesas, cadeiras, paredes. É um meio de externalizar os seus sentimentos, a sua visão do mundo. Em áreas de estudo relacionadas ao público infantil, como a psicologia, medicina e pedagogia, é comum o uso de desenhos como ferramenta de pesquisa. Alguns pesquisadores de marketing já começaram a estudar o consumidor infantil por meio da análise de desenhos (Veloso e Hildebrand, 2007). Com relação às habilidades motoras, cabe à empresa compreender qual é a capacidade da criança em determinada faixa etária para avaliar se ela terá habilidade de lidar com os produtos da empresa.

Estágio do pensamento operatório concreto (de 7 a 11 anos)

Ao longo deste estágio a criança vai superando as limitações que possuía no estágio anterior, o pré-operacional. Ela ainda pode apresentar alguns momentos de egocentrismo, mas passa a compreender a perspectiva do outro. Essa característica será fundamental para permitir que as brincadeiras sejam realizadas em grupo. A criança também passa a ter uma compreensão melhor das relações de causa e efeito, compreendendo de maneira mais elaborada o mundo à sua volta. Ela não está mais presa a um único aspecto de uma situação, objeto ou brinquedo, assim, passa a analisar um número maior de características. Surgem daí as primeiras defesas cognitivas da criança contra as atividades de marketing persuasivas das empresas.

Nessa etapa, as crianças são capazes de usar a lógica e o raciocínio, em vez de utilizar somente as informações sensoriais para compreender o mundo (Davidoff, 2001). Porém o uso da lógica abstrata ainda não está plenamente desenvolvido. A criança não está capacitada para criticar a lógica de outro, desse modo ela tende a utilizar uma estratégia de tentativa e erro em vez de utilizar uma estratégia de pensamento que lhe permitisse uma análise eficiente dos prós e contras das soluções que se apresentam (Davidoff, 2001).

Esse período poderia ser denominado período das regras e dos papéis (Acuff e Reiher, 1997), pois é neste momento que a criança cria laços com personagens, sejam eles da televisão, do esporte ou do cinema, buscando uma definição do que é certo e errado. Nesta época de seu desenvolvimento, a criança empenha-se em descobrir limites, testa os pais, esperando que lhe seja apresentado o momento de parar.

Os pais, os professores, bem como as personagens, oferecem à criança um modelo de comportamento. É nesses modelos que a criança busca orientação para encontrar o seu lugar. A criança, com suas novas capacidades recém-descobertas, adentra em um novo mundo e, ao mesmo tempo, se desvencilha do antigo, do velho. Ela passa a rejeitar o que antes lhe era valorizado. É comum escutar uma criança dessa idade dizendo que tal coisa não é para ela, é de criança.

Nessa fase é notável o desenvolvimento da capacidade cognitiva da criança, fazendo que sua habilidade para o raciocínio lógico aumente vertiginosamente (Acuff e Reiher, 1997). Essa capacidade vai afastar a criança do mundo da fantasia em que vivia antes. Porém isso não significa que ela deixará o mundo da fantasia completamente, apenas que buscará certo nível de realismo e credibilidade na fantasia. Por exemplo, num filme ou num seriado é necessário que o enredo justifique ou explique os acontecimentos de forma plausível. Seriados de ficção-científica como *Heroes*, *Prison Break* ou *Lost*, assim como filmes de super-heróis mais realistas como *Batman Begins* e *Homem de Ferro* são aceitos e valorizados por esse público por trazer alguma conexão com o mundo real e explicações para o que pode não parecer factível se analisado superficialmente. Com o passar dos anos o adulto perde a capacidade de se deixar envolver da mesma forma e termina por questionar o filme ou seriado que está assistindo com base na ideia de que o que está acontecendo não é possível.

Os dois produtos que têm o maior sucesso entre esse público são os videogames e as bonecas (como a Barbie). O videogame traz para a criança alguns fatores que são muito valorizados: desafios, competição, complexidade crescente, recompensas, estímulos e variedade. Com todos esses itens envolvidos num só produto, não é de estranhar que a indústria do videogame é uma das mais rentáveis para as empresas e desejadas pelas crianças.

O nível de inter-relação entre as diferentes mídias está fazendo que as personagens dos videogames se tornem estrelas do cinema (*Lara Croft: Tomb Raider* e *Príncipe da Pérsia*) e vice-versa (*De volta para o futuro*; *ET, o Extraterrestre*; *Guerra nas Estrelas*). Essas iniciativas desenrolam-se para seriados na televisão, desenhos animados, revistas em quadrinhos e sites, o que por sua vez gera enorme capacidade de licenciamento.

Para as meninas, um dos brinquedos mais desejados é a boneca Barbie, porque ela representa a possibilidade de imitar um modelo ideal. Esse modelo se constrói primeiro por representar um ideal de beleza (muitas vezes criticado), pelas características e possibilidades do uso da boneca nas brincadeiras (acessórios), pela dinâmica social da brincadeira, pela possibilidade de colecionar e mostrar para outros, pela inovação contínua e por permitir que as crianças simulem na brincadeira situações do cotidiano adulto as quais ainda não têm permissão ou intenção de realizar/engajar (relacionamento amoroso, atividades profissionais) (Acuff e Reiher, 1997).

Com relação ao senso moral, as crianças dessa faixa etária analisam as questões de forma dicotômica ou polarizada. Em outras palavras, costumam abordar as questões mais radicalmente, buscando certezas absolutas, do tipo "ou é ou não é" (Acuff e Reiher, 1997). As crianças não aceitam simplesmente o ponto de vista dos outros, elas questionam a autoridade. Isso não significa que elas vão querer mudar o mundo, essa etapa mais radical é mais comum entre os adolescentes. A criança, na verdade, busca a aceitação do grupo, e esse questionamento à autoridade acontece no momento em que isso gera a adesão de seus colegas.

Por último, por estarem questionando a autoridade, é notável o apelo que temas grotescos têm sobre essas crianças, principalmente sobre os meninos. Filmes de terror, jogos de ação violentos, seriados ou filmes que sejam nojentos, irreverentes ou que tratem de temas proibidos serão muito atraentes para essas crianças (Acuff e Reiher, 1997).

Estágio do pensamento operatório concreto – Implicações para o marketing

A criança desse estágio está em busca de aceitação entre os seus pares (amigos da escola, do bairro ou parentes). Nesse período ela se pergunta se é popular, inteligente ou atrativa. As decisões da criança são tomadas de forma quase inconsciente com essas questões em mente. Por isso é comum algumas empresas – por exemplo, a Elma Chips –, criarem promoções, como a Fonemania, que pregam a necessidade de realizar determinada atividade, como comprar um produto ou de participar de uma promoção para fazer parte do grupo (Veloso, Gardini e Campomar, 2010). É comum nessa faixa etária a busca por uma compreensão das regras que regem o mundo, como ela se encaixará nelas. Para lidar com esses questionamentos a criança buscará modelos. Com base nessas duas ideias, a empresa pode desenvolver produtos que criem uma noção de grupo e auxiliem as crianças a serem aceitas nesse grupo. É fundamental que a empresa consiga evitar que as crianças dessa faixa etária tenham a impressão de que os produtos também são consumidos por crianças mais novas, sob pena de serem rejeitado por elas, principalmente aqueles utilizados ou consumidos publicamente. Já os produtos consumidos em casa, longe da vista de outras crianças, são menos influenciados por essa característica. Ao contrário das crianças da faixa etária anterior, que tinham uma predileção para brincar sozinhas, mesmo quando acompanhadas, as crianças entre 7 e 11 anos buscarão a inserção no grupo, a aceitação de seus pares. Portanto, produtos que propiciem a brincadeira em grupo terão predileção (Acuff e Reiher, 1997). Da mesma forma, empresas que criam grupos de afiliação também terão sucesso. O mesmo vale para clubes esportivos, pois possibilitam a adesão a um grupo e a construção de uma imagem. A questão do esporte também guarda correlação com o desejo dos meninos por atividades ou produtos que envolvam competição. Fundamentada na questão do sucesso e da aceitação no grupo, a criança buscará oportunidades para provar que é melhor. Por isso, produtos que abram a possibilidade dessa competição terão grande apelo, como é o caso dos videogames. É importante salientar, no entanto, que nessa idade elas ainda são muito suscetíveis ao que dizem seus "heróis" e, por isso, as empresas devem tomar cuidado com as informações que transmitem, seja por meio da propaganda na televisão, seja pelo site, ou por outra mídia qualquer. As crianças vão aceitar o que falam seus modelos e caso a empresa transmita informações moralmente questionáveis isso repercutirá entre as crianças.

Estágio do pensamento operatório formal (de 12 anos em diante)

Apesar dessa faixa etária não estar no escopo deste livro é importante tratar das mudanças que ocorrem nessa fase de transição, pois elas ajudarão a entender essa criança em desenvolvimento. A principal mudança que ocorre é a capacidade da criança em entender lógica abstrata (Acuff e Reiher, 1997). Esses jovens já serão capazes de ponderar sobre acontecimentos futuros, deixando de estar presos ao aqui e agora (Davidoff, 2001). Isso significa que poderão criar ideias ou suposições sobre processos hipotéticos sem base na realidade (Shaffer, 2009).

Nessa etapa, novos temas passam a ser importantes: religião, realidade social, justiça, novas responsabilidades e o entendimento da vida são alguns exemplos. Esse jovem será bastante questionador e buscará de alguma forma enfrentar o *status quo* (Acuff e Reiher, 1997). Nessa fase da vida, procura-se formar uma identidade. A própria estrutura social impele a pessoa a criar essa identidade, a qual geralmente será oposta a dos irmãos mais velhos, dos pais e ao posicionamento do poder estabelecido. Marcas que estejam posicionadas como contra o poder estabelecido terão predileção por parte desses jovens.

Os itens mais importantes terão relação com a aparência, poder, autoestima, relacionamentos, aceitação social (Acuff e Reiher, 1997). Esse adolescente acredita que já está totalmente maduro e acha que é incompreendido pelos outros, apesar da sua falta de conhecimento e experiência. Nessa etapa os colegas/amigos terão um papel ainda mais importante do que eles têm na etapa anterior do desenvolvimento.

De certa forma, o pensamento operacional formal possibilitará que o jovem tenha uma visão mais clara da vida, das perspectivas psicológicas dos outros e das razões do seu comportamento (Shaffer, 2009). Por outro lado, ele também começará a perceber as incoerências do mundo, por exemplo, a pobreza e os altos investimentos em armamento. Nessa etapa também o desenvolvimento do pensamento abstrato atinge seu potencial. O jovem buscará atividades cognitivamente mais desafiadoras, pois seu desenvolvimento físico-neural permite agora a exploração de novos caminhos criativos que até então não eram possíveis (Acuff e Reiher, 1997). Durante esta fase ele passa a entender a sutileza, o sarcasmo e a ironia. Isso abre espaço para uma série de novos produtos fundamentados nessas novas capacidades.

Desenvolvimento sociocultural e implicações no consumo

O responsável pelo desenvolvimento das teorias da perspectiva sociocultural foi o psicólogo russo Lev Vygotsky. Para ele, a criança se desenvolve no contato com outros que são mais habilidosos (Kail, 2004). Esse desenvolvimento teria lugar a partir da cooperação, colaboração e diálogo entre um tutor e o aprendiz/aluno iniciante (Shaffer, 2009).

Uma das principais contribuições de Vygotsky foi a introdução do conceito de zona de desenvolvimento proximal, ou seja, a zona que envolve o que a criança consegue fazer sozinha e o que consegue fazer com ajuda dos outros (Kail, 2004). Essa ideia está fundamentada no conceito de que o desenvolvimento da cognição somente ocorre por meio das relações sociais que transmitem conhecimento. Essa linha de raciocínio traz uma série de novos elementos para o estudo do desenvolvimento da criança, pois, de certa forma, todos os elementos que tiverem contato com a criança estarão influenciando seu desenvolvimento.

A criança, nos seus primeiros momentos de aprendizado, depende das orientações de outro. Com o passar do tempo, ela se tornará apta a realizar algumas atividades sozinhas. Porém, para realizar essas atividades, necessitará de uma voz para guiá-la. E a que ela utilizará será a sua própria voz, explicando assim por que as crianças realizam atividades falando em voz alta. Essa ideia foi denominada discurso externo. Somente com o avanço de seu desenvolvimento cognitivo é que a criança deixará de utilizar o discurso externo e passará a utilizar o discurso interno, ou seja, o pensamento (Kail, 2004).

Dependendo da cultura em que a criança está inserida, ela desenvolverá aspectos diferentes da sua cognição (Shaffer, 2009). Dessa forma, uma criança criada na cultura ocidental urbana terá capacidades diferentes, não melhores, de uma criança criada numa tribo amazônica. Essa consideração traz algumas reflexões importantes que podem ajudar a entender o fracasso de parte dos produtos desenvolvidos no exterior e trazidos para o Brasil sem a menor preocupação em adaptação. É bastante comum entre os fabricantes de brinquedos a estratégia de trazer ao país brinquedos desenvolvidos no exterior (Veloso, 2008; Veloso, Campomar e Ikeda, 2010). Como existe a possibilidade do entorno da criança influenciar o desenvolvimento de suas capacidades cognitivas, é factível propor que o nível de desenvolvimento de determinada característica (que é responsável por tornar o brinquedo atrativo) ocorra em momentos diferentes da vida da criança em cada um dos países.

2 Processo de desenvolvimento da criança

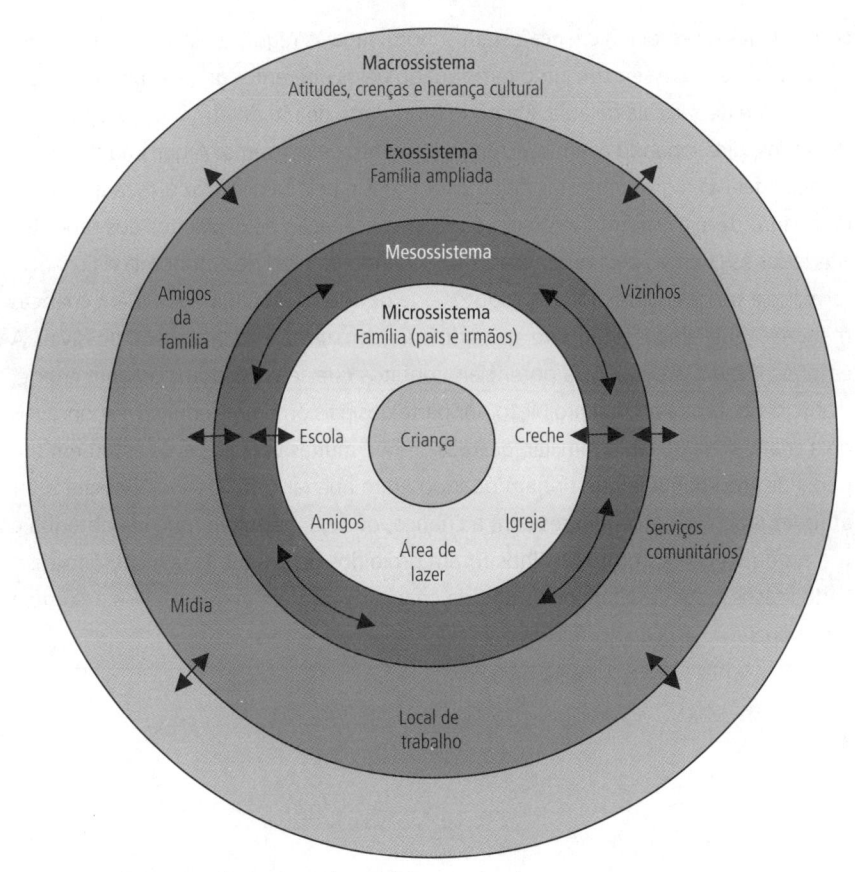

Figura 2.1 – Influências ambientais no desenvolvimento da criança.
Fonte: Kail (2004, p. 16).

A partir das ideias de Vygotsky, Bronfenbrenner desenvolveu a ideia apresentada na Figura 2.1. As influências são mais significativas quando estão próximas da criança. Sendo assim, os maiores influenciadores do desenvolvimento cognitivo da criança são a família, os amigos, a escola, a igreja, a creche e áreas de lazer. Não é de estranhar que estes são todos exemplos de locais onde a criança potencialmente terá interações com adultos ou crianças.

Desenvolvimento sociocultural – Implicações para o marketing

A visão sociocultural de Vygotsky sobre as influências que a criança sofre durante o seu processo de desenvolvimento salienta para as empresas a necessidade de compreender de que forma seu consumidor interage com os diferentes grupos. Cada um desses grupos exigirá e terá predileção por produtos diversos. Por exemplo, ao interagir com colegas na escola, a criança estará subordinada às regras do instituto de ensino. Além disso, ela terá seu consumo direcionado pelos diferentes grupos que compõem o ambiente de sua sala de aula. Ela pode fazer parte de um determinado grupo e não de outros, direcionando assim seu comportamento de consumo. A questão da subordinação dela às regras impostas pelas instituições e pela família traz à tona a questão de quanto deve a empresa se preocupar com a aceitação pelos adultos dos produtos ofertados às crianças pelas empresas. Dependendo do nível de autonomia da criança, talvez seja possível desenvolver produtos que os adultos não aprovem. Para crianças menores, que ainda estão sob cuidado mais próximo, isso não será possível. A empresa deverá atentar para potenciais conflitos que seus produtos possam criar e, diante disso, uma eventual proibição por parte dos pais ou outros adultos responsáveis pela criança. Na questão familiar, destaca-se que muitas vezes os avós assumem um papel distinto daquele que tinham quando eram apenas pais. Os avós passam a ter atitudes mais condescendentes com a criança, ou seja, permitem que ela obtenha e use produtos que os próprios filhos foram proibidos de utilizar. Essa incoerência em certos casos é até desejada pelos pais da criança, que querem que os avós assumam esse papel.

3 Processo de socialização do consumidor

A teoria da socialização do consumidor foi construída fundamentalmente a partir dos preceitos teóricos propostos por Vygotsky e Piaget. Assim, tendo como pilares esses dois compêndios sobre desenvolvimento infantil, abordaremos neste capítulo o processo pelo qual a criança desenvolve as capacidades necessárias para se tornar um consumidor competente.

A palavra socialização vem do francês *socialisation* e significa "o fato de desenvolver relações sociais entre os homens, e nelas formar um grupo, uma sociedade" (Houaiss), ou seja, diz respeito ao processo em que o ser humano se adapta ao convívio com outras pessoas e se insere na vida em grupo.

O processo de socialização é interativo e necessário para que a criança e o grupo social onde ela nasceu consigam perpetuar e desenvolver a cultura (Lópes, 1995). É por meio do processo de socialização que os indivíduos aprendem a desempenhar efetivamente seu papel na sociedade (Brée, 1995). Esse processo baseia-se no entendimento das regras que regem determinado grupo, na compreensão de quais comportamentos são aceitos. A criança, ao nascer em dado contexto cultural, ainda não possui o conhecimento necessário do que se espera dela. Com o passar dos anos, ela aprenderá a se comportar da forma aceita dentro desse grupo maior.

A socialização é fundamentada na aquisição de conhecimentos sociais, na formação de vínculos e conformação com as regras sociais de conduta (Lópes, 1995). Os conhecimentos sociais envolvem aqueles referentes às pessoas e à sociedade (Quadro 3.1).

Quadro 3.1. Tipos de conhecimentos sociais

Conhecimento referente às pessoas	Conhecimento da sociedade
• Reconhecimento, identidade e papéis.	• Conhecimentos sociais: dinheiro, pobre, rico, nação, cidade etc.
• Diferenciação entre conhecidos e estranhos.	
• Sentimentos, pensamentos, intenções e pontos de vista dos demais.	• Conhecimento das instituições: família, escola, hospital, parlamento etc.
• Relações entre as pessoas: amizade, relações familiares etc.	• Conhecimento dos valores, normas, juízo moral etc.

Fonte: Adaptado de López (1995, p. 84).

Já os processos afetivos de socialização envolvem a formação de vínculos com os pais, irmãos e amigos. E isso está ligado ao desenvolvimento da criança, que ao longo do processo de desenvolvimento cognitivo terá cada vez mais a necessidade de participar de grupos. Esses processos estão em sintonia com as questões contextuais apresentadas por Vygotsky, ou seja, o entorno e a cultura são, em grande parte, responsáveis pelas características da pessoa.

Parte fundamental na socialização do infante são os processos condutuais. Os processos condutuais de socialização se referem ao que a criança deve apreender sobre o tipo de conduta que se espera dela para que faça parte do grupo. O conhecimento da conduta esperada pelo grupo facilita o processo de inserção neste. Caso a criança não consiga desempenhar de forma correta o comportamento esperado, ela pode ser expurgada do grupo. Vale lembrar que o comportamento esperado envolve o que deve ser feito de acordo com as normas sociais daquele grupo, como também o que não deve ser feito. Mais uma vez, a questão cultural e contextual de Vygostky aparece.

Outro fator fundamental na socialização é o estabelecimento de vínculos com outros indivíduos. Uma criança bem socializada deverá estabelecer vínculos com os adultos próximos, geralmente seus pais e familiares, também deverá ter o conhecimento do que é a sociedade onde está inserida e, assim, ter um comportamento adequado ao que se espera (Lópes, 1995).

No contexto capitalista em que vivemos, é normal que uma das facetas mais importantes do processo de socialização esteja vinculada ao consumo. No mundo moderno, as pessoas avaliam e percebem as outras com base em suas posses (Miniard; Engel e Blackwell, 2005). É possível compreender a vida como um processo contínuo de compra e consumo, afinal, o que fazemos ao longo das 24 horas do dia é comprar ou consumir o que compramos (McNeal, 2007). Esse raciocínio ressalta a importância de estudar o processo de socialização do consumidor.

Processo de socialização do consumidor

O processo de socialização do consumidor começou a ser estudado na década de 1970 (Ward, 1974). Ele envolve os meios pelos quais um indivíduo adquire as habilidades, os conhecimentos e as atitudes necessários para seu correto comportamento como consumidor (Ward, 1974; Moschis e Churchill, 1978). De forma geral, a intenção dos pesquisadores é compreender como a criança cria sua percepção sobre a significância social dos produtos, ou seja, como as pessoas compreendem

3 Processo de socialização do consumidor

que a compra de alguns produtos ou marcas podem ajudar na representação do seu papel na sociedade (Ward, 1974). No caso do consumidor infantil, não é fácil compreender que forças agem sobre a criança e criam nela a percepção de que a compra de um novo brinquedo a tornará importante e valorizada entre seus amigos.

Essas habilidades serão desenvolvidas em paralelo com o processo de desenvolvimento cognitivo, por isso a aprendizagem será moderada pelas capacidades correspondentes a faixa de idade da criança.

```
Variáveis iniciais          Processo de socialização         Variáveis de consequência

┌─────────────────────┐                                    ┌─────────────────────┐
│ Variáveis sociais   │                                    │  Conhecimento e     │
│ estruturais: classe │                                    │  comportamento útil │
│ social, sexo e etnia│──┐   ┌─────────────────────┐   ┌──▶│  para desempenhar   │
└─────────────────────┘  │   │ Agentes de socialização│  │  │  determinado papel  │
                         │   │ Pais, colegas, escola  │  │  │  social.            │
                         ├──▶│ e mídia.               │──┤  │  Atitudes críticas. │
                         │   │ Processos de aprendi-  │  │  │  Práticas preventivas.│
                         │   │ zagem: observação,     │  │  │  Práticas defensivas.│
                         │   │ imitação, reforço.     │  │  └─────────────────────┘
┌─────────────────────┐  │   └─────────────────────┘   │             ▲
│ Idade ou posição    │──┘                             │             │
│ no ciclo de vida.   │──────────────────────────────────────────────┘
└─────────────────────┘
```

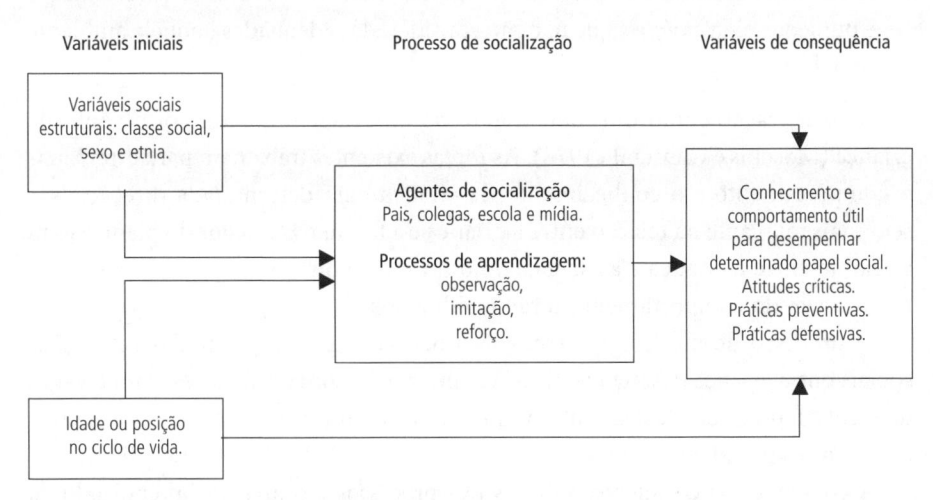

Figura 3.1 – Processo de socialização.
Fonte: Ville e Tartas (2010, p. 29).

O processo de socialização começa a ser entendido a partir dos antecedentes apresentados na Figura 3.1. Variáveis sociais estruturais, como classe social, sexo e etnia e idade ou posição no ciclo de vida determinarão a forma como esse processo de socialização ocorrerá (Moschis e Churchill, 1978). Por exemplo, uma criança que vive numa família cujos pais cresceram numa época de crise tenderá a ter uma educação que privilegia a poupança em detrimento do consumo exacerbado. Por outro lado, a criança que nasce em famílias em que os pais são muito jovens poderá ter uma educação mais liberal. Nesse sentido, é importante compreender o perfil dos pais e o contexto familiar para entender o desenvolvimento da criança com relação a alguns tipos de comportamento.

No centro da socialização estão as relações entre a criança e agentes de socialização (pais, colegas, escola e mídia). Três processos ocorrerão para transmitir à criança o conhecimento necessário para se tornar uma consumidora.

- Processo de observação: a criança observará o comportamento daqueles à sua volta para identificar e compreender o que é aceito pelo grupo social em que ela está inserida.
- Processo de imitação: havendo observado o comportamento dos outros, a criança progride para a imitação desse comportamento. Esta é uma das ferramentas básicas de aprendizado da criança. Em alguns momentos ela imita comportamentos até mesmo sem saber o real significado deles, principalmente antes de completar 7 anos.
- Processo de reforço: são oferecidos à criança incentivos às ações bem realizadas e punições para as ações que não são consideradas adequadas naquele ambiente social.

A socialização como um todo resulta na modelagem do comportamento da criança (Moschis e Churchill, 1978). As forças existentes trabalham para direcionar o comportamento e o conhecimento da criança para determinada direção. Isso será mais marcante na relação entre a criança e a família. Em segundo plano estará a relação entre a criança e a escola, como um dos momentos em que esforços de modelagem do comportamento serão conduzidos.

O processo de modelagem somente pode acontecer a partir das interações sociais que a criança desenvolverá, seja com os pais, com professores, com colegas da escola. É por meio desses contatos que ela vai adquirir informações, internalizar conceitos e aprender.

A consequência da interação desses três processos é o nível de aprendizado da criança, ou seja, o quanto ela conhece e compreende sobre as normas do consumo que regem a sociedade em que vive. O resultado desse aprendizado será o conhecimento que a criança terá sobre como desempenhar determinado papel social.

Todo esse processo é dependente da idade da criança e do estágio de desenvolvimento cognitivo em que se encontra. Isso pode ser compreendido mais profundamente a partir da Figura 3.2.

De acordo com a Figura 3.2, a criança apresentará um significativo crescimento do seu nível de competência como consumidora a partir dos 7 anos, ou seja, quando entra no estágio do *pensamento operatório concreto*. Nesse momento da vida da criança ocorre uma profunda mudança nas suas capacidades cognitivas, como também aumenta a quantidade de suas interações sociais. Ela passará a ir à escola, conviver com professores, amigos, outros adultos, terá maior independência para realizar algumas compras (possivelmente já estará recebendo uma mesada) e, portanto, se desenvolverá mais rapidamente em relação ao período anterior do seu desenvolvimento cognitivo. A escola terá um papel preponderante nesse processo (Moreno e Cubero, 1995). Esse processo é apresentado no Quadro 3.2.

3 Processo de socialização do consumidor

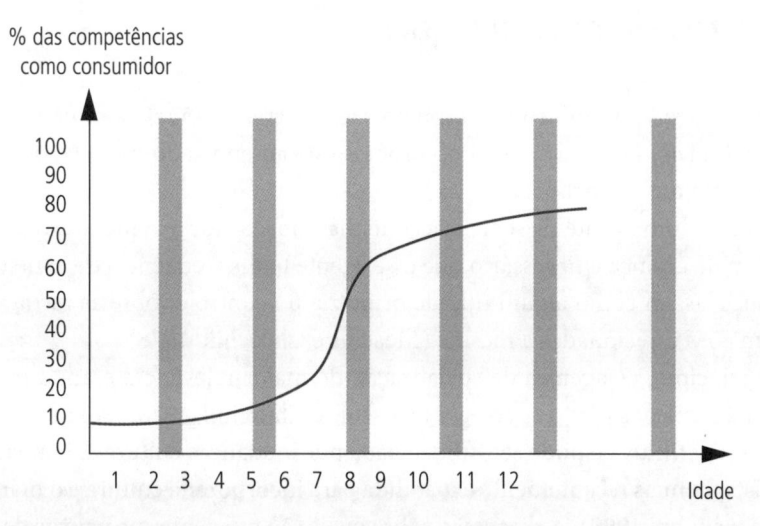

Figura 3.2 – Desenvolvimento das competências como consumidor durante a infância.
Fonte: McNeal (1999, p. 37).

Quadro 3.2 – Os períodos da infância

	Faixa etária	Socialização	Autonomia	Desenvolvimento e aprendizado
Recém-nascidos e lactentes	0-24 meses	Relação dual mãe/criança	Forte dependência	
Crianças na tenra infância	2-4 anos	Centrada em si	Dependência	Desenvolvimento da linguagem
Crianças em idade pré-escolar	4-6 anos	Entrada no maternal		
Juniores	6-9 anos	Escola primária/ melhor amigo	Desejo de independência	Leitura/escrita
Pré-adolescentes	9-11 anos	Grupo de amigos	Independência	Abstração

Fonte: Montigneaux (2003, p. 67).

De acordo com os períodos da infância e a faixa etária, identificados no Quadro 3.2, visualiza-se o principal método de socialização. Destaca-se que paralelo ao aumento da idade cresce também o número de interações, principalmente com professores e colegas de escola, justificando assim a importância da escola como responsável por influenciar na aprendizagem da criança.

Agentes de socialização

Os responsáveis por influenciar o aprendizado da criança são denominados *agentes de socialização*. Eles participam do processo de aprendizado modelando o comportamento das crianças.

Para que um agente de socialização tenha impacto sobre o processo de aprendizagem da criança é necessário que esse agente tenha frequência de contato com a criança, assim como algum tipo de primazia ou controle sobre as recompensas ou punições direcionadas a mesma (Moschis e Churchill, 1978).

A princípio, os agentes de socialização de maior relevância eram a mídia de massa, a escola, os pais e os colegas (Moschis e Churchill, 1978). Porém esta não é uma lista definitiva e pode ser influenciada por mudanças culturais. Por exemplo, essa lista foi mais recentemente expandida para incorporar a cultura e o marketing (Roedder-John, 1999). A discussão sobre quais são os agentes principais de socialização ainda segue. Atualmente propôs-se outra divisão dos agentes de socialização: tradicional (família, colegas e escola), profissional (gestores de marketing e agências de comunicação) e virtual (comunidades virtuais e redes sociais) (Ville e Tartas, 2010). A diferença entre esta definição e a anterior está no destaque principal dado aos gestores de marketing, fugindo da ideia de que apenas os responsáveis pela comunicação geram influências socializantes sobre as crianças. Desse modo, também serão tratados os profissionais de marketing como influenciadores do processo de socialização.

Tabela 3.1 – Opinião dos pais sobre as diversas fontes de influências sobre o comportamento das crianças

	Muito	Alguma	Apenas um pouco	Nenhuma	Não respondeu
Seus professores	54%	35%	5%	3%	3%
Seus amigos	42%	34%	16%	7%	1%
Você (pais)	83%	11%	3%	2%	1%
Mídia	23%	34%	27%	15%	1%

Fonte: Adaptado de Rideout (2007, p. 15).

A partir da Tabela 3.1 compreende-se a visão dos pais sobre a influência que alguns dos agentes de socialização exercem sobre a criança. Os pais atribuem a si mesmos uma alta influência, considerando, em segundo lugar, os professores, em terceiro, os amigos e, por último, a mídia. Porém o exacerbado crescimento do acesso à internet no Brasil e a predileção dos internautas por redes sociais (Facebook,

Orkut e Twitter), somados a um inadvertido viés dos pais em sobrevalorizar seu papel, podem trazer mudanças para a ordem de importância desses agentes.

Família

A família, principalmente os pais, tem um papel muito importante no processo de socialização do infante (Moschis, 1985). Interessante notar que os pais também podem ser influenciados pelos filhos no aprendizado do consumo, como pode ser observado na adoção de novidades e aparelhos que envolvem tecnologia de ponta (Ekstrom, Tansuhaj e Foxmann, 1987; Hawkins e Coney, 1974).

A relação entre os pais e as crianças mudou radicalmente nos últimos anos (Rideout, 2007; Roberts, Foehr e Rideout, 2005; Brée, 1995; Neeley, 2005). Os pais da nova geração foram educados em bases muito mais liberais durante os anos 1960 e 1970 (Brée, 1995). Além disso, o próprio contexto atual, com a proliferação das fontes de informação, às quais a criança tem acesso, gerou uma criança mais informada, porém que tende a ser mais vigiada pelos pais.

A forma dos pais influenciarem suas crianças está diretamente ligada aos padrões de comunicação da família (Moschis e Moore, 1981; Moschis, 1985). Pais conservadores e liberais certamente ensinarão conceitos e comportamentos distintos. Os dois tipos principais de comunicação familiar são apresentados no Quadro 3.3 (Moschis e Moore, 1981).

Quadro 3.3 – Tipo de comunicação familiar

Tipo de comunicação familiar	Descrição
Sócio-orientadas	Caracteriza-se por mensagens paternas direcionadas para promover deferência e para incentivar relações sociais harmoniosas e prazerosas entre pais e filhos
Orientadas para conceito	Enfatiza restrições positivas que permitem que a criança desenvolva sua própria visão do mundo

Fonte: Adaptado de (Moschis e Moore, 1981, p. 43).

A partir do nível de uso dos dois padrões de comunicação, ou seja, comunicações *sócio-orientadas* e *orientadas para conceito*, surge uma tipologia de padrões de comunicação familiar (Moschis e Moore, 1981):

- **Laissez-faire**: nenhum tipo claro de comunicação é evidenciado; os pais não se engajam em comunicações sócio-orientadas ou orientadas para o conceito.
- **Protetora**: os pais focam a comunicação sócio-orientada e destacam a importância da obediência e da harmonia social, demonstrando pouca preocupação com questões conceituais.

- **Pluralística**: os pais encorajam a comunicação conceitual, um estilo de comunicação aberta fundamentada nas ideias, sem insistir em obediência às autoridades, ou seja, a criança pode explorar novas ideias e expressá-las sem medo de reprimendas, existindo uma ênfase no respeito mútuo.
- **Consensual**: os pais incentivam ambos os tipos de comunicação e a criança é encorajada a tomar um interesse pelo mundo das ideias, desde que a hierarquia de opiniões e a harmonia interna não sejam perturbadas.

A forma como a comunicação familiar está organizada certamente trará resultados diferentes para o processo de socialização da criança. Os pais têm um papel muito importante, pois podem transmitir muitas informações a seus filhos, geralmente são respeitados e invariavelmente servem como modelos para eles.

O estilo de parentalidade também tem um efeito significativo.

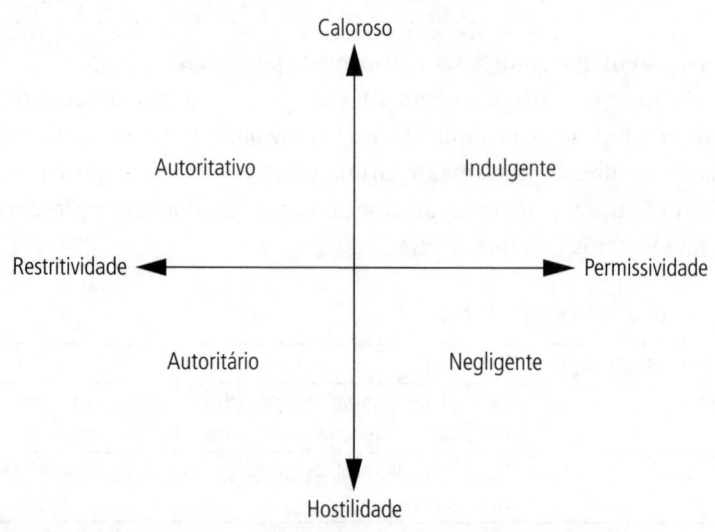

Figura 3.3 – Estilo parental.
Fonte: Carlson et al. (2011).

A Figura 3.3 pode ser compreendida a partir das explicações a seguir:

- Os pais considerados *restritivos* são os que fazem valer as regras no ambiente familiar e esperam limpeza, boas maneiras e obediência.
- Os pais *permissivos* têm atitudes totalmente opostas àquelas que descrevem os pais restritivos.

- Pais *calorosos* são aqueles que aceitam a criança, consideram-na o centro; utilizam explicações, conversas e elogios como forma de disciplina, em vez de submeter a criança a punições físicas.
- Pais *hostis* apresentam interações com as crianças que são opostas a dos pais calorosos.

Essas características se entrelaçam e se misturam nas dimensões indulgente, negligente, autoritário e autoritativo (Carlson, Laczniak e Wert, 2011). Ao compreender quais são as características do processo parental, é possível entender de modo mais aprofundado a forma como os pais estão criando e ensinando suas crianças. Essas diferentes características vão criar dinâmicas diferentes no domicílio sobre a forma como as questões internas são tratadas, como ocorrem as decisões de compra de produtos, o nível de liberdade da criança e o nível de atenção e amor que ela receberá. De forma geral, essas características da relação familiar moldarão a personalidade da criança e ditar seus hábitos de consumo atuais e futuros.

Os pais podem influenciar de forma direta ou indireta. A influência direta acontece por meio da comunicação, quando os pais interagem com a criança e passam ensinamentos ou conversam sobre algum tema que seja relevante para o processo de socialização. Quando os pais explicam para a criança a importância de se economizar, o papel do dinheiro, entre outras questões relacionadas, eles estão socializando-a. Na interação dos pais com a criança e o ambiente varejista, muitas vezes, ocorrerão oportunidades para que esta experimente o processo de compra. É comum a cena de uma mãe pedindo ajuda para a filha durante as compras no supermercado, assim como é comum os filhos ajudarem os pais na escolha de produtos (Veloso, Hildebrand e Daré, 2008). Nesses processos interativos também haverão oportunidades para os pais reforçarem os comportamentos adequados e punirem os inadequados.

Já a influência indireta ocorre mediante a observação, que afeta de modo mais intenso o aprendizado da criança (Moschis, Moore e Smith, 1984). A criança está sempre observando o comportamento daqueles que lhes servem como modelos. Incluem-se nestes os pais, professores, colegas e até mesmo personalidades famosas que são emuladas pela criança. Esta, muitas vezes, é solicitada a acompanhar os pais nas situações de compra e consumo, seja em shopping center, loja de conveniência ou na padaria da esquina. Em todos esses casos a criança terá a oportunidade de entrar em contato com situações que lhe trarão ricas informações sobre o funcionamento do mundo capitalista e, acima de tudo, como seus pais lidam com ele. Essa influência indireta também acontece quando outros agentes de socialização entram em jogo. Por exemplo, imagine uma família assistindo à televisão num domingo à tarde. Os pais podem emitir opiniões sobre os produtos apresentados nas propagandas e sobre os programas que estão passando na televisão, e cada uma dessas interações com a criança são oportunidades de aprendizado.

Ao observar os pais, a criança captará alguns de seus comportamentos, porém ela não compreenderá a razão destes. Por exemplo, como os pais vão explicar às crianças que preferem fazer compras na Rua 25 de Março que na Rua Oscar Freire, em São Paulo? Algumas vezes é difícil explicar para a criança as razões das escolhas de um adulto com relação a marcas, produtos e varejistas, entre outras questões relacionadas às decisões de compra (Moschis, Moore e Smith, 1984).

Os pais também podem assumir uma atitude proativa e buscar ensinar a seus filhos as bases do consumo. São sugeridas algumas ações que podem ser úteis (Ward, Wackman e Wartella, 1977):

- Proibir certos atos que pareçam indesejáveis.
- Dar aulas relativamente formais sobre certos passos que devem ser seguidos durante o processo de consumo (como escolher uma fruta na feira, como contar o troco etc.).
- Manter conversações com as crianças com o objetivo de compreender melhor as decisões que elas mesmas tomam nas diversas circunstâncias.
- Fazê-las participar das práticas dos pais como expectadoras, quer dizer, multiplicar as observações a título de exemplo.
- Outorgar autonomia cada vez maior para as crianças, autorizando-as a desenvolver suas próprias experiências.

É claro que nem todos os comportamentos apresentados serão seguidos pelas famílias, haja vista que uma família difere de outra em relação ao entendimento de como devem gerir o domicílio e educar seus filhos. No Quadro 3.4 são apresentadas características de uma família moderna e uma família tradicional.

Quadro 3.4 – Tipos de família

Fatores	Tipo de família	
	Família moderna	Família tradicional
Modo de tomada de decisão, estrutura de comunicação das relações pais-filho	Amigável	Autoritário
Inovação	Inovadora	Conservadora
Orientação para a compra, poder de compra	Gasta muito	Restritiva
Nível de planejamento, organização	Espontâneo	Estruturado
Papéis de compra	Misturados/ indefinidos	Especialização por papel

Fonte: Adaptado de Ekstrom (2010, p. 48).

Percebe-se que as famílias modernas apresentam uma estrutura bem diferenciada em relação à família tradicional. Na família moderna, a criança tem muito mais espaço para participar do processo decisório, pois a relação com os pais é mais aberta. Em comparação, na família tradicional os pais são mais autoritários e não permitem que a criança tenha liberdade, impedindo, assim, que ela tenha um número maior de experiências relacionadas ao processo de socialização.

Exatamente pela grande influência que tem na comunicação e nas oportunidades para experiências, a família tem um importante papel mediador na relação da criança com as empresas. Por exemplo, o McDonald's é uma das redes de *fast-food* mais criticadas pelos ativistas antiglobalização e pelas pessoas preocupadas com a crise de obesidade que aflige os Estados Unidos. Sabendo disso, e tendo a correta compreensão de que a opinião dos pais pode funcionar como uma barreira ao consumo do produto, a empresa dedicou esforços para mudar essa opinião.

No contexto familiar também existe a influência de irmãos. Ao se analisar as influências que um irmão, o melhor amigo, os colegas de rua (vizinhos) e colegas de classe podem ter sobre uma criança, identificou-se que a maior influência é dos irmãos, seguido pela do melhor amigo (Duncam, Boisjoly e Harris, 2001). Aparentemente, a influência ocorre pela proximidade e pela relação afetiva existente entre as crianças.

Exatamente pela influência que cada infante tem no comportamento de seus irmãos e, consequentemente, na relação com os pais, a chegada de uma nova criança na família muda as relações existentes e cria a necessidade de uma readequação dos papéis de cada um dentro do grupo familiar (Moreno e Cubero, 1995). Essa situação pode causar conflitos dentro da família, principalmente com crianças pequenas. Para irmãos do mesmo sexo, ocorrerá um número maior de interações e imitações mútuas de comportamento. Dependendo da diferença de idade, poderá haver sobreposição de habilidades, interesses e amigos, gerando um potencial maior de conflitos e rivalidades (Moreno e Cubero, 1995). Caso essa diferença de idade seja muito grande, o relacionamento entre os irmãos pode migrar de um relacionamento entre iguais para um mais próximo ao que existe entre pais e filhos.

Cabe lembrar que a influência dos pais sobre o aprendizado dos filhos diminui com a entrada destes na adolescência, em que parte desse papel influenciador é assumido pelos colegas/amigos mais próximos (Moschis, Moore e Smith, 1984).

Colegas

Os colegas podem exercer influência bastante grande sobre o processo de socialização da criança, principalmente após a entrada dela na escola. Até esse momento, o contato da criança com outros colegas ainda é restrita, assim como é restrito o nível de relacionamento da criança com seus colegas em função do desenvolvimento cognitivo-social.

Os anos escolares descortinam uma nova realidade para a criança. Essa realidade é representada pelos professores, pelo ambiente da escola e pelo contato com os colegas. A convivência dentro da sala de aula, as atividades realizadas e o recreio (ou intervalo) serão responsáveis por incentivar o surgimento de relações entre as crianças. Primeiro, serão formadas relações entre pares de crianças ou grupos pequenos, e somente com o passar dos anos é que as relações se darão em grupos maiores (Moreno e Cubero, 1995). As primeiras relações didáticas, entre crianças com 6 ou 7 anos, serão marcadas pela falta de reciprocidade, ou seja, "amigos são aqueles que fazem coisas boas para mim" (Moreno e Cubero, 1995). Só após os 8 anos, a criança perceberá que é necessário retribuir, adaptando-se as necessidades do outro e prestando a ajuda necessária.

A convivência em grupo exigirá cada vez mais das crianças, como pode ser evidenciado no aumento da competência comunicativa e da capacidade de coordenação de intenções.

No que diz respeito ao consumo, a interação da criança com seus colegas dentro de um grupo de convivência trará importantes influências sobre seu comportamento, principalmente se a categoria do produto em questão for relevante para o grupo (Hawkins e Coney, 1974). Produtos que apresentarem como característica baixa visibilidade, complexidade, risco percebido e alto nível de experimentação não serão alvos da influência do grupo de colegas (Ford e Ellis, 1988; Stafford, 1966).

Essas considerações estão relacionadas com a importância das marcas e dos produtos na construção do autoconceito das crianças, principalmente aquelas acima de 7 anos. É neste contexto que surge a ideia de que as pessoas desejam produtos não somente pelo que eles fazem, mas também pelo que eles significam (Levy, 1959). Quanto mais velha a criança, e maior a sua preocupação em fazer parte do grupo, maior atenção ela dará ao que o grupo pensa sobre a compra de uma marca em particular, mesmo que inconscientemente (Belk, 1988). É na infância que o lado obscuro das posses se apresenta, começando a surgir evidências de inveja entre as crianças em função das suas posses (Belk, 1988). Eventualmente, essa questão recairá sobre os pais sob a forma do apelo "todo mundo vai" ou "todo mundo já comprou".

De certa forma, a inserção em determinado grupo é mediada pelas marcas. Cada grupo terá características particulares e uma seleção de marcas mais valorizadas. O significado dessas marcas será construído a partir do convívio das crianças nesse grupo (Escalas e Bettman, 2005). A interação entre as marcas, o grupo ao qual a criança quer fazer parte e seu próprio autoconceito (ou identidade) vão interagir e direcionar seu comportamento (Chaplin e John, 2005). Surge daí o autoconceito grupal, ou seja, o próprio grupo construirá determinada imagem para si.[1] Por conseguinte, as marcas que tiverem uma aderência maior à autoimagem grupal serão mais bem avaliadas. Dentro do grupo, algumas normas serão comuns à cultura em que todos estão inseridos, porém outras serão criadas exclusivamente para diferenciar este grupo dos demais (Moreno e Cubero, 1995).

No grupo, a criança será exposta a um nível ainda maior de influência. Isso acontece principalmente em casos nos quais o grupo apresenta algum tipo de liderança e um nível mais alto de coesão (Stafford, 1966). Quando o grupo apresenta coesão, naturalmente emergem os líderes informais que terão maior influência sobre o grupo. Se o líder for leal a alguma marca em particular isso trará impactos sobre o grupo. Assim como pode haver líderes natos, à medida que o grupo cresce estabelecem-se papéis claros para seus integrantes. O possível *status* social de uma criança em seu grupo pode ser compreendido entre as seguintes denominações (Moreno e Cubero, 1995):

- Populares: crianças que são valorizadas pelos seus pares, ou seja, são alvo de apreço e preferência dos demais. Elas serão responsáveis por uma grande influência nas marcas e produtos valorizados pelas outras crianças da classe e até mesmo da escola.
- Rechaçados: são as crianças que não são bem vistas pelos seus colegas. Serão alvo de ações de *bullying* e os produtos e marcas que estas crianças utilizam podem ser evitados pelo restante do grupo.
- Ignorados: crianças que recebem pouca atenção do restante das crianças. Elas não são rechaçadas e tampouco populares, são ignoradas por não apresentarem características que possam fazer que sejam respeitadas ou rechaçadas de forma mais contundente.
- Controvertidos: estas crianças recebem avaliações diferentes, tanto positivas como negativas. Algumas crianças consideram este grupo popular, enquanto outras crianças preferem rechaçá-lo.

As crianças populares geralmente são descritas como aquelas que cooperam, apoiam seus colegas, são serviçais, atentas, consideram os outros, são atrativos fisicamente e se conformam com as regras. Em alguns casos, o *status* de popular

---

[1] Assista ao filme *A onda* (2008) para obter um exemplo de como o grupo trabalha para a construção de uma autoimagem e como aqueles que não se adaptam ao grupo são expurgados.

pode estar associado a condutas agressivas, mas, em geral, essa conduta foi incentivada por outra criança, tendo então a agressividade da criança popular uma conotação defensiva.

O processo de influência que ocorre entre crianças é bastante similar ao que acontece entre crianças e adultos por meio de reforço, da modelagem e do ensino direto (Moreno e Cubero, 1995). Porém a relação entre as crianças é igual, ao passo que a relação entre a criança e seus pais é bastante assimétrica, com o poder geralmente nas mãos dos pais. Dessa forma, a relação entre as crianças caracteriza-se mais pela igualdade, cooperação e reciprocidade entre indivíduos que possuem capacidades semelhantes (Moreno e Cubero, 1995).

Escola

Cada sociedade possui sistemas organizados para facilitar a integração dos jovens a ela. Na sociedade industrial desenvolvida, a escola é a instituição encarregada de preparar as crianças para desempenhar ativamente o papel delas como adultos nas estruturas sociais estabelecidas (Moreno e Cubero, 1995).

A escola é um dos locais onde a criança tem o maior número de interações sociais e, em conjunto com a família, é a instituição que possui as maiores repercussões para a criança (Moreno e Cubero, 1995). Essas repercussões surgem não só a partir dos fins explícitos da escola, os quais estão expressos no currículo acadêmico, mas também com outros fins não planejados, o chamado currículo oculto.

Ao adentrar na escola, a criança está num ambiente em que o conteúdo apresentado em sala de aula é sistematizado e os horários são menos flexíveis, reduzindo-se assim a liberdade da criança para escolher que tipo de atividade deseja realizar. O aprendizado quanto a horário e obrigações são exemplos claros de currículo oculto, pois são conhecimentos fundamentais para o funcionamento adequado da sociedade moderna.

É nesse ambiente que a criança tem uma profusão de interações sociais com inúmeros indivíduos, como colegas de classe, funcionários da escola e professores. É o local onde ocorrem as primeiras experiências da criança longe dos pais. Não é difícil para um adulto recordar algum professor que marcou sua infância, denotando assim a importância do professor e, por conta disso, da escola no processo de socialização que ocorre na infância (McNeal, 1987). É natural, portanto, existirem evidências de que crianças escolarizadas apresentam capacidades cognitivas superiores, pois o ambiente escolar propicia seu desenvolvimento (Moreno e Cubero, 1995). Isso acontece em razão das oportunidades que a criança tem para desenvolver relações afetivas, participar de situações sociais, adquirir destrezas relacionadas à competência comunicativa, desenvolver papéis sexuais, condutas pró-sociais e sua identidade pessoal (autoconceito, autoestima e autonomia) (Moreno e Cubero, 1995).

Assim como acontece com a família e colegas, a relação da criança na escola está pautada pelas relações de modelagem, reforço e interações sociais. Os professores são os maiores responsáveis por conduzir esse processo. Dentre os inúmeros tipos de agentes de socialização, os professores constituem um dos grupos com maior poder de influência sobre a criança (Rideout, 2007). Por ser um dos poucos adultos presentes na sala de aula, o professor assume importância significativa no processo de socialização.

A escola pode ter um impacto significativo sobre o que a criança pensa e conhece acerca do consumo, decorrente do que ela aprende na sala de aula. Por exemplo, na China, os livros didáticos apresentam entre suas lições muitas que fazem referência a questões sobre consumo (Chan, 2006):

- Incentivo à economia de recursos e à frugalidade.
- Existência de bens privados e bens públicos.
- Todos os produtos são resultantes do trabalho humano.
- Os produtos devem ser utilizados adequadamente.
- O desperdício de produtos é apresentado como um pecado.

Não é incomum que esse tipo de ensinamento seja realizado nas escolas, pois é importante para o desenvolvimento da criança que ela compreenda o funcionamento do mercado, entenda os objetivos de cada um dos participantes do mercado e entenda a transação de compra. Em certa medida é até uma exigência que a escola conduza um esforço para educar as crianças quanto ao consumo, afinal, elas já são expostas a ele desde cedo. Desse modo, faz-se necessário trazer algum conhecimento estruturado sobre o tema (Stampfl, Moschis e Lawton, 1978).

É possível definir alguns temas básicos que deveriam ser tratados nas escolas com a devida profundidade com a finalidade de dar a base necessária para a criança compreender a estrutura de consumo: propriedade privada, dinheiro e preço (Stampfl, Moschis e Lawton, 1978). Esses temas certamente não seriam trabalhados numa disciplina específica, mas poderiam ser mencionados até mesmo como pano de fundo para o aprendizado de outras matérias.

Além disso, um papel importante que a escola poderia assumir seria o de ensinar os direitos e as responsabilidades do consumidor e das empresas (Özgen, 2003). Quanto mais instruído for o consumidor, seja criança ou adulto, sobre seus direitos, maiores serão as chances de ele saber como se proteger (Brée, 1995). Assim, seria possível que a criança fosse mais capaz e autossuficiente no mercado, precavendo-se contra eventuais abusos por parte de empresas e seus funcionários (Stampfl, Moschis e Lawton, 1978).

Pela sua importância no processo de socialização da criança, a escola não está livre do assédio das empresas interessadas em ter acesso ao público infantil. Essa situação é cada vez mais marcante nas escolas norte-americanas (Linn, 2004). As empresas buscam patrocinar material escolar, viagens, ginásios, edifícios, máquinas de venda automática entre outras diversas iniciativas (Linn, 2004). Essas escolas, em função de dificuldades financeiras, optam por aceitar essas investidas (Linn, 2004; Siegel, Coffey e Livingston, 2004). No Brasil, esse tipo de iniciativa ainda não foi difundida.

Cultura

É possível definir cultura como a programação coletiva da mente que distingue os membros de um grupo daqueles de outros grupos (Hofstede, 1994). É basicamente o conjunto de valores, ideias e significados, ou seja, uma forma de ver um mundo compartilhado por um grupo de pessoas. As diversas culturas existentes em diferentes áreas geográficas e países podem ser compreendidas como a mescla de quatro dimensões (Hofstede, 1994):

- Preferência pela *distância* em relação ao *poder*: o grau em que os indivíduos de uma organização ou instituições (como a família) aceitam e esperam a existência de uma distribuição não equitativa de poder na sociedade (Ji e McNeal, 2001).
- Coletivismo *versus* individualismo: qual o tipo de relacionamento entre o indivíduo e a coletividade que prevalece, ou seja, numa sociedade coletivista os interesses coletivos são colocados acima dos interesses pessoais.
- Feminilidade *versus* masculinidade: o grau em que a sociedade é marcada por características femininas (cuidar ou prover) ou masculinas (assertividade).
- Necessidade de controle da incerteza: como os indivíduos lidam com os aspectos desconhecidos do futuro, os quais trazem incerteza e risco.
- Foco no *curto* ou *longo prazo*: quão orientada para o longo prazo (poupança e perseverança) ou para o curto prazo (satisfação momentânea das necessidades, tradição, cumprimento de obrigações sociais e proteger sua imagem perante a sociedade (Hofstede, 2009).

Entre as dimensões apresentadas, o Brasil caracteriza-se como um país onde a existência de diferenças na distribuição de poder é aceita. Aparece como característica da sociedade brasileira o enfoque predominantemente coletivista. Trata-se de um traço comum aos países latino-americanos e traz embutida a importância da família nas sociedades de origem latina. A lealdade é bastante grande com a família e grupos próximos.

Verificou-se que essas características são ainda mais marcantes na classe C, em que as dificuldades enfrentadas impulsionaram um nível maior de solidariedade em relação às classes mais altas (Data Popular, 2006). De forma geral, o indivíduo da classe C considera a família, a igreja e a comunidade como o apoio para algum momento de dificuldade. Por exemplo, 44% dos indivíduos da classe C se dispõem a cuidar das crianças dos vizinhos, em contraste com apenas 6,5% dos indivíduos da classe A.

As diferenças culturais e o comportamento do consumidor infantil fazem parte de temas relativamente novos na área de marketing. Esse assunto ganha uma importância cada vez maior com a globalização dos mercados e o aumento da abrangência das empresas. As diferenças culturais entre os países certamente trazem impactos sobre a influência dos fatores de socialização. É de esperar que diferenças culturais (por exemplo, entre um país ocidental e um oriental) criem ambientes diferenciados em relação à estrutura familiar e às relações entre as crianças (Roedder-John, 1999).

Um exemplo evidente de como a cultura pode influenciar a inserção da criança na sociedade pode ser observado na China. Desde a década de 1970, o governo chinês tem estabelecido uma série de restrições objetivando um controle do crescimento populacional (SPUC, 2011). Uma das principais políticas desse projeto foi a restrição do número de filhos que as famílias podem ter. Um casal chinês pode ter apenas um filho, e, por conta disso, sérios problemas relacionados ao infanticídio e ao abandono de crianças do sexo feminino apareceram (Rosemberg, 2010). Surgiu a partir dessa decisão unilateral do governo chinês uma geração chamada de pequenos imperadores, ou seja, meninos que cresceram numa família como o único receptáculo de atenção. Isso explica por que a região da Ásia e da Austrália tem o segundo maior dispêndio anual com crianças, ficando atrás só dos Estados Unidos (Euromonitor, 2001). A partir disso, desenvolveu-se enorme mercado de comida *premium* para bebês, brinquedos educacionais e produtos de luxo em geral (Boumphrey, 2007).

A China é um país com uma história milenar, ou seja, possui valores culturais bem arraigados na sua população. Porém isso está mudando com o maior impacto das questões relacionadas à globalização. Até algum tempo atrás os comerciais televisivos realizados pelas empresas tinham como foco apenas valores culturais da sociedade chinesa e questões relacionadas ao processo de desenvolvimento econômico e social pelo qual o país atravessava (Ji e McNeal, 2001). Isso tem mudado com o aparecimento de alguns valores ocidentais, fundamentalmente norte-americanos, nos comerciais. Esse exemplo indica um dos impactos da globalização, que se dá mediante uma redefinição dos valores com base nas influências sociais recebidas por filmes, seriados televisivos, jogos de videogame, música, internet, entre outras mídias e formatos de entretenimento.

Mídia

Em latim, a palavra "intermediário" é *medium*; e o plural de "intermediários" é *media*. Esse termo foi utilizado na língua inglesa para significar as instituições que intermedeiam a transmissão de conteúdo entre duas partes, ou seja, a televisão, o rádio, o jornal e, nos tempos atuais, a internet. O anglicanismo arraigado na cultura brasileira fez a palavra ser aportuguesada simplesmente como mídia.

A criança terá de ter acesso à mídia para consumir as informações nela transmitidas. A Tabela 3.2 apresenta os tipos de mídia presentes no quarto das crianças norte-americanas conforme a idade.

Tabela 3.2 – Mídias no quarto das crianças

Mídia	2-4 anos	5-7 anos	8-13 anos
Rádio	32%	53%	81%
Televisão	26%	39%	65%
CD player	9%	18%	64%
Videogame	7%	18%	47%
TV a cabo ou por satélite	10%	18%	28%
Computador	4%	9%	23%
Drive CD-ROM	1%	5%	14%
Canais *premium* na TV paga	4%	5%	15%
Internet	1%	2%	9%

Fonte: Roberts et al. (1999, p. 13).

Percebe-se que o número de mídias disponíveis ao infante e utilizado por este aumenta significativamente de acordo com a idade. Conforme a criança amadurece, os pais consideram se ela está apta a consumir o que é disponibilizado por tipo de mídia. Outros fatores cognitivos e sociais também são importantes nessa distribuição. Uma boa parte das mídias, como internet ou revistas, por exemplo, só pode ser consumida depois que as crianças atingem um nível mais avançado no desenvolvimento.

Dados mais recentes, que abrangem crianças e adolescentes (entre 8 e 18 anos) indicam que a presença de mídia no quarto têm crescido significativamente nos últimos anos (Tabela 3.3).

3 Processo de socialização do consumidor

Tabela 3.3 – Evolução da presença de mídia no quarto

	1999	2004	2009
TV	65%	68%	71%
DVD ou VCR	36%	57%	57%
TV a cabo ou por satélite	29%	37%	49%
Computador	21%	31%	36%
Acesso à internet	10%	20%	33%
Videogame	45%	49%	50%
Canais *premium*	15%	20%	24%

Fonte: Roberts, Foehr e Rideout (2010, p. 9).

A presença aumentada da mídia no quarto faz que o número de horas gastas com o consumo de mídia cresça. Além disso, cresce o consumo simultâneo de mídia, um fenômeno bastante recente. Exemplo dessa situação é apresentado na Figura 3.4.

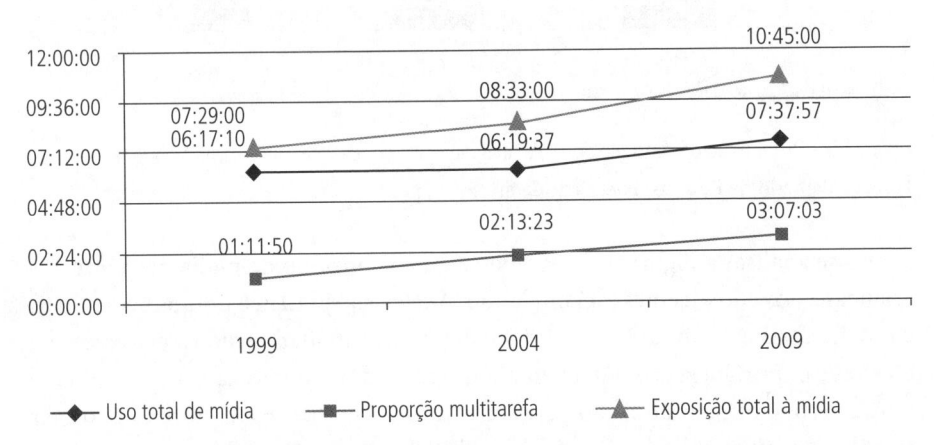

Figura 3.4 – Consumo total de mídia num dia típico por crianças/adolescentes norte-americanos.
Fonte: Adaptado de Roberts, Foehr e Rideout (2010, p. 2).

Os dados apresentados indicam o aumento no número de horas que uma criança/adolescente passa consumindo mídia. Outro fator relevante na Tabela 3.3 é o aumento do consumo simultâneo de mídia que quase triplicou em uma década. As novas gerações são caracterizadas pela capacidade de interagir com uma gama maior de fontes de informação ao mesmo tempo. Isso sinaliza que essas crianças e os adolescentes não estão mais dispostos a consumir uma programação linear, espera-se algo mais interativo e dinâmico.

Marketing e o mercado infantil

A Figura 3.5 apresenta a distribuição do consumo de mídia por crianças e adolescentes norte-americanos num dia típico. Os dados mostram que as mídias que permitem alguns dos menores graus de interatividade estão em declínio, principalmente a televisão e a mídia impressa. O computador é a mídia que mais cresce em participação no dia a dia das crianças e dos adolescentes.

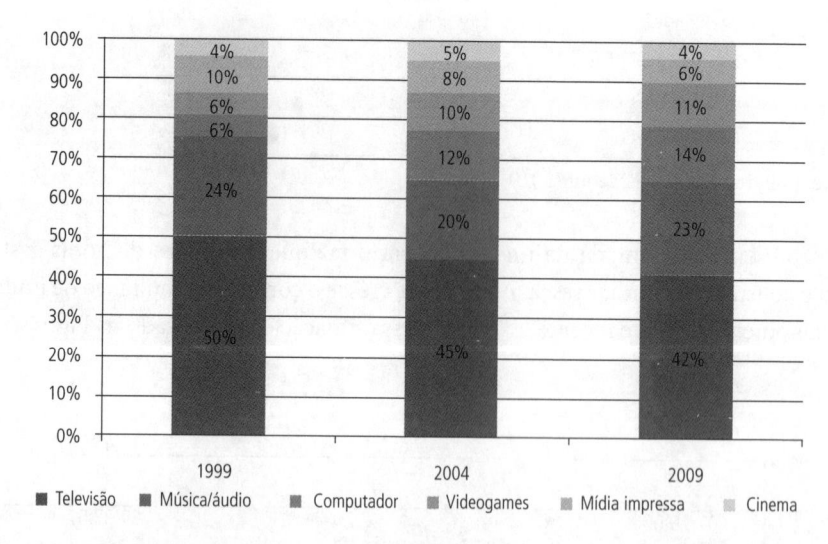

	1999	2004	2009
Televisão	50%	45%	42%
Música/áudio	24%	20%	23%
Computador	6%	12%	14%
Videogames	6%	10%	11%
Mídia impressa	10%	8%	6%
Cinema	4%	5%	4%

Figura 3.5 – Distribuição do consumo de mídia num dia típico por crianças/adolescentes norte-americanos.
Fonte: Adaptado de Roberts, Foehr e Rideout (2010, p. 2).

Ao se analisar a Figura 3.5, percebe-se que o consumo de mídia por parte das crianças e dos adolescentes está mudando. A televisão perdeu 8 pontos percentuais e o computador ganhou 8 entre 1999 e 2009. Essa mudança indica claramente a crescente importância do computador como canal de comunicação, principalmente porque este é o meio utilizado para ter acesso à internet. Essa situação pode ser mais bem compreendida por meio da análise da posse de aparelhos que permitem o consumo de mídia em situações que antes não existiam (Tabela 3.4).

Tabela 3.4 – Mídia pessoal por idade

	Entre todos	8 - 10	11 - 14	15 - 18
iPod / MP3 player	76	61	80	83
Telefone celular	66	31	69	85
Videogame portátil	59	65	69	41
Laptop	29	17	27	38

Fonte: Rideout, Foehr e Roberts (2010, p. 10).

3 Processo de socialização do consumidor

No Brasil, os pais de crianças entre 3 e 11 anos indicam que seus filhos têm como principais atividades de lazer assistir à televisão (80%), brincar com outras crianças (68%) e andar de bicicleta (51%) (Instituto Alana e Datafolha, 2010). Na sequência, aparece o videogame (49%). Imagina-se que, de forma geral, as tendências observadas nos Estados Unidos se repetem também na realidade brasileira, o que denota a globalização de usos e costumes, característicos da sociedade moderna.

A proliferação das mídias no século atual fez crescer a importância de celulares, aparelhos portáteis para ouvir música, trocar mensagens instantâneas, jogar videogames e se entreter com mundos tridimensionais (Chester e Montgomery, 2008). Nesse sentido, o computador torna-se mais relevante, pois serve como meio de gerenciamento de diversas dessas novas opções de mídia.

Além disso, utiliza-se o computador também como meio de comunicação das empresas quando estas fazem inserções de propagandas em jogos de computador (Grigorovici e Constantin, 2004), estratégia denominada *product placement*, que teve seu início nos anos 1980 com a inserção de propagandas da Marlboro em jogos da Sega (Emery, 2002). Atualmente, é comum um jogo ser lançado tanto em versões para videogames como para computadores, por isso o efeito desse tipo de estratégia pode ser mais amplo, pois atinge os consumidores por duas mídias diferentes. Avanços tecnológicos têm tornado cada vez mais fácil para o consumidor evitar propagandas tradicionais, em consequência disso há uma crescente utilização da estratégia de *product placement* (Lee e Faber, 2007).

Essa estratégia consiste na inserção de produtos, marcas e propagandas no conteúdo distribuído pelas diferentes mídias (filmes, seriados, programas infantis, programas de entrevistas etc.). Os resultados desse tipo de estratégia têm sido considerados muito eficientes pelas empresas (Poncin, 2007). Uma forma alternativa de pôr em prática essa estratégia é a inserção de marcas, produtos e propagandas no meio de uma entrevista ou na apresentação de um programa, o que foge um pouco da ideia original de inserir o produto ou marca no contexto do filme ou seriado (Roehm, Roehm e Boone, 2004). Essa estratégia é comumente usada em programas de entrevista como o *CQC* ou o *Caldeirão do Huck*. Nesses programas, cada parte da programação é patrocinada por um anunciante. Dessa forma, a associação da marca da empresa com o apresentador e o programa são mais evidentes. Essa estratégia é diferente do que é feito nos filmes e seriados, pois a inserção é realizada de forma distinta, mais direta, apresentando, mesmo assim, resultados positivos.

Diante do crescimento das novas mídias, não é de estranhar que as crianças norte-americanas (entre 6 e 12 anos) tenham o iPad (31%), computadores (29%) e iPod Touch (29%) como os três produtos mais desejados (Nielsen, 2010).

Em sintonia com os números apresentados anteriormente, projeta-se que o consumo dessas novas mídias cresça nos próximos anos.

Nesse contexto, em que novas mídias estão se tornando cada vez mais importantes, surgem também novas estratégias de marketing adotadas pelas empresas (Chester e Montgomery, 2008): novas mídias como fonte de informações comportamentais; mobile marketing (ações de marketing realizadas via celular); marketing viral (distribuição de conteúdo entre usuários da internet); uso das ferramentas de comunicação instantânea (MSN, Yahoo! Messenger etc.); comunidades on-line (comunidades sociais); e vídeos (para serem propagados pela internet – blogs, mensagens de texto via celular, YouTube) entre outras.

Apesar da diminuição de seu consumo, a televisão ainda continua sendo a principal mídia consumida pelas crianças, e por isso mesmo uma das mais criticadas. Existem muitas opiniões negativas com relação à forma como a mídia televisiva oferece ou transmite informação às crianças. São comuns as críticas à qualidade do conteúdo fornecido, assim como às inserções comercias em meio à programação. Neste contexto, os pais brasileiros, que apresentam como grandes preocupações quanto a seus filhos evitar exposição à violência (80%) e ter uma alimentação saudável (75%), veem nas mídias um auxílio e também um empecilho à correta educação. Essas duas preocupações relacionam-se com a mídia, primeiro, como meio para transmissão de programa com conteúdo violento e, segundo, como meio para transmissão de comerciais que incentivam o consumo de alimentos não nutritivos (alto teor de gordura e sódio). Em consonância com isso e sabendo da grande influência que grupos e pessoas de referência têm sobre os infantes, os pais se preocupam mais com o conteúdo dos programas televisivos (58%) do que com o conteúdo das propagandas que passam nos intervalos comerciais (42%) (Instituto Alana e Datafolha, 2010). Porque, enquanto as propagandas estão constantemente sobre grande escrutínio de competidores e órgãos reguladores, a validação de produtos realizada por programas, apresentadores e atores raramente são alvo de maior controle.

Em resposta ao crescente papel da mídia na socialização do consumidor, desde o começo da década de 1970 houve um aumento da preocupação sobre a relação entre a propaganda e a criança (Ward, Robertson e Wackman, 1971). Essa questão derivou para o estudo da capacidade da criança em compreender e avaliar mensagens persuasivas da comunicação de marketing (Moore, 2004). Como discutido no Capítulo 2, em consequência das características do processo de desenvolvimento cognitivo da criança, ela encontra-se geralmente desprotegida perante os apelos persuasivos das propagandas e das inserções comerciais (Khatibi, Haque e Ismail, 2004).

3 Processo de socialização do consumidor

Profissionais de marketing

O entendimento do profissional de marketing como influenciador do processo de socialização não é novidade (McNeal, 1987), porém nunca se deu a este grupo a importância devida. Entende-se que a forma como a empresa oferece seu produto e como atende seus clientes terá uma influência nas crianças, além da já mencionada influência das mídias e da propaganda.

Enquanto o contato das crianças com a propaganda é altamente impessoal, o mesmo não acontece com empresas de serviços. É da natureza das empresas de serviços um nível maior de contato direto com consumidores. Isso significa que a criança terá contato direto com funcionários do estabelecimento, o que poderá gerar momentos de aprendizado, com todas as características já mencionadas, como modelagem, reforço e punições. Por exemplo, nos cinemas da década de 1960 a 1980, era comum a presença do lanterninha para orientar o comportamento dos jovens.

De forma geral, a partir dos 4 ou 5 anos a criança começa a perceber que o varejista possui os produtos que lhe trazem prazer e satisfação (McNeal, 1987). Assim, ela começa a querer frequentar cada vez mais esses locais de compra e passa a interagir mais com as pessoas que lá trabalham. Se a criança for bem tratada, o que não é sempre o caso, ela vai adquirir uma predileção por aquele ambiente varejista que perdurará. Naturalmente, o nível de atenção às crianças depende das características dos funcionários contratados, do treinamento oferecido e das políticas da empresa.

Um momento bastante complicado para os funcionários de um estabelecimento de serviços, como um restaurante ou loja de departamentos, acontece quando os pais não conseguem ou não se dão ao trabalho de controlar o comportamento da criança. O funcionário fica, então, dividido entre educar a criança para se comportar e não incomodar os outros clientes, falar diretamente com os pais, ou fazer de conta que nada está acontecendo. Seja qual for decisão dele, problemas podem acontecer. Principalmente se ele resolver educar a criança e os pais não gostarem de vê-lo dando bronca em seu filho.

O próprio ambiente de serviços pode ter um impacto no desenvolvimento da criança. Existem lojas, como o Supermercado Loyola na grande São Paulo, que oferecem instalações voltadas para a criança. No caso desse supermercado em particular, é oferecido um carrinho de tamanho menor, que pode ser conduzido por crianças de 4 ou 5 anos (Veloso, Hildebrand e Daré, 2008). Essa estratégia faz que a criança participe do processo de compra e se divirta durante a realização deste, facilitando assim o trabalho dos funcionários e a compra dos pais.

A adaptação do ambiente de serviços à criança também deve prestar atenção às características físicas desse público. A criança tem uma estatura física menor que os adultos, portanto não terá como alcançar prateleiras muito altas, assim como não terá capacidade para carregar embalagens muito pesadas. A empresa deve cuidar desses detalhes para oferecer um nível de atendimento melhor. Se a criança encontrar dificuldades para alcançar um produto ou não conseguir manuseá-lo, essa experiência criará impressões negativas desse varejista ou do fabricante dos produtos. Isso, no longo prazo, consolidará as percepções da criança sobre as empresas e instituições do varejo.

Por último, os próprios produtos oferecidos pelas empresas podem ter grande influência sobre o processo de socialização. Por exemplo, um jogo de tabuleiro como o Banco Imobiliário pode ensinar à criança questões sobre o dinheiro, troca de propriedades, juros, aluguel, hipoteca e empréstimos. Além disso, parte do aprendizado da criança é sobre quais produtos são bons e quais são ruins. Ela também apreenderá que alguns produtos são caros e outros simbolizam atributos das pessoas (McNeal 1964). O próprio uso dos produtos pelos pais da criança também terá um efeito no processo de socialização.

Apesar de o produto ter alto grau de importância no processo de socialização, ele muitas vezes é deixado de lado porque seu uso ou consumo é feito em conjunção com outros agentes socializantes. Dessa forma, o produto fica em segundo plano.

Avaliação do desenvolvimento da socialização

Ao passar por etapa do processo de socialização, a criança paulatinamente vai adquirindo conhecimentos e habilidades que eventualmente a tornarão um consumidor apto a desempenhar adequadamente seu papel na sociedade. A compreensão do estágio na qual ela se encontra no desenvolvimento como indivíduo e consumidor, mais especificamente, pode trazer interessantes informações para a empresa, principalmente para os esforços de segmentação e posicionamento de suas marcas.

O desenvolvimento da criança como consumidora também pode ser medido por meio de variáveis como (Moschis, Moore e Smith, 1984):

- Conhecimento de assuntos ligados ao consumo: esta variável mede o conhecimento da criança sobre os principais conceitos ligados ao consumo e a legislação que rege as relações entre as empresas e os consumidores. Por exemplo: o leite vendido numa loja deve mostrar o prazo de validade em que pode ser vendido.

3 Processo de socialização do consumidor

- Atividades de consumo: essa variável mede a frequência e a habilidade da criança em comprar e usar diferentes produtos e serviços de forma racional e eficiente. Por exemplo: planejar como gastar o dinheiro; ler cuidadosamente a maioria das informações em pacotes e embalagens.
- Percepção dos papéis associados ao consumo: essa variável mede o conhecimento da criança sobre as funções do consumidor, seus direitos e suas obrigações. Por exemplo: verificar a data de validade e as garantias antes da aquisição dos produtos; comprar garrafas retornáveis em vez de garrafas descartáveis.

Caso sejam aplicados em conjunto, esses medidores auxiliam na identificação das principais competências que um bom consumidor pode ter, a saber: conhecimento das marcas, dos preços e de aspectos legais, e concepções dos papéis como consumidor (Moschis e Moore, 1978). No contexto do varejo foi criada uma escala (Quadro 3.5) para medir o nível de desenvolvimento da criança como consumidora (Reece e Kinnear, 1986). Essa escala pode servir de modelo para dar origem a escalas adequadas para outros tipos de produtos.

Quadro 3.5 – Indicadores do desenvolvimento da criança como consumidora no contexto do varejo

Componentes do índice de habilidades como compradora	Componentes do índice conhecimento sobre como uma loja de varejo funciona
Habilidade em descrever a ida à: – mercearia; – loja de departamentos.	Habilidade em relacionar produtos com os tipos de lojas.
Habilidade em nomear os métodos de pagamento.	Habilidade em nomear lojas de diferentes tipos.
Habilidade em manejar problemas ocorridos na compra.	Habilidade em nomear atributos que afetam a lealdade.
Habilidade em relacionar produtos e departamentos.	Habilidade em nomear funcionários da loja.
Consciência sobre as formas alternativas de um produto.	Habilidade em descrever as funções de um vendedor.
Habilidade em fazer comparações de quantidade e preço.	Conhecimento sobre quem é proprietário da loja.
Consciência sobre datas de validade.	Consciência sobre as fontes de *merchandising*.

Fonte: Adaptado de Reece e Kinnear (1986, p. 274 e 276).

Além das variáveis apresentadas no Quadro 3.5, é necessário pensar na capacidade da criança de lidar e consumir o produto sem dificuldades (McNeal, 1987). Se a criança não souber usar o produto da empresa, ela ainda não estará completamente preparada para ser considerada uma consumidora no seu sentido mais amplo. É claro que essa incapacidade de lidar com o produto pode ser intencional por parte da empresa (embalagens de remédio que apresentam dificuldades para a abertura) ou decorrente de características relacionadas à idade da criança. Portanto, a avaliação sobre a capacidade de utilizar o produto deve ser feita à luz das capacidades da criança em relação ao estágio de desenvolvimento em que se encontra.

Ao planejar suas atividades de marketing focadas no público infantil será útil para a empresa ter o conhecimento do nível de desenvolvimento dos seus potenciais consumidores. Esse conhecimento direcionará a criação das estratégias e a definição do composto de marketing.

PARTE 2

Composto de marketing aplicado ao consumidor infantil

A execução das funções de marketing na empresa é tradicionalmente dividida em quatro tipos de decisão que são intrinsecamente relacionados. Ao conjunto desses quatro tipos de decisão dá-se o nome de composto (ou mix) de marketing. O composto de marketing é definido basicamente como o conjunto de atividades e decisões desenvolvidas pela empresa para entregar produtos e serviços aos consumidores, satisfazendo suas necessidades e atendendo a seus desejos. Os quatro tipos de decisão são: produto, preço, praça e promoção. A parte do produto refere-se às decisões relacionadas à definição e desenvolvimento das características do produto ou serviço. Usa-se a palavra preço para definir as atividades relacionadas à definição do preço e oportunidades de financiamento do produto. Praça engloba as atividades da empresa relacionadas à distribuição do produto ao consumidor. Por fim, promoção refere-se a todas as atividades da empresa que têm como objetivo a comunicação da oferta de valor (em forma de bem ou serviço) ao consumidor. A seguir, apresentaremos as decisões relacionadas a cada uma dessas categorias, especificamente para empresas que trabalham com o consumidor infantil.

4 Estratégias de marketing aplicadas ao segmento infantil

A American Marketing Association (AMA)[1] define que "marketing é a atividade ou grupo de instituições e processos para criar, comunicar, entregar e trocar ofertas que tenham valor para os consumidores, clientes, parceiros e a sociedade em geral" (AMA, 2007). A partir dessa definição compreende-se que o conceito de marketing é posto em prática quando a empresa conduz esforços de segmentação e posicionamento (Wind, 1978; Danneels, 1995; Dibb, 1999). Após pôr em prática essas duas atividades estratégicas, a empresa parte para a definição do composto de marketing, ou 4Ps – *produto, preço, promoção e praça*.

A importância do processo de segmentação e posicionamento induz à necessidade de analisar como esses dois conceitos são aplicados ao campo do consumo infantil. Assim, neste capítulo, buscaremos identificar as peculiaridades que deverão ser analisadas pela empresa ao conduzir seu processo de segmentação e posicionamento. A seguir, revisaremos o conceito dessas duas atividades estratégicas e exploraremos sua aplicação ao mercado infantil.

Segmentação de mercado

As empresas norte-americanas já utilizavam o conceito de segmentação desde o advento da produção em massa, porém foi somente na década de 1950 que o tema passou a ser estudado nas universidades (Brandt, 1966; Smith, 1956). Isso aconteceu porque foi nessa época que os mercados passaram a assumir uma característica segmentada (Brandt, 1966). Até então, restrições geográficas e econômicas impediam a atuação da empresa além da sua região geográfica, ou seja, as empresas ofereciam seus produtos àqueles que moravam em áreas contíguas à fábrica. No entanto, a partir da década de 1950, o setor de transportes passou por uma fase de

---

[1] Associação norte-americana que congrega educadores e profissionais de marketing (www.marketingpower.com).

rápida evolução. Assim, com o desenvolvimento do transporte (ferrovias e estradas) e das comunicações, foi possível estender o alcance de atuação da empresa para outras áreas. Somente a partir desse momento fez sentido o conceito de segmentação, o qual pode ser resumido em três princípios básicos (Veloso, 2008):

1. É um processo de agregação de consumidores, com base em determinadas características.
2. Ao agrupar os consumidores, espera-se identificar grupos que possuam necessidades e desejos similares.
3. Esses grupos, por possuírem características similares, também terão reações similares aos estímulos de marketing (preço, propaganda, características do produto).

Ao conduzir o processo de segmentação, a empresa poderá obter uma série de vantagens que justificam os custos envolvidos com o processo. As principais vantagens do processo são (Hooley e Saunders, 1996; McDonald e Dunbar, 1998):

- Focar segmentos adequados às competências da empresa.
- Identificar lacunas no mercado, ou seja, segmentos não atendidos pelas concorrentes.
- Identificar nichos de mercado ainda em crescimento, porém inseridos em mercados maiores que estão em declínio.
- Adequar melhor o produto oferecido às necessidades do mercado-alvo, permitindo a construção de uma posição competitiva mais forte.
- Possibilitar a concentração de recursos nos segmentos em que a vantagem competitiva da empresa é maior e os retornos mais altos.
- Considerar os segmentos de forma distinta das concorrentes, gerando uma vantagem competitiva.
- Estudar extensivamente segmentos de mercado específicos, acumulando uma compreensão mais profunda das necessidades desses consumidores.

Já os riscos de não segmentar o mercado aparecem principalmente quando as concorrentes escolhem esse tipo de estratégia (Hooley e Saunders, 1996). Se sua empresa praticar uma estratégia genérica (sem segmentação), ela estará vulnerável aos ataques competitivos da concorrência. Nesse exemplo, sua empresa oferece um mesmo tipo de produto para o mercado em geral, enquanto a concorrente faz alterações na sua oferta para cada um dos segmentos de mercado identificados por ela. É claro que os consumidores vão preferir os produtos que são idealizados com suas necessidades específicas em vista, porém é plausível que existam casos em que não é preciso segmentar em virtude das semelhanças entre as necessidades dos diferentes segmentos e dos custos envolvidos para fazê-lo (Lambin, 2000).

4 Estratégias de marketing aplicadas ao segmento infantil

Ao lançar um novo produto, a empresa tem como primeira decisão escolher em qual mercado ou tipo de indústria atuará. Por exemplo, a Procter & Gamble trabalha em diferentes mercados, desde alimentos (batatas Pringles), cuidados com o barbear (aparelhos Gillette) até ração animal (Eukanuba). A entrada em cada um desses mercados foi feita com base na atratividade de um mercado em particular. Uma vez tomada essa decisão, a empresa conduz esforços de segmentação neste mercado específico para, então, desenvolver produtos adequados aos segmentos considerados atrativos neste mercado em particular. Esse raciocínio é exemplificado na Figura 4.1.

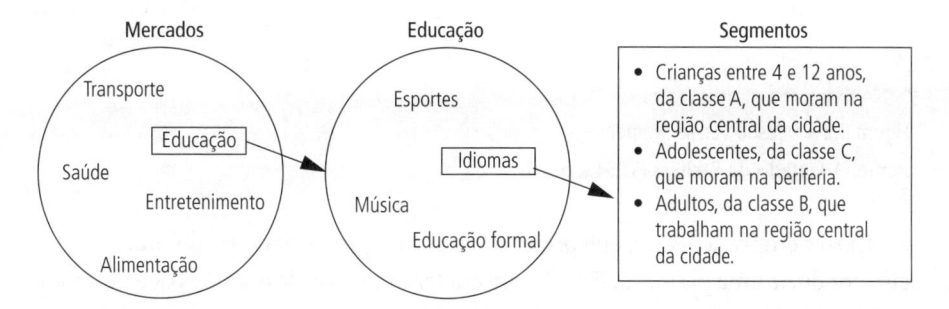

Mercados: Transporte, Educação, Saúde, Entretenimento, Alimentação

Educação: Esportes, Idiomas, Música, Educação formal

Segmentos:
- Crianças entre 4 e 12 anos, da classe A, que moram na região central da cidade.
- Adolescentes, da classe C, que moram na periferia.
- Adultos, da classe B, que trabalham na região central da cidade.

Figura 4.1 – Processo de definição de mercados e segmentos.

Seguindo o exemplo apresentado na Figura 4.1, a primeira decisão da empresa foi analisar a atratividade de diferentes mercados e definir aquele que mais lhe atraía, o mercado de educação. Essa decisão é bastante diferente se realizada por grandes empresas multinacionais ou por um pequeno empreendedor. A grande empresa decidirá com base em amplas análises de mercado, enquanto o pequeno empreendedor decide com base no que já conhece (estudou Pedagogia), na sua afinidade com o mercado em que pretende atuar (gosta de aprender outros idiomas), ou até mesmo na opinião de familiares. De qualquer forma, a decisão é fundamentada na estimação (estatística ou intuitiva) de um segmento de mercado que seja financeiramente atrativo. Tendo definido que o mercado de atuação é a educação, o decisor analisa as diferentes opções existentes.

O decisor pode optar por oferecer uma série de produtos uniformes para todos os participantes do mercado, por meio da chamada estratégia de difusão, ou pode analisar esse mercado e selecionar alguns segmentos, elaborando produtos específicos. Essa decisão é exemplificada na Figura 4.2.

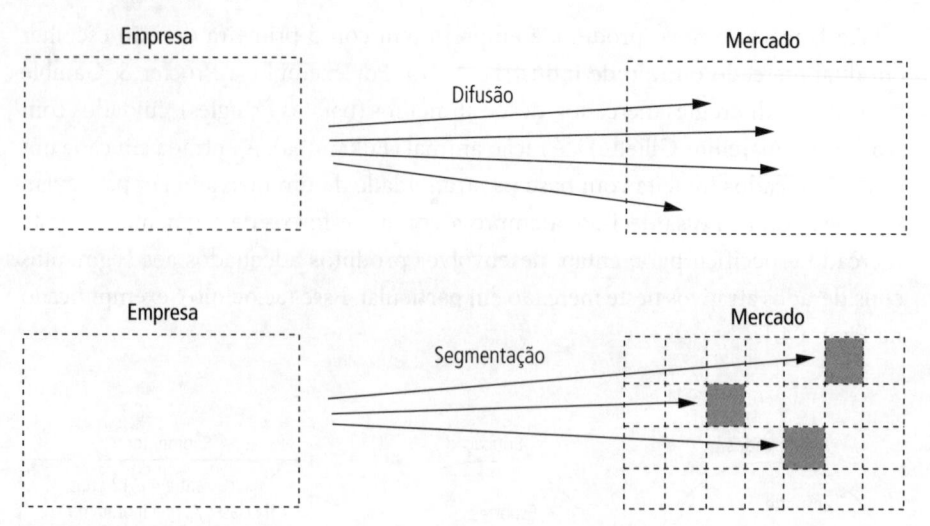

Figura 4.2 – Difusão *versus* segmentação.
Fonte: Adaptado de Richers (1991a, p. 15)

Caso a empresa decida que pretende realizar o processo de segmentação, é preciso conduzir uma pesquisa. Esta deverá conter uma série de questões que permitam a coleta de informações necessárias para identificar os segmentos e avaliar sua atratividade. As informações coletadas nesse processo são chamadas de bases de segmentação, pois a partir delas são realizadas a análise dos dados e, consequentemente, a escolha dos segmentos (Quadro 4.1).

Quadro 4.1 – Critérios de segmentação de mercado

Geográfica	
Regiões	Norte, nordeste, sudeste, sul, centro-oeste; metropolitana, interior/litorânea.
Estados	Rio Grande do Sul, Santa Catarina, Paraná, São Paulo etc.
Municípios	5.564 municípios, por potencial de compras relativo, tamanho, localização etc.
Densidade	Porcentagem urbana, suburbana, rural.
Cidades	População.
Clima	Índice de precipitação.
Demográfica	
Tamanho da população	Abaixo (e acima) de idade-limite.
Sexo	Masculino, feminino, unissex.
Status familiar	Sem vínculo, casado, separado, divorciado, viúvo.
Número de dependentes	Filhos e outros dependentes.

(continua)

4 Estratégias de marketing aplicadas ao segmento infantil

Quadro 4.1 – Critérios de segmentação de mercado (continuação)

Demográfica	
Raça	Branco, negro, mulato, índio etc.
Ocupação/profissão	Engenheiro, executivo, secretário, professor, operário etc.
Nível de instrução	De analfabeto até instrução superior.
Social	
Classe social	De A a E.
Valores sociais	Grau de dependência, ética, religião, associação política, teatro, cinema, vídeo etc.
Psicográfica	
Personalidade	Introversão, extroversão, autoconfiança, motivação e ambição, crenças, valores, atitudes etc.
Comportamento	Escolha entre alternativas, "compra/não compra", lealdade à marca, quantidade de compra etc.
Intensidade de compra	Nunca comprou, usou e abandonou, comprador esporádico, irregular, frequente, viciado.
Objetivos de compra	Satisfazer necessidade, autoestima, *status* social, autorrealização, família, segurança etc.
Estilos de vida	
Atividades	Trabalha, faz turismo, é caseiro, assiste à televisão, ouve música, frequenta clube, pratica esportes, frequenta igreja, shopping, ajuda os outros etc.
Opiniões	Assuntos pessoais, sociais, comunitários, políticos, econômicos, financeiros, educação, empresa, produtos, cultura, futuro etc.
Interesses	Família, casa, emprego, comunidade, *hobby*, drogas, comida, recreação e divertimento, leitura etc.
Por benefícios (para creme dental, por exemplo)	
Tipo de pessoa	Vaidosa, indiferente, hedonista, conservadora.
Benefícios procurados	Brilho dos dentes, combate cáries, combate mau hálito, sabor, preço.

Fonte: Adaptado de Richers (2000, p. 69).

Desse modo, seguindo nosso exemplo, pode ser conduzida uma pesquisa de segmentação para definir o que os consumidores esperam com relação ao setor de educação. Tendo analisado esse mercado, e definido que a empresa vai atuar no mercado de escola de idiomas, cabe um estudo mais profundo dos dados coletados para definir com mais detalhes quem são os consumidores e o que eles esperam. Esse processo é apresentado na Figura 4.3.

```
┌─────────────────────────────────────┐
│         Macrossegmentação           │
│ Escolha do mercado de atuação da    │
│ empresa.                            │
└─────────────────────────────────────┘
                  ⇩         ⇐  ┌──────────────┐
                                │ Pesquisa de  │
                                │ segmentação. │
                                └──────────────┘
┌─────────────────────────────────────┐
│   Microssegmentação de primeira ordem│
│ Análise dos resultados da pesquisa para:│
│ – identificar os segmentos que compõem o mercado;│
│ – selecionar os segmentos mais atrativos.│
└─────────────────────────────────────┘
                  ⇩         ⇐  ┌──────────────┐
                                │ Aprofundamento│
                                │ da análise dos dados.│
                                └──────────────┘
┌─────────────────────────────────────┐
│   Microssegmentação de segunda ordem│
│ Uso de variáveis adicionais, incluídas na pesquisa│
│ de segmentação, para aprofundar o conhecimento sobre│
│ os segmentos selecionados.          │
└─────────────────────────────────────┘
```

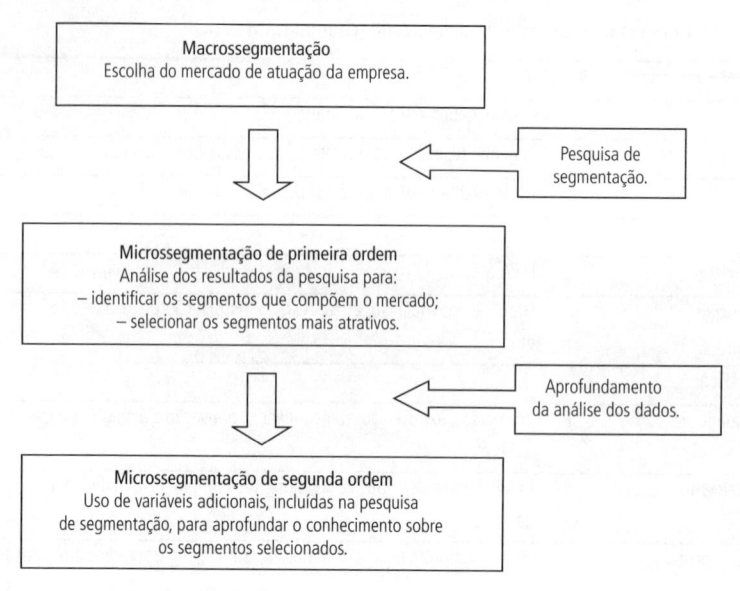

Figura 4.3 – Processo de macro e microssegmentação.
Fonte: Com base em Aaker e Day (1989); Lambin (2000); Hooley e Saunders (1996) e McDonald e Dunbar (1998).

O fim desse processo consiste na avaliação da atratividade dos segmentos selecionados. Essa avaliação pode ser feita com base nos seguintes critérios (Kotler e Keller, 2006):

- Mensuráveis: o tamanho, o poder de compra e as características dos segmentos devem ser passíveis de mensuração.
- Substanciais: os segmentos devem ser grandes e rentáveis o suficiente para serem atendidos. Um segmento deve ter o maior grupo homogêneo possível e um programa de marketing bem desenvolvido.
- Acessíveis: deve ser efetivamente possível alcançar e atender ao segmento.
- Diferenciáveis: os segmentos são conceitualmente distintos e respondem de maneira diferente a cada elemento e programa do composto de marketing.
- Acionáveis: deve ser possível desenvolver programas efetivos para atrair e atender aos segmentos.

O processo de segmentação apresentado aqui é apenas um exemplo de como o processo pode ser conduzido de forma coerente, porém nada impede que as empresas pulem etapas, invertam processos ou o modifiquem da forma como achar melhor. Em resumo, o processo de segmentação é conhecido por ser um processo desenvolvido de forma circular, em que as etapas subsequentes poderão ter efeito sobre as anteriores.

4 Estratégias de marketing aplicadas ao segmento infantil

O processo de segmentação quando aplicado ao mercado infantil está essencialmente relacionado com a questão da idade. Isso acontece porque a idade é um dos indicadores das capacidades da criança, conforme o processo de desenvolvimento cognitivo de Piaget: sensório-motor (do nascimento aos 2 anos); pensamento pré-operatório (dos 2 aos 6 anos); pensamento operatório-concreto (dos 7 aos 11 anos); pensamento operatório-formal (da adolescência em diante). Sugere-se uma atenção especial ao atender crianças nos extremos das faixas etárias, pois elas estão numa fase de transição entre um estágio e outro (Siegel, Coffey e Livingston, 2004).

Segmentação de mercado e o consumidor infantil

Além das variáveis tradicionais que podem ser utilizadas na pesquisa de segmentação para identificar as características dos segmentos, existem outras variáveis, específicas do mercado infantil, que devem ser abordadas.

É cada vez mais comum o uso de estratégias de licenciamento de personagens para o lançamento de produtos. A partir de desenhos animados, filmes, seriados ou videogames surgem as personagens que serão utilizadas. Por exemplo, a empresa de sementes Sakata desenvolveu um novo tipo de tomate destinado ao público infantil, denominado Sweet Grapes (Caetano, 2010), para o qual as questões como sabor foram trabalhadas com a finalidade de tornar esse produto mais adequado ao consumidor infantil. Para o lançamento do produto foi desenvolvida uma embalagem especial, com o licenciamento de personagens Disney (Mickey Mouse).

Atualmente, as crianças estão imersas numa série de tendências que com certeza estão influenciando seu comportamento atual e influenciará seu comportamento futuro quando adolescentes ou adultos (Siegel, Coffey e Livingston, 2004). As crianças de hoje vivem num mundo em que não existe mais a tensão das guerras mundiais e os conflitos entre União Soviética e Estados Unidos, porém recrudesce a violência local. Além disso, essas crianças presenciaram a queda dos seus "heróis". Foram inúmeros os casos de políticos, esportistas, artistas (cinema e televisão) e grandes executivos envolvidos em problemas com a lei. Isso criou um vácuo, que está sendo preenchido por heróis de fantasia (Homem Aranha e Harry Potter). O lar tornou-se mais complexo, com divórcios, separações, famílias alternativas (casais do mesmo sexo) e mães independentes (filhos por inseminação artificial). Esses fatores certamente terão um impacto nas crianças nascidas nesses lares. Por último, essas crianças vivem no centro da maior revolução deste século que se inicia, a internet, que está mudando a forma como as pessoas se comunicam e se relacionam. Por conta de todas essas questões, é necessário conhecer essas crianças e as circunstâncias em que vivem para planejar e entregar produtos que sejam valorizados por elas.

Essa mudança, no que concerne às novas mídias, redes e jogos sociais (Facebook, Windows Live, Orkut, Twitter, *World of Warcraft* e *Second Life*) também trazem importantes implicações para o processo de segmentação. É necessário incluir também essa variável na pesquisa a ser realizada para identificar o nível de envolvimento dos diferentes segmentos de crianças com as novas mídias. Essas informações serão valiosas para compreender onde a criança consome mídia, como ela é influenciada pelas novas mídias e como usa o conhecimento derivado dessas mídias para influenciar a tomada de decisão na família.

É importante frisar, no entanto, que o processo de segmentação para o público infantil não deve ter apenas as crianças como objeto de estudo. Os pais das crianças possuem poder de veto sobre as necessidades e desejos delas. Eles são as barreiras que vão impedir que determinados produtos desejados pelas crianças sejam aceitos. Portanto, é importante conhecer também as características dos pais das crianças que se pretende atender para saber se o produto da empresa se encaixa nos valores e preferências deles. Além disso, as crianças têm, muitas vezes, capacidades cognitivas limitadas, apresentado dificuldades para externalizar suas vontades, preferências e seus desejos. Como resultado, o processo de segmentação também pode ser conduzido com os pais em vez de com as crianças. Isso é valido para qualquer faixa etária, entretanto costuma-se limitar essa estratégia a crianças mais jovens. Essa ideia deriva e confirma a preponderância dos pais como principais decisores do consumo da criança durante seus primeiros anos de vida.

Posicionamento

No fim da década de 1960, Al Ries e Jack Trout introduziram o conceito de posicionamento na literatura de marketing (Ries e Trout, 1972). Para eles, posicionamento significa o lugar que o produto ocupa na mente do consumidor. A preocupação com o posicionamento surge do crescimento da concorrência e do excesso de comunicações (Marsden, 2002). Porém essa definição falha em não levar em consideração os esforços de marketing da empresa para criar essa imagem, assim como também não leva em consideração as ações das concorrentes.

De modo geral, o posicionamento deve envolver a escolha da forma como a empresa competirá em cada um dos segmentos que atende, além de a definição de uma vantagem competitiva que permita à empresa criar um posicionamento que seja sustentável em longo prazo (Doyle e Saunders, 1985). Essa ideia traz uma série de repercussões para as estratégias de marketing.

4 Estratégias de marketing aplicadas ao segmento infantil

O entendimento de que o posicionamento deve ser idealizado de acordo com cada um dos segmentos que a empresa atende sinaliza a necessidade da existência de uma conexão muito próxima entre a segmentação e o posicionamento (Hendom e Williams, 1985; Doyle e Saunders, 1985). O posicionamento tem de ser idealizado de acordo com as características do segmento que a empresa pretende atender (Toledo e Hemzo, 1991), pois somente isso permitirá que o posicionamento adotado tenha aderência às necessidades dos clientes.

Uma questão crucial a um posicionamento adequado refere-se a apropriada diferenciação do produto no mercado. Objetivando a criação de uma vantagem competitiva sustentável, existe a necessidade de o produto da empresa apresentar algum diferencial mercadológico para, de modo apropriado, se posicionar perante os produtos rivais. Daí a ideia da sustentabilidade do posicionamento. Ser sustentável significa que o diferencial de produto oferecido pela empresa não pode ser facilmente copiado no mercado, tampouco comprado.

Assim, por causa de suas características idiossincráticas para tornar o processo de posicionamento mais claro é preciso discernir a parte do posicionamento, que está ligado ao processo de segmentação e de esforços da concorrência, da parte do posicionamento que está relacionada a imagem que se pretende criar na mente do consumidor (Dimingo, 1988). Detalhamos esse processo na Figura 4.4.

Como pôde ser observado anteriormente, o processo de posicionamento estratégico é composto pelo posicionamento de mercado e pelo posicionamento psicológico. No posicionamento de mercado, "a empresa estabelece a posição desejável sob condições reais de seu ambiente competitivo", já o posicionamento psicológico "define a forma de comunicação dessa posição para o mercado" (Toledo e Hemzo, 1991).

Todo o posicionamento estratégico está fundamentado na análise do ambiente da empresa, envolvendo os clientes da empresa, suas concorrentes, os colaboradores e suas capacidades, o contexto em torno da empresa (econômico, social, cultural etc.) e a própria companhia, sua linha de produtos, sua hierarquia, cultura organizacional, processos decisórios e outros aspectos relevantes. A partir desse contexto é que o processo de segmentação de mercado é conduzido.

O processo de segmentação é fundamentado na ideia de selecionar os mercados mais adequados e atrativos para a empresa. A escolha desses segmentos deve ser feita com base na capacidade da empresa em criar algum tipo de diferencial que possibilite o desenvolvimento de uma vantagem competitiva.

O posicionamento psicológico, ou seja, a imagem que a empresa pretende que seus consumidores tenham de sua marca, é construído por meio do *composto de marketing*. Essa ideia vai além do conceito que fundamentou Ries e Trout no passado, pois salienta a importância do outros Ps no processo (preço, praça e produto).

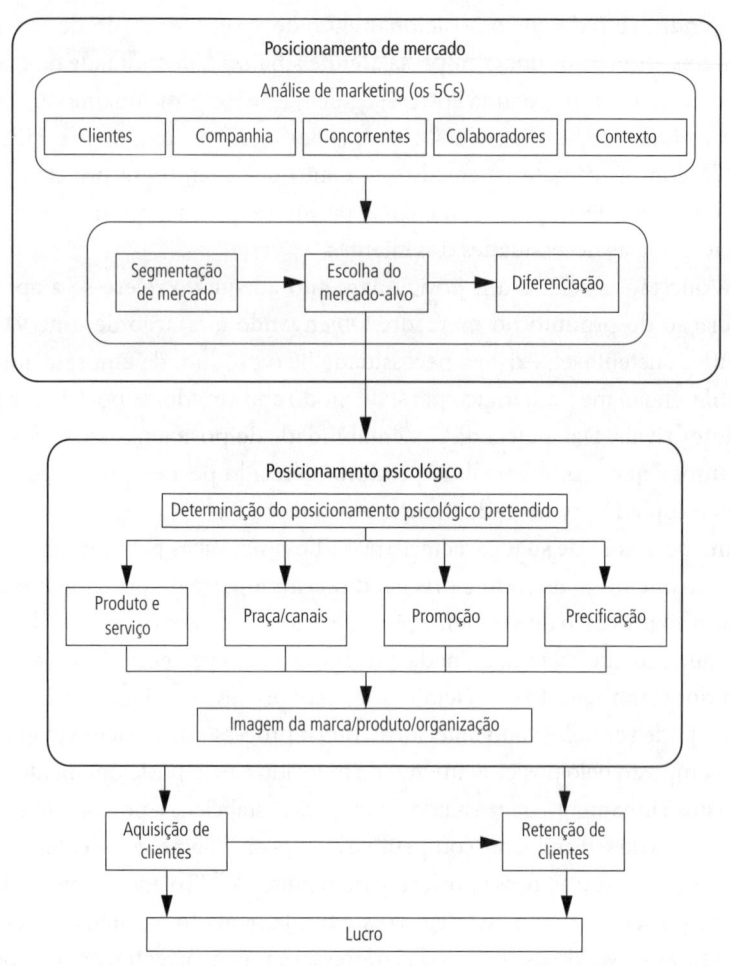

```
┌─────────────────────────────────────────────────────┐
│              Posicionamento de mercado              │
│  ┌───────────────────────────────────────────────┐  │
│  │         Análise de marketing (os 5Cs)         │  │
│  │ [Clientes] [Companhia] [Concorrentes]         │  │
│  │            [Colaboradores] [Contexto]         │  │
│  └───────────────────────────────────────────────┘  │
└─────────────────────────────────────────────────────┘
                         ↓
┌─────────────────────────────────────────────────────┐
│  [Segmentação de mercado] → [Escolha do             │
│  mercado-alvo] → [Diferenciação]                    │
└─────────────────────────────────────────────────────┘
                         ↓
┌─────────────────────────────────────────────────────┐
│             Posicionamento psicológico              │
│  [Determinação do posicionamento psicológico        │
│   pretendido]                                       │
│  [Produto e serviço] [Praça/canais] [Promoção]      │
│  [Precificação]                                     │
│  [Imagem da marca/produto/organização]              │
└─────────────────────────────────────────────────────┘
         ↓                                ↓
  [Aquisição de clientes] ←→ [Retenção de clientes]
                         ↓
                      [Lucro]
```

Figura 4.4 – Processo de posicionamento estratégico.
Fonte: Veloso (2008).

O consumidor fará a imagem que tem do produto não só das informações extraídas da propaganda, mas também do preço que é cobrado pelo produto, dos lugares onde ele é vendido, do próprio produto em si, suas características, suas embalagens, acessórios etc. Caso essa marca seja criada de forma adequada, a empresa terá a predileção dos consumidores.

A marca é gerada a partir de uma série de associações. Cada associação é construída de uma propaganda, de uma visita do consumidor ao ponto de venda, de um contato telefônico com o vendedor da empresa ou através do website, entre outras inúmeras alternativas de contato entre a empresa e o consumidor (Figura 4.5).

4 Estratégias de marketing aplicadas ao segmento infantil

Figura 4.5 – As associações de marca.
Fonte: Aaker (1998, p. 120).

A publicidade também pode ter um papel importante nesse processo. Entende-se como publicidade as informações transmitidas para os consumidores sobre o produto da empresa por outras fontes que não a própria empresa, ou seja, uma reportagem publicada por um jornal (por exemplo, no *Folha de S.Paulo*), uma matéria em uma revista (por exemplo, na *Exame*), um spot na rádio ou os comentários feitos pelos consumidores em um blog sobre os produtos da empresa.

A imagem que o consumidor forma sobre o produto da empresa também pode ser influenciada pela opinião de terceiros, como amigos, colegas de trabalho ou parentes próximos. Essas pessoas fazem comentários sobre os produtos que compraram, indicando aqueles que gostaram e criticando aqueles que não gostaram. Esse comportamento é bastante comum na classe C, na qual predomina a tendência de um ajudar ao outro e dicas sobre onde e quais bons produtos comprar são bem-vindas (Data Popular, 2006).

Reposicionamento

O posicionamento não pode ser visto como um processo com começo, meio e fim. Trata-se de um processo contínuo que requer revisão constante. Independentemente do sucesso de um produto, empresas necessitam constantemente adaptar o posicionamento do produto a mudanças nas características do segmento-alvo. Assim, a empresa pode em alguns casos necessitar reposicionar seus produtos, ou seja, mudar o local que a oferta ocupa na mente dos consumidores em relação aos produtos das concorrentes (Kerin et al., 2008). É cada vez mais comum essa necessidade de reposicionar os produtos, porque pode ocorrer um envelhecimento deles, das marcas ou da empresa (Richers, 2000). Isso faz que seja necessário encontrar um novo posicionamento que tenha relação com o que o segmento almejado deseja. Esse envelhecimento é natural e ocorre por desgaste da marca ou por mudanças no mercado (Richers, 2000).

Ao observar que o mercado está mudando e que a imagem da marca necessita de uma mudança, a empresa está na verdade atendendo às necessidades do mercado, sinalizando assim que possui um nível adequado de orientação a este (Oliveira e Campomar, 2006). Essas mudanças no mercado podem ocorrer a partir do próprio produto, que atinge determinado estágio no seu ciclo de vida tornando necessário o reposicionamento (Hooley, Saunders e Piercy, 2001). Também podem ocorrer a partir de mudanças nas preferências dos consumidores, que impulsionam a necessidade de reposicionamento, tanto da marca da empresa como da marca das concorrentes (Anderson e Shugan, 1991).

De toda forma, o processo de reposicionamento é bastante complicado e exige muito esforço por parte da empresa, pois é necessário mapear cuidadosamente a mente do consumidor para verificar para onde a empresa pode migrar (Richers, 2000). Isso torna quase obrigatória a inserção do segmento-alvo da empresa como variável influenciadora do processo de reposicionamento (Oliveira, 2005), caso contrário o processo está fadado ao fracasso. Para realizar a análise do segmento, visando compreender as possibilidades da empresa, é preciso atentar para (Oliveira, 2005):

- Motivos que conduzem e que se colocam como barreiras ao consumo das ofertas da empresa e das concorrentes.
- Associações realizadas.
- O nível de satisfação com o consumo da oferta da empresa e das concorrentes.
- Desejos e necessidades não atendidas pelas ofertas da empresa e das concorrentes.
- O nível de flexibilidade da aceitação de mudanças.
- O potencial de consumo.

A partir dessa análise a empresa deve realizar uma análise interna para verificar suas competências e capacidades perante o cenário externo que se apresenta. Para conduzir esse processo também é possível seguir estas três etapas apresentadas (Furrier e Serralvo, 2006):

1. Diagnóstico: abrange as atividades de levantamento de informações, avaliação do alvo e diagnóstico da posição de marca. Inclui as categorias de mensuração e interpretação da performance de marca, análise do cenário competitivo, segmentação de mercado, definição da categoria de produto/serviço, definição do

quadro de referência do cliente, avaliação da identidade de marca e avaliação do posicionamento de marca;
2. Decisão: inclui a geração de opções e definição do conceito de reposicionamento (categorias de geração e seleção de alternativas e definição do reposicionamento);
3. Implementação: preocupa-se com a garantia da entrega da promessa de marca ao cliente e manutenção do relacionamento cliente-marca; além disso, é compatível com as categorias de planejamento e revisão do composto de marketing, gerenciamento do relacionamento cliente-marca e comunicação do reposicionamento.

Concluímos acrescentando que o processo de reposicionamento é bastante complicado, pois afeta as percepções que as pessoas já possuem sobre a marca da empresa. Se a empresa fez um trabalho bem-feito de posicionamento, os consumidores têm dificuldades em aceitar o novo posicionamento. Um caso exemplar disso é a rádio paulistana 89FM, que durante toda a década de 1990 se posicionou como "89FM, a rádio rock". Até hoje esse slogan é lembrado por aqueles que viveram esse período. Outro exemplo é o da marca Kolynos, que, apesar de ter sido retirada do mercado em 1996, ainda se manteve como Top of Mind (2005) para pasta de dente até 2001. Até hoje a marca ainda é lembrada com 11% de lembrança de marca no Top of Mind 2010 (Paula, 2010).

Posicionamento e o consumidor infantil

O processo de posicionamento no mercado infantil guarda relação com o que é feito para o mercado adulto, o que vai mudar é a capacidade da criança em compreender as mensagens transmitidas. Essa diferença na capacidade de compreensão deriva do estágio em que ela se encontra do seu processo de desenvolvimento cognitivo. Outro fator que terá grande influência nesse processo é a decisão de focar a criança ou os pais durante o processo de comunicação do posicionamento.

Não adianta conduzir esforços para posicionar o produto na mente de uma criança com menos de 2 anos, a qual se encontra no estágio sensório-motor. Ela ainda não tem capacidade para compreender os estímulos, muito menos comunicar efetivamente para os pais que quer determinado produto. Nesse estágio, a preocupação da empresa é maior com os pais, parentes ou qualquer adulto que possa vir a comprar o produto da empresa para a criança. Nesses primeiros meses de vida, é muito comum a ocorrência de festas, encontros, visitas ao bebê. Nesse sentido, o número de presentes oferecidos para a família da criança recém-nascida é maior, por isso cabe também trazer essa variável para o momento da decisão do posicionamento.

A grande preocupação dos pais nos primeiros meses de vida é com a saúde, segurança e aprendizado do recém-nascido. Produtos que trouxerem esses apelos serão bem-vindos nas compras feitas tanto pelos próprios pais como por aqueles que vão presentear a família. No entanto, é importante lembrar que a preocupação com a opinião dos pais sobre os produtos destinados à criança não cessam após ela completar determinada idade. Na verdade, o que acontece é que os pais sempre terão alguma opinião e influência sobre as compras das crianças. Por essa razão, é recomendável ter sempre em mente essa questão, mesmo que seja para criar um produto que não seja aprovado pelos pais para ganhar a aprovação das crianças que estão na fase em que contestam a autoridade.

A importância dos pais como compradores dos produtos a serem consumidos pelos filhos pode ser facilmente evidenciada nas propagandas de produtos voltadas a esse segmento. A seguir é apresentado o texto de uma propaganda do produto Elma Chips Kids.

> Chegou Elma Chips Kids. A batatinha com 70% menos de gordura saturada (texto: comparado a produtos similares no mercado), sem conservantes, sem corantes e com 25% menos sódio (texto: comparado com produtos similares no mercado), mas com 100% de sabor (texto: não deixe de comer verduras, legumes e frutas regularmente). Elma Chips Kids, a batatinha feita de um jeito diferente, aprovada pelas mães e adorada pelas crianças.

As cenas da propaganda apresentam mãe e filho compartilhando o consumo da batata frita num momento alegre. Percebe-se na propaganda uma atenção especial para convencer a mãe da adequação do produto, apresentando uma série de informações nutricionais que a criança não compreenderia. Estes são exemplos da atenção que a empresa deve dar para produtos que podem ser vetados pelos pais.

Já a partir dos 2 anos, no estágio pré-operatório (de 2 a 6 anos), a criança começa a demonstrar alguma capacidade para se comunicar e solicitar produtos. No entanto, o ainda primitivo desenvolvimento cognitivo faz que estratégias de posicionamento sejam bastante limitadas. Por exemplo, o infante dessa faixa etária não reclama quando ele pede um Toddynho no supermercado e a mãe entrega uma marca genérica (Veloso et al., 2008). Isso acontece porque a criança ainda não tem a correta compreensão dos mecanismos de funcionamento do mercado, ou seja, ela não foi ainda completamente socializada no consumo. Por causa dessa falta de capacidade de diferenciação, comerciais de televisão acabam gerando uma demanda primária (pela categoria do produto), mas tem pouco efeito na demanda secundária (por marcas específicas). Em outras palavras, comerciais de televisão vão afetar o desejo da criança pelo produto, mas ela aceitará outra marca no lugar daquela que é anunciada na televisão. Essa situação é mais crítica para a empresa que pretende atuar na baixa renda, pois é nesse estrato social que os pais vão preferir uma alternativa mais barata. Para as classes A e B, esse fenômeno não acontece, porque os pais vão preferir atender ao desejo da criança.

Outras características de infantes nessa faixa etária são também importantes para uma estratégia de segmentação e posicionamento. Especificamente, a criança não possui a capacidade de prestar atenção ou dedicar esforços cognitivos para mais de uma dimensão. Piaget realizou uma série de experimentos sobre a conservação de quantidade, volume e massa. Nesses experimentos, ele identificou que a criança falha ao prestar atenção a mais de uma dimensão e por isso não percebe que o líquido que estava num recipiente é o mesmo quando colocado em outro, sem desperdício. Esse fenômeno limita as opções da empresa para o seu posicionamento e o número de apelos que deverá introduzir numa propaganda. Este é também um dos fatores por trás da grande dificuldade que os infantes têm de diferenciar a oferta de diferentes marcas. Exatamente por isso deve haver um estímulo central forte e poderoso, que chame a atenção da criança e que seja o diferenciador do produto ao mesmo tempo. Por exemplo, o posicionamento da boneca Barbie Fada das Águas é: "Boneca Barbie Fada das Águas, com asas gigantes para você brincar".

A partir dos 7 anos, no período operatório-concreto, a criança já está mais desenvolvida e começa a compreender e aceitar posicionamentos cada vez mais complexos. Nessa faixa etária, o grupo em que a criança está inserida passa a ganhar cada vez mais importância. Primeiro, a criança formará amizade com um colega, para posteriormente desenvolver sua capacidade de interação e participar de grupos. Nesse momento, passa a ser importante para o processo de posicionamento a ideia de que ela está muito interessada em formas de ser aceita e valorizada no grupo. A seguir, é apresentada a locução da propaganda do chiclete Big (Veloso, Gardini e Campomar, 2010).

> Que tal bater o recorde de tempo com seu sabor preferido (menina falando). Big, big, big dura mais porque tem recheio de chiclete. Big Big... Big big... música de fundo. E que tal bater o recorde da maior bola (menino falando). Big big faz um bolão porque é big. Efeito big big (locutor). Big Big... Big big... música de fundo. Big Big, é big no sabor (menino falando) e big no tamanho (menina falando). Seja big big você também (menino e menina em conjunto).

A propaganda de chiclete Big foca principalmente o sabor e o tamanho da bola que a criança consegue fazer com o chiclete. Ao final da propaganda o grupo (casal de crianças) convida a criança a fazer parte do grupo. Caracteriza-se aí a atenção para a necessidade da criança em fazer parte de grupos sociais.

Conforme observado anteriormente, o posicionamento ocorre por meio do composto de marketing (4Ps), mas sua eficiência maior é atingida pela propaganda. Apesar de a televisão, principalmente a televisão aberta, apresentar sinais de queda na audiência na última década, ela continua como líder absoluta na atenção dos telespectadores de qualquer idade. Por essa razão, o foco central, principalmente do posicionamento psicológico, é na televisão. Mas isso não isenta a empresa de estar atenta para as novas mídias que estão surgindo, especialmente aquelas construídas na internet. Além disso, a empresa deve se preocupar com a integração das mídias, pois hoje é possível acessar todas as redes sociais (Facebook, Orkut e MSN Messenger (Windows Live) de *smartphones*. Nesse sentido, é necessário uma atenção para integrar as ações da empresa em cada uma das mídias.

5 Desenvolvimento de produtos para o consumidor infantil

> Se você não tem um produto direcionado para as crianças, deveria criar um logo.
> (McNeal, 1992)[1]

Essas palavras foram proferidas por um profissional de mercado no começo dos anos 1990. Foi nessa época que ocorreu uma explosão do número de produtos voltados para as crianças. A partir do lançamento da *Sports Illustrated for Kids* (Donaton e Magera, 1990), inúmeras revistas lançaram versões para crianças de suas publicações destinadas a adultos (Crooks, 1990). Também foi nessa época que empresas como Coca-Cola e McDonald's lançaram roupas para crianças (Erickson, 1987; Freeman, 1987), outras empresas lançaram comidas congeladas com personagens da Looney Toones (Erickson, 1988; Fischer, 1989), além de produtos dentais desenvolvidos especialmente para esse público, como os desenvolvidos pela Colgate e Johnson & Johnson (Freeman, 1989, 1988).

Esses exemplos demonstram que uma transformação estava em curso, porque, até então, as grandes empresas não estavam, preocupadas com o consumidor infantil (McNeal, 1992). Nessa primeira etapa do desenvolvimento do mercado infantil, os produtos eram desenvolvidos tomando como base produtos destinados a adultos. Durante toda a década de 1980 foram inúmeros os lançamentos de produtos desse tipo, porém poucos sobreviveram. Isso aconteceu porque esses produtos falharam em não atentar para algumas questões-chave (McNeal, 1992):

- Os produtos deveriam ter sido desenvolvidos com base nas necessidades das crianças, mas pensados para obter a aprovação dos pais.
- Os produtos deveriam ter sido testados com crianças antes do seu lançamento.
- Os produtos deveriam ter sido apoiados por estratégias de comunicação que levassem em consideração as peculiaridades do consumidor infantil e da influência dos pais no processo de compra.

---

[1] Palavras ditas por um executivo de uma indústria alimentícia durante um encontro da Advertising Research Foundation.

Um exemplo de empresa que realizou o trabalho bem-feito foi a revista *Sports Ilustrated for Kids*, que em vez de colocar os editores da revista de adultos para fazer a revista de crianças, criou uma nova estrutura focada no entendimento do mercado infantil (McNeal, 1992). Resumidamente, essa discussão salienta as duas estratégias principais pelas quais a empresa pode utilizar na hora de lançar um produto para crianças: imitação ou inovação.

A imitação consiste na cópia de produtos já existentes no mercado ou o lançamento de produtos criados para adultos com algumas adaptações para atender o consumidor infantil. Essa estratégia traz como vantagem a diminuição dos investimentos necessários para o desenvolvimento do produto, porém raramente trará lucros relevantes para a empresa. Em alguns casos a adaptação do produto para crianças era feita somente com base em mudanças na comunicação, sendo o produto voltado para elas praticamente igual ao voltado para os adultos. As empresas que optaram por este tipo de estratégia fracassaram de forma geral (McNeal, 1992). Esse fracasso ocorreu porque os produtos apresentavam características inadequadas ao segmento infantil. Em outras palavras, um produto desenvolvido para satisfazer as necessidades do segmento adulto raramente conseguirá satisfazer também as necessidades do público infantil.

Outra preocupação das empresas era a percepção, por parte dos consumidores, de que os produtos para crianças deveriam custar menos que aqueles para adultos. Essa crença limitava os ganhos das empresas com alguns tipos de produto.

Já a inovação, apesar de trazer riscos financeiros maiores, também traz maiores chances de se obter um sucesso altamente rentável para a empresa (McNeal, 1992). A inovação exige muito mais da empresa, tanto em termos de esforços de pesquisa e desenvolvimento como em termos de investimentos financeiros. No entanto, o investimento é compensando quando a empresa consegue introduzir um produto que seja inovador no mercado.

Seja qual for a estratégia adotada pela empresa, ela deve levar em consideração que os produtos para crianças necessitarão, em grande parte dos casos, da autorização dos pais ou de algum adulto responsável para ser comprado (McNeal, 1992). Cerca de 50% dos produtos vendidos para crianças necessitam de algum tipo de aprovação, principalmente quando o produto é destinado a crianças com menos de 8 ou 9 anos. A partir dessa idade, o infante começa a ter uma liberdade maior para comprar e terá acesso a algum tipo de renda (McNeal, 2007). Essas colocações indicam a necessidade de conduzir pesquisas de mercado antes do lançamento de um novo produto. Testes sobre o grau de aceitabilidade do produto pelos pais terão influência significativa nas chances de sucesso do lançamento. No mínimo, a empresa tem de estar ciente das possíveis restrições que podem aparecer na compra e no consumo de seu produto. Uma forma de contornar essa situação é oferecer aos pais um produto que congregue diversão e educação, procurando atender aos desejos de ambos os grupos – pais e crianças.

Desse modo, antes de analisar as características da criança e sua relação com as estratégias de desenvolvimento de produto, observaremos como as características dos pais influenciam esse processo. O Quadro 5.1 apresenta os principais motivadores que explicam o comportamento de compra dos pais.

Quadro 5.1 – Principais motivadores para os pais

Felicidade	Os pais querem que seus filhos sejam felizes, livres de preocupações e, de forma geral, que estejam num estado mental de felicidade. Dessa forma, eles acreditam que podem proteger seus filhos da depressão e das preocupações da vida, provendo-os com coisas que os farão felizes, ou seja, com produtos e serviços oferecidos pelas empresas.
Saúde	Os pais se tornaram mais conscientes da sua saúde e da saúde de seus filhos. Eles aprenderam que a saúde do corpo contribui diretamente para o desenvolvimento de uma pessoa feliz. Eles querem que seus filhos tenham saúde física e mental. Desse modo, preocupam-se com a qualidade nutricional do que seus filhos consomem, e com doenças que são transmitidas entre as crianças. Produtos e serviços que promovem uma melhora na saúde da criança serão mais bem-aceitos.
Preparação para a vida	Os adultos querem que seus filhos estejam preparados para as dificuldades naturais da vida. Querem que seus filhos sejam mais bem preparados que os filhos dos outros. Uma criança feliz e com saúde não basta para os pais atualmente, pois desejam que seu filho seja inteligente, astuto e mais competitivo que as outras crianças. Dessa forma, eles buscarão produtos e serviços que possam de alguma forma ajudar a criança na sua preparação para a vida, por exemplo, lições extraclasse, aulas de música e viagens para outros países.

Fonte: Adaptado de McNeal (1999).

Os valores listados no Quadro 5.1 ajudam a compreender as razões que direcionam o comportamento dos pais quando fazem compras para os filhos ou analisam os pedidos feitos pelas crianças. Os pais estão preocupados com o futuro de seus filhos seja em relação à saúde seja com seu nível de felicidade e à sua preparação para a vida. Pais que cresceram em ambientes turbulentos, que encontraram dificuldades para estudar e encontrar emprego, terão um nível maior de preocupação com o futuro dos filhos. Por outro lado, as crianças que nasceram após os anos 1990 não terão a correta percepção das dificuldades que seus pais enfrentaram no passado e tenderão a pensar que o nível de estabilidade econômica e crescimento que vemos hoje é algo comum e corriqueiro. Todas essas questões, ao final, impactam o comportamento das pessoas, tanto adultos como crianças, no que se refere à preocupação com o futuro, ao nível de expectativas com a vida futura, à preocupação com sua própria perspectiva profissional e com o desenvolvimento do país.

O conhecimento desses fatores pode ajudar no processo de desenvolvimento e de teste de potenciais ideias para novos produtos ao verificar se existe uma base para a futura aceitação destes pelos pais. O quadro também sinaliza alguns mercados que podem ter significativo crescimento no futuro.

O desenvolvimento da criança e sua relação com produtos, marcas e predileções

A psique da criança pode ser um fator preponderante para o sucesso do lançamento de novos produtos (Lindstrom e Seybold, 2003). Ao desenvolver produtos para crianças, é necessário verificar quais são os fatores que indicam as chances de sucesso do produto. Esses fatores estão ligados a valores que as crianças cultivam. (Quadro 5.2)

Quadro 5.2 – Valores-chave que direcionam o sucesso do marketing para crianças

Valor-chave	Explicação
Humor	Produtos que criam momentos divertidos e engraçados. Exemplos: Shrek, Toy Story e Os Simpsons.
Medo	Produtos que envolvam a criação de um sentimento de medo, terror, horror, pânico ou guerra nas crianças. Exemplos: Monster Inc., Tartarugas Ninjas e Homem-Aranha.
Habilidade	Produtos que permitam que a criança demonstre suas habilidades em alguma área em particular. Exemplos: Lego Cam, PlayStation, X-Box e jogos de computador.
Fantasia	Produtos que levem a criança a participar de um mundo de fantasia, utilizando sua imaginação. Exemplos: Lego, Harry Potter, Star Wars e Star Trek.
Amor	Produtos que envolvam o sentimento de amor. Exemplos: bonecas Barbie e bichos de pelúcia.
Estabilidade	Produtos que passam a criança uma sensação de estabilidade, de que as coisas continuarão a ser como o são agora. Exemplos: jogos que são jogados ao longo do tempo, como World of Warcraft, os jogos da família Sims e o aplicativo Smurfs' Village para iPad.

Fonte: Adaptado de Lindstrom e Seybold (2003, p. 25-43).

Para que esses valores-chave sejam efetivos, eles devem ser utilizados em conjunto com outros três fatores (Lindstrom e Seybold, 2003): efeito espelho, valor de coleção e habilidade de jogo.

O "efeito espelho" está relacionado com a capacidade do produto em permitir que a criança entre num mundo de faz de conta. Essa criança utilizará esse produto para fazer de conta que é um adulto, uma personagem da televisão, um super-

5 Desenvolvimento de produtos para o consumidor infantil

-herói dos quadrinhos ou qualquer outro indivíduo que seja estimado por ela. Esse tipo de produto está intimamente relacionados ao processo de socialização da criança, pois, ao brincar de faz de conta, ela na verdade está experimentando novos papéis e aprendendo. São comuns na televisão brasileira propagandas que oferecem produtos para que as meninas experimentem o papel de mãe, médica, professora, cozinheira e veterinária. A seguir, é apresentado o texto de uma propaganda da Barbie Profissões da Mattel.

> Eu quero ser veterinária. Barbie é a veterinária do zoológico. Cuida dos filhotes, panda, coala e leão. Quer mamar, vamos pesar, amo muito você. A veterinária do zoológico. Eu quero ser professora. A Barbie está se divertindo, ensinando as criançinhas. Eu quero ser médica. B, A, R. B, I, E. Seja quem você quiser ser. Barbie Girl. Chegou a coleção Barbie Profissões. Os conjuntos são vendidos separadamente. Texto no último quadro do comercial: Os conjuntos são vendidos separadamente. Bonecas incluídas.

Essa propaganda retrata a mulher em posições nas quais ela historicamente é maioria, em vez de retratá-la em posições de comando e poder. É questionável o tipo de valor que esta e outras propagandas similares estão difundindo. Esses produtos e suas propagandas podem estar auxiliando a reforçar estereótipos (Veloso et al., 2010).

Como "valor de coleção" entende-se a capacidade de a criança utilizar o produto como item de colecionador. Para que isso aconteça, é preciso que a empresa lance diversas opções do produto, com características diferentes. Dessa forma, a criança se sentirá impulsionada para ter todos os produtos da coleção. O McDonald's tem feito isso de forma consistente por meio de seu McLanche Feliz, que de tempos em tempos apresenta uma nova série de brindes que são desejados pelas crianças e, em alguns casos, também pelos adultos. Os pais se envolvem tanto com a coleção dos filhos, que também passam a se preocupar em conseguir juntar todos os itens, talvez como uma forma saudosista de reviver o passado.

O incentivo da empresa para que a criança colecione o produto anunciado chega a extremos, como no caso das propagandas da Barbie Fashion Fever. Essa série de propagandas sempre termina com a frase: "Bonecas Fashion Fever, você pode colecionar todas elas". A empresa impulsiona de forma consciente essa atividade (Veloso et al., 2010). Se a empresa pode auferir lucros maiores com o incentivo ao colecionismo, também termina por propagar valores consumistas que podem gerar efeitos negativos em seus consumidores.

As crianças valorizam a coleção porque passam a ter uma conquista para mostrar aos amigos. Álbuns de figurinhas, como os da copa do mundo, entram nessa discussão.

O fator "habilidade de jogo" consiste em produtos que permitem que haja competição entre as crianças ou que elas possam mostrar que possuem habilidades superiores às de seus colegas. Entram nessa categoria os jogos de tabuleiro, os jogos de computador, videogames, entre outros brinquedos. Em outro exemplo comum, os brinquedos Hot Wheels têm grande parte de suas propagandas fundamentadas nessa questão, como pode ser evidenciado a seguir:

> Hot Wheels, vai encarar? Veja quem é o mais rápido com a nova Pistola Radar Gun da Hot Wheels. Hot Wheels (grito ao fundo). É só apontar, apertar o botão e conferir (texto: pistolas são vendidas separadamente). Vai encarar? Você acelera e a gente mede a velocidade. Vai encarar? Pistola Radar Gun mede a velocidade de qualquer coisa em movimento, ou melhor, quase qualquer coisa. Vai encarar? Hot Wheels, vai encarar? Pistola Hot Wheels Radar Gun.

Essa propaganda apresenta uma pistola que mede a velocidade de qualquer coisa em movimento e mostra crianças medindo a velocidade dos carrinhos da Hot Wheels, perguntando ao telespectador "Vai encarar?". Está subentendido na propaganda que a função do produto é servir como medidor dos vencedores das competições entre as crianças.

Apesar de esses serem valores relativamente estáveis entre infantes, é fundamental que também se compreenda as diferenças entre as características das crianças em cada etapa do desenvolvimento sociocognitivo. Como discutido em capítulos anteriores, o desenvolvimento do infante tem importante influência em suas necessidades e seus desejos. A seguir, apresentamos uma análise detalhada de como a evolução das capacidades cognitiva, social e motora, bem como de seus interesses e valores juntos influenciam na probabilidade de sucesso de novos produtos.

Desenvolvimento de produtos para crianças com até 2 anos

Do nascimento até completar 2 anos, as crianças ainda apresentam inúmeras limitações nas suas capacidades cognitivas, sociais e motoras. Considerando-se que isso serão apenas os pais os responsáveis por tomar as decisões (Montigneaux, 2003). É somente ao final desse período que a criança demonstrará com maior clareza sua necessidade por novas sensações, visões, novos cheiros.

Durante esses primeiros 24 meses a criança ainda estará aos poucos descobrindo o mundo, à medida que desenvolve sua capacidade motora e cognitiva. Nessa fase, elas têm muito pouca influência sobre o processo decisório. Dessa forma, as necessidades e os desejos dos pais acabam sendo o alvo dos profissionais em marketing. Assim, produtos de sucesso são aqueles que os pais imaginam que as crianças precisem, ou seja, aqueles que estimulem seu desenvolvimento. Entre exemplos de destaque encontram-se produtos das empresas Fisher-Price e Playskool, bem como programas televisivos que envolvam animais e personagens que passem a sensação de segurança e que eduquem a criança.

Desenvolvimento de produtos para crianças entre 2 a 4 anos

No Quadro 5.3, são apresentadas as principais características do grupo composto por crianças de 2 a 3 anos. Crianças nessa idade estão começando a conhecer melhor seu corpo e a interagir com o mundo exterior. É nessa idade também que elas desenvolvem mais rapidamente a capacidade de comunicação, o que marca o início de sua influência no processo decisório familiar. Como ainda são muito novas, o centro de interesse está localizado no casulo familiar. As necessidades básicas desse grupo estão em torno da atenção que os pais têm de dar a elas, com foco no carinho, no afeto e na proteção.

Durante essa fase a criança aprenderá sobre produtos e marcas por meios sensoriais, ou seja, através do tato e da visão ela tomará conhecimento dos atributos físicos dos produtos (Montigneaux, 2003). Produtos de sucesso nessa faixa etária são aqueles que permitem a exploração e o desenvolvimento mais rápido de suas capacidades cognitivas e motoras. São brinquedos que auxiliam na memorização de palavras, assim como aqueles que trabalham com movimentos de pintar, mexer e brincar livremente, explorando mais intensamente outros sentidos (ainda pouco desenvolvidos no primeiro estágio) como o olfato e o paladar. Destaque também para os produtos que possibilitam maior interação dos pais com a criança, como os que envolvem contos de fada que os pais contam para os filhos na hora de ir para cama. Essas indicações permitem visualizar as estratégias de desenvolvimento de produto mais adequadas para esse grupo que ainda está na sua fase inicial de desenvolvimento.

Quadro 5.3 – Design para crianças entre 2 e 4 anos

	De 2 a 4 anos
Desenvolvimento físico e motor	**Desenvolvimento motor ainda não refinado:** colorir dentro de linhas ou copiar formas ainda é difícil. O design deve encorajar a criança a trabalhar suas próprias ideias. **Não conseguem se concentrar por longos períodos de tempo:** brinquedos e livros não precisam ter um começo, no início da brincadeira, e um final lógico, ao fim da brincadeira. O design deve permitir que a criança agregue suas contribuições de forma simples. **Gostam de explorar, puxar, empurrar, preencher, jogar e tocar:** o design deve encorajar ações de misturar, escolher, derramar, mexer e formatar. **Experimentam o meio através do toque, do cheiro, dos sabores e dos sentimentos:** o design deve encorajar experiências táteis, incluindo areia, lama, barro e água na brincadeira.
Habilidades sociais	A brincadeira solitária é comum para crianças de 2 anos. **Brincadeiras cooperativas ou paralelas com outras crianças são raras:** a criança deve ser capaz de completar com sucesso o jogo ou a tarefa sozinha. Com a idade de 3 anos, a brincadeira paralela é mais comum, as crianças são influenciadas pelas atividades de outras crianças, mas não brincam realmente de forma cooperativa. **Não conseguem ficar parada ou brincar com o mesmo brinquedo por mais de alguns minutos:** o design deve envolver um número de níveis para manter o interesse ou aumentar a flexibilidade da experiência de brincar (por exemplo, blocos podem ser empilhados, selecionados por cor, usados para uma construção e assim por diante). **Gostam do faz de conta; imitam os pais. Podem ter um amigo imaginário:** brinquedos que permitem imitar objetos do mundo adulto – telefones de brinquedo, roupas etc. – são populares. **Insistem em fazer coisas sozinhas:** brinquedos e atividades devem ser desenhados para permitir um sucesso relativo.
Desenvolvimento cognitivo e intelectual	Gostam de histórias simples, rimas e músicas. **Gostam de murmurar e cantarolar:** atividades de memorização simples são apropriadas. O design que faz música ou sons terão sucesso. **Repetem palavras e nomes de brinquedos:** atividades que envolvem saber a resposta correta são populares. **Preferem cores brilhantes:** use cores brilhantes e altos contrastes. **Podem identificar partes do corpo quando perguntado:** o design que enfatiza que a criança é única e individual é estimulante. **Podem fazer uso de sentenças de duas ou três palavras:** livros e atividades devem usar sentenças curtas ou uma única palavra. **Querem saber como usar itens comuns:** o design pode incluir botões, zíperes, tablados em forma de teclado e assim por diante.

Fonte: Adaptado de Fischel (2001, p. 45).

Desenvolvimento de produtos para crianças entre 4 a 7 anos

Crianças dessa faixa etária evoluem rapidamente, apresentando os primeiros sinais claros de socialização como consumidora. Nesta idade, infantes e pais dão mais atenção a produtos que foquem a imaginação, ou seja, que permitam que a criança brinque, fantasie, seja surpreendida e pretenda ser outra pessoa ou personagem. Essa criança passa a procurar de forma mais constante a companhia de seus pares para os jogos e brincadeiras, principalmente por se tratar de uma criança que está, ao fim desta faixa etária, entrando no mundo escolar.

Até os 4 anos, a criança ainda tem dificuldade em analisar diferentes atributos do produto de uma só vez. Ela só conseguirá analisar os diferentes produtos e marcas a partir de características aparentes, como cor, textura e forma. Antes de completar 5 anos, ela ainda terá algumas dificuldades em reconstruir corretamente o nome de uma marca e também fará generalizações do nome de uma marca para a categoria de produto (Veloso e Hildebrand, 2007; Montigneaux, 2003). Isso causa alguma confusão com relação aos pais, pois as crianças pedem determinada marca, mas, na verdade, se referem à categoria de produto. Nesses casos, as crianças não reclamarão se os pais comprarem outra marca (Veloso, Hildebrand e Daré, 2008).

Dos 5 ou 6 anos em diante a criança já está apta a fazer uma análise mais aprofundada dos produtos e marcas a partir de fatores mais abstratos ou funcionais (Montigneaux, 2003). Ela já sabe citar o nome de algumas marcas, porém estas ainda não carregarão os mesmos simbolismos que costumam carregar àqueles com uma idade superior. A partir dos 7 ou 8 anos, a criança terá uma compreensão muito mais sofisticada do significado das marcas. Crianças dessa idade já demonstram conhecimento sobre os elementos que constituem o produto, a marca e os esforços de marketing realizados pela empresa. Isso significa que elas compreendem os seguintes elementos: o produto e seus ingredientes; o uso, modo de emprego, a forma de consumo; o formato da embalagem; as cores utilizadas; as personagens agregadas ao produto; outros elementos apresentados na embalagem; e a propaganda realizada pela empresa sobre aquele produto em particular (Montigneaux, 2003).

Entre alguns exemplos de sucesso nessa categoria damos destaque para Cabbage Patch Kids, Power Rangers, assim como bonecos de heróis como Batman e bonecas como a Barbie. Nesse período de desenvolvimento, a criança não prestará muita atenção ao que está escrito em uma embalagem, focando mais a mensagem visual do pacote. Como pode ser notado no Quadro 5.4, embalagens com cores vibrantes terão invariavelmente a preferência deste grupo. A criança também ainda não está preocupada com a questão de poder colecionar produtos, mas sim com o acúmulo de produtos (mais é melhor). Também é importante destacar que produtos que trabalhem as necessidades psicológicas das crianças também podem ter sucesso – amor e autonomia são as necessidades mais presentes nesta faixa etária. Por fim, produtos que utilizam o humor devem ser simples e diretos, visto que a criança ainda não está desenvolvida o suficiente para compreender jogos de palavras ou sarcasmo.

Quadro 5.4 – Design para crianças entre 4 e 7 anos

Desenvolvimento físico e motor	**Em crianças de 4 anos, pequenos movimentos motores estão se tornando mais definidos:** jogos e brinquedos podem ser menos corpulentos. A criança pode segurar um lápis ou giz de cera de forma correta, e, desse modo, habilidades de desenho devem ser incentivadas. **Crianças de 4 ou 5 anos podem brincar de maneira que exija maior controle do corpo:** o design deve encorajar correr, pular, saltar e desviar. Dança e música são populares. Designs que requerem equilíbrio. **A partir de 5 anos grande parte das habilidades motoras estão altamente desenvolvidas. O equilíbrio se desenvolve:** atividades que encorajem correr, pular, pular corda, dançar. Brincadeiras competitivas e atividades de jogo são populares. Exemplo: apostar quem corre mais rápido. **Pequenas habilidades motoras estão se tornando mais desenvolvidas:** lápis de cera, tesouras, marcadores e outros materiais de arte são populares. Atividades mais refinadas, como tecelagem e montagem com pequenos blocos que se encaixam, são possíveis. **Gostam de ser desafiadas:** combinar atividades físicas com a brincadeira. As crianças podem querer ter suas atividades cronometradas como forma de mensurar a melhora no desempenho.
Habilidades sociais	**Preferem atividades relacionadas ao gênero como interpretar um papel:** roupas e versões menores de designs destinados a adultos encorajam a interpretação. O design deve permitir que a criança imite adultos do seu mundo – pai, mãe, professores. Introduzir papéis não tradicionais pode ser infrutífero. **Gostam de brincar com outras crianças, algumas vezes competitivamente. Crianças no final dessa etapa também trabalham cooperativamente com outras:** jogos simples que permitem que duas ou mais crianças brinquem têm boa aceitação. Atividades que trabalham a busca de um objetivo comum podem ter sucesso. Exemplo: construir um castelo com blocos de montar. **Podem se separar mentalmente do meio físico:** o design deve encorajar o faz de conta, propor situações absurdas – uma fazenda de balões, por exemplo –, as crianças vão aceitar isso. **Podem discutir tópicos em grupo:** atividades em grupos. Exemplos: plantar um jardim, cuidar de um animal. **Podem planejar, se organizar:** design que permite que a criança decida "quanto" e "quando". Exemplo: quantos doces eu devo comer agora e quantos eu devo guardar? Como a criança tem melhor compreensão do conceito de tempo, o design deve incluir um montante de gratificação posterior. Pode começar e manter uma coleção. **Têm empatia por outros:** livros, em particular, podem envolver emoções mais sofisticadas. Atividades podem envolver o conceito de justiça.

(continua)

5 Desenvolvimento de produtos para o consumidor infantil

Quadro 5.4 – Design para crianças entre 4 e 7 anos (continuação)

Desenvolvimento cognitivo e intelectual	**Podem pensar logicamente.** Brinquedos, jogos e livros que requerem simples estratégias e memória. **Conhecem as oito cores básicas, embora prefiram cores brilhantes que criem padrões:** o design pode misturar cores. Deve encorajar as crianças a experimentar e conhecer novos materiais como fios, rolhas, cordas, lã e cordões. Deve usar padrões e brilhos, cores contrastantes.
A memória está em desenvolvimento: o design pode incluir atividades de juntar itens semelhantes. As atividades podem ter regras bem-definidas, mas simples.
Em alguns casos estão mentalmente mais avançados em relação ao corpo: o design deve simplificar atividades mais avançadas. Exemplo: brincar com um carrinho permite que crianças pequenas dirijam.
Interessam-se por escrever e pelas palavras: atividades que envolvam papel e notebooks para escrever. O design pode incluir figuras e palavras que descrevem objetos.
A autoestima está se desenvolvendo: o design deve reforçar a habilidade da criança em obter sucesso sozinha. Também pode incluir alguma forma para premiação. Exemplo: um certificado que a criança pode imprimir depois de completar um jogo de computador.
Gostam de falar e podem entender diferenças claras entre sua opinião e a opinião dos outros: as atividades devem permitir que a criança se expresse oralmente. Também podem envolver decisões baseadas em opiniões próprias. Os brinquedos podem encorajar brincadeiras cooperativas.
Desenvolvem profundos comprometimentos com outros além daqueles que cuidam dela, como os professores: o design pode modelar o relacionamento com outros. As atividades devem permitir que a criança assuma outros papéis por meio do faz de conta.
Gosta da rotina: o design que atua de forma previsível ou ao menos da forma que a criança deseja são confortantes. Considere leituras que se relacionam diretamente com um horário particular do dia.

Fonte: Fischel (2001, p. 73, 101).

Desenvolvimento de produtos para crianças entre 8 e 12 anos

Como ressaltado anteriormente, o período entre os 7 e 8 anos é o que apresenta maior alteração no desenvolvimento cognitivo e social, tendo um impacto exponencial nas habilidades da criança como consumidora. Durante esse período de intenso desenvolvimento, a criança está construindo seu autoconceito e tentando se inserir nos diversos grupos de convivência. Produtos característicos das fases anteriores começam a ser rejeitados durante essa fase. Ao se afastar de determinados produtos que eram adorados na fase anterior, a criança reafirma seu crescimento perante os pares.

Durante essa fase, produtos relacionados a esportes, produtos colecionáveis, publicações que apresentam modelos a serem emulados, programas televisivos e filmes que focam a comédia ou a ação têm grande destaque. A criança deseja produtos que a desafiem, que forneçam a base para competições, sejam complexos, forneçam prêmios, sejam estimulantes e apresentem variedade. O desenvolvimento mental da criança permite também à criação de produtos que tratem de questões relacionadas à matemática, a explicações de como as coisas do mundo funcionam, e que envolvam algum nível de leitura.

Produtos relativos ao humor passam a poder utilizar abstrações e temas mais obscuros (nojento, violento, irreverente ou tabu). O vestuário se torna uma categoria importante para este grupo. As roupas e as marcas são uma das formas encontradas para a criação de um autoconceito e da inserção no grupo. Produtos tecnológicos também são apreciados por este grupo. Essas crianças trabalham dois aspectos psicológicos: aceitação e sucesso. Portanto, produtos que permitem tanto a afiliação a um grupo quanto a diferenciação dentro deste grupo são candidatos ao sucesso (Quadro 5.5).

Quadro 5.5 – Design para crianças entre 8 e 12 anos

Desenvolvimento físico e motor	**Pequenos músculos da mão estão se desenvolvendo; excelente coordenação olho-mão:** artes e ofícios são populares. As crianças podem apreciar gráficos detalhados e animações; têm habilidades para uso do computador e do videogame – qualquer coisa com botões. **Apesar de as crianças serem ativas, necessitam de tempo para descansar; podem se sentir estressadas:** o design que permite ser apreciado pela criança sem o auxílio ou companhia de outras pessoas, ou tranquilamente, trazem benefícios a sua vida. Um design com cores frias ou calmas tem um efeito pronunciado. **Têm preferências definidas, atividades favoritas:** design que se relaciona com suas atividades favoritas – mochila ou camiseta com figuras relacionadas ao skate, por exemplo – são bem-vindos. Crie figuras e estampas que possam ser aplicadas em acessórios relativos às atividades favoritas das crianças. **Mudanças no corpo podem resultar na autoconsciência:** atividades que permitam que as crianças escutem sua autoconsciência são efetivas. O design que ajuda a criança a formar uma autoimagem positiva é benéfico. **Crianças desta idade podem se tornar sedentárias; desenvolvem interesse por assistir a esportes em grupo:** atividades devem incluir métodos de manutenção de um acompanhamento do progresso do desenvolvimento físico. **Produtos relacionados ao time de preferência ganham destaque.** Por causa do interesse em times e esportes em geral, iniciativas que relacionem atividades físicas aos times de preferência devem ser implementadas.
Habilidades sociais	**Gostam de jogos e brincadeiras coletivos; podem seguir regras e dar a vez sem intervenção de um adulto:** figuras que identificam seu usuário como parte de um time funcionarão bem. Jogos e brincadeiras que podem ser realizados em grupo obterão sucesso. **Podem ser intrépidos; começam a gostar de correr algum grau de risco:** o design não deve encorajar comportamento de risco, mas pode usar cores e figuras mais radicais. **Respeitam o espaço e a propriedade de outros; gostam de ter o mesmo respeito que outros:** figuras que personalizam os pertences são populares. Crie designs personalizados – com cores e padrões, por exemplo. **Apresentam desenvolvimento emocional mais acentuado; reconhecem as emoções de outros e podem agir apropriadamente:** design deve incluir mais emoções e raciocínio abstrato. Diversos tons de cores e contrastes são reflexões naturais do humor. Figuras e traços que reflitam esse humor funcionam bem.

(continua)

5 Desenvolvimento de produtos para o consumidor infantil

Quadro 5.5 – Design para crianças entre 8 e 12 anos (continuação)

Habilidades sociais	**As amizades tornam-se mais importante:** atividades de pares são populares. O design que permite que a criança se comunique com outras funcionará. O design que identifica o usuário como parte de um grupo maior também têm grande chance de sucesso. **Um senso de humor mais completo se desenvolve:** pode apreciar designs que satirizam ou imitam outras referências culturais. Qualquer atividade que envolva piadas e charadas será popular. O design pode incluir coisas mais absurdas. **Podem assumir causas com as quais se sentem profundamente envolvidos:** natureza, justiça, irmandade e assim por diante. As figuras podem se relacionar de forma mais abstrata com essas causas. Exemplo: as cores verde e marrom refletem interesse pela natureza.
Desenvolvimento cognitivo e intelectual	**Estão se tornando melhores leitores:** instruções simples e longos blocos de texto são aceitáveis. Inclua, ainda, muitas ilustrações com o texto. **Estão experimentando diferentes tons de cores específicas:** o design deve mostrar profundidade por meio das cores. As atividades podem incluir desenhar com detalhes – visão aumentada de um modelo, por exemplo. **Podem trabalhar em projetos mais longos e duradouros:** Pode ler livros com capítulos. São capazes de identificar a ideia central. Jogos podem ser mais longos, com tramas mais detalhadas e fins apropriados. Figuras e gráficos mais complexos são apropriados. O design que permite que a criança se organize e divida tarefas auxilia o desenvolvimento dela. **Desenvolvem conceitos matemáticos mais sofisticados de adição, subtração e geometria:** atividades podem incluir níveis superiores de manipulação mental dos espaços, graus e quantidades. Trabalhar com tempo e dinheiro se torna mais fácil. O design pode incluir cronometragem. Jogos de estratégia, quebra-cabeças e projetos de longo prazo são mais factíveis. Atividades que desafiam o raciocínio são populares. **Entendem melhor sobre o mundo material e como fazê-lo funcionar:** a arte pode incluir um grau superior de tons e atmosferas. Exemplos: nuvens em vez de chuva para demonstrar um tempo chuvoso. Gráficos e figuras que incluem mais elementos do mundo natural são populares (raios, folhas e assim por diante). Entende piadas e charadas: use humor nos gráficos. **Podem debater e ver diversos ângulos de um mesmo assunto:** habilidades de raciocínio e opiniões pessoais permitem que a criança personalize, reorganize ou customize designs de forma efetiva. Atividades que incluem a leitura ou a escrita de opiniões pessoais são populares. O design deve incluir cenários ("e se tal coisa acontecesse").

Fonte: Fischel (2001, p. 129, 157).

Questões centrais para o desenvolvimento de produtos para crianças

Partindo do que foi apresentado até então é possível resumir as escolhas das empresas em linhas gerais. Primeiro, a empresa precisa determinar qual estratégia de desenvolvimento de novos produtos utilizará: inovação *versus* imitação. Cada uma das estratégias apresenta riscos, dificuldades e vantagens diferentes. Cabe à empresa determinar qual o caminho que escolherá trilhar no desenvolvimento de produtos para o mercado infantil.

Em segundo lugar, a empresa deverá selecionar, entre as diversas necessidades que as crianças apresentam, alguns traços que orientarão a criação de um produto ou serviço realmente adequado para esse grupo de consumidores. Com base nas diversas análises da psicologia da criança, é possível compreender melhor como os diversos atributos, que podem ser agregados a um produto ou serviço, atuam satisfazendo a criança.

Por fim, a empresa deve ter cuidado especial com relação ao design do produto. Dependendo da faixa etária da criança, ela pode não ter a capacidade de manipular ou até mesmo de compreender alguns produtos em virtude de limitações físicas ou psicológicas.

6 O preço dos produtos e a renda da criança

Ao falar sobre como a criança interage com a questão do preço dos produtos é importante avaliar também como ela tem acesso a essa renda e qual seu comportamento em relação à poupança. Isso se faz necessário, pois cada um dos itens mencionados está atrelado ao processo de aprendizado da criança sobre como lidar com preço. Na verdade, mais do que tudo é preciso atentar para o nível de compreensão da criança sobre o processo que envolve as questões relativas ao dinheiro e para o modo como se dá o aprendizado dessas questões. Estes temas serão abordados aqui em duas etapas. Primeiro serão analisadas as diferentes reações e o aprendizado da criança com relação à função do preço no processo de compra. Posteriormente, serão analisadas as diferentes formas de acesso da criança à renda e como elas podem influenciar no seu comportamento atual e futuro.

O preço dos produtos (bens e serviços)

A exemplo do primeiro elemento do mix de marketing aqui analisado, a relação da criança com o preço dos produtos que deseja também está intimamente associada a seu processo de desenvolvimento cognitivo. Somente com o tempo a criança conseguirá captar completamente o conceito de preço. Em outras palavras, quanto mais velha for a criança, maior sua capacidade para compreender essa problemática.

No que diz respeito ao gênero, foram encontradas diferenças entre o nível de conhecimento de meninos e meninas com relação ao conceito econômico de preço (Roland-Lévy, 2010). De forma geral, as meninas, mais maduras, têm maior conhecimento sobre tópicos relacionados à compra e venda de produtos. Talvez esse fenômeno ocorra porque desde cedo elas vivenciam um número maior de ocasiões de compra com a mãe.

A classe social das crianças não causa impacto direto em seu conhecimento sobre questões relacionadas à economia, preço e consumo. No entanto, a classe social teve em grande parte da década passada influência indireta na socialização do infante com o preço. Isso porque o conhecimento da criança em relação ao preço dos produtos, em geral, correspondia ao tempo que os adultos, primordialmente a mãe, dedicavam à criança (Roland-Lévy, 2010). A quantidade de lares em que a mãe estava sempre presente era muito maior no século passado, principalmente entre domicílios com uma renda mais elevada, que permitia a ela focar seu esforço na criação dos filhos e na gestão/manutenção da residência. Crianças, cujas mães trabalhavam em período integral para complementar ou até mesmo sustentar financeiramente o domicílio, se viam obrigadas a aceitar um número maior de tarefas e responsabilidades. Assim, essas crianças aprendiam mais rápido os rudimentos do consumo por meio da própria experiência. Com a entrada do novo milênio, é cada vez mais normal que ambos os pais trabalhem em período integral, uma tendência que se estabelece em todas as classes sociais. Dessa forma, tanto crianças das classes A e B como das classes C e D sofrem com a ausência de seus pais e têm um número menor de interações com o mundo do consumo.

O fato de as crianças terem experiências de compra com os pais e o histórico de vida destes influírem sobre o conhecimento delas dá suporte àqueles que acreditam que o ambiente influencia no desenvolvimento delas. Pesquisas indicam que as maiores diferenças no conhecimento financeiro do mercado acontecem entre crianças da mesma idade que vêm de famílias com estrutura social e cultural diferentes (Roland-Lévy, 2010). Em outras palavras, a forma como a criança é educada, e não a situação financeira da família, é o fator determinante de seu conhecimento quanto ao preço dos produtos.

O conhecimento sobre questões econômicas é construído a partir de experiências pessoais, assim, somente com a prática a criança realmente conseguirá captar os conceitos relacionados a preço. Dessa maneira, como era de esperar, a forma como a criança é socializada pelos pais vai indicar o avanço de seu conhecimento. Por exemplo, o uso regular de dinheiro, recebido por meio da mesada, gera um avanço no conhecimento que envolve elementos como crédito, economia e o papel do banco (Roland-Lévy, 2010). Os pais também podem acelerar esse processo ao orientar e monitorar os infantes quando em um ambiente varejista. Pesquisas indicam, por exemplo, que, quando os pais discutem com as crianças a questão financeira atrelada às compras enquanto se encontram em ambiente varejista, as crianças respondem ao estímulo positivamente, replicando o aprendizado nas consequentes experiências de consumo. Entre 2 e 5 anos a criança já começa a receber dos seus pais alguns ensinamentos básicos de como funciona o processo de troca no varejo (Veloso e Hildebrand, 2006; Veloso et al., 2008; Veloso, Hildebrand e Daré, 2008). Esse aprendizado se dá por meio da participação ativa da criança no processo de compra. Entre 5 e 7 anos, a criança reproduz o comportamento dos pais, buscando aprovação da sua recém-demonstrada habilidade.

6 O preço dos produtos e a renda da criança

Enquanto a criança não adquire a capacidade e a liberdade para realizar suas próprias compras, serão os pais (ou algum outro adulto) os responsáveis pelo pagamento. As crianças terão o papel de usuário nesses primeiros anos de vida (McNeal, 1999). À medida que o processo de socialização é iniciado pelos pais (por meio das ações anteriormente citadas), as crianças aprenderão um dos mais importantes conceitos na socialização do consumidor: o conceito de que bens e serviços podem ser adquiridos por meio de uma moeda única de troca. O correto entendimento do conceito "dinheiro" ou "moeda" é fundamental para que a criança comece a compreender o funcionamento do mercado. Somente com esse conhecimento estruturado ela poderá desenvolver suas habilidades para se tornar um consumidor capaz de lidar com as inúmeras questões que a relação mercado-consumidor coloca.

É importante notar, no entanto, que somente no período de transição, que ocorre entre os 7 e 8 anos, a criança tem capacidade de desenvolver o conhecimento matemático necessário que permitirá a socialização completa nessa dimensão. Pesquisa realizada por meio da coleta de desenhos com crianças oriundas da classe A, mostra que, entre 8 e 9 anos, elas estão apenas começando a perceber a participação do preço no ambiente de consumo (Veloso e Hildebrand, 2007).

Em apenas dois casos as crianças representaram o dinheiro quando estimuladas a desenhar sobre "ir às compras". Em um dos casos, a criança desenhou uma pessoa comprando frutas na feira e, em outro, uma menina segurando uma bolsa com dinheiro dentro. Isso sinaliza que de certa forma o conceito da troca de bens e serviços por valores monetários ainda não está saliente nas lembranças delas. Ao não considerar essa questão como parte integrante do processo de compra, a criança sinaliza que ainda não desenvolveu completamente a correta compreensão do que é o dinheiro e qual seu papel. Esse achado ilustra o fato de que somente a partir dessa faixa etária a criança começa a atingir um patamar do desenvolvimento cognitivo que lhe permite lidar com o dinheiro de maneira apropriada.

As crianças começam a aprender o conceito de preço por volta dos 5 anos, pois é nessa época que elas fazem suas primeiras compras com a ajuda dos pais (McNeal, 1999). Durante a observação do comportamento de crianças num supermercado de baixa renda da Grande São Paulo, identificou-se que são inúmeras as iniciativas dos pais para ensinar os rudimentos do consumo (Veloso, Hildebrand e Daré, 2008).

A partir dos 5 anos das crianças, os pais e, a partir dos 7 anos, a escola tomam iniciativas para lhes ensinar os fundamentos do consumo. Esse conhecimento será fundamental para a correta socialização das crianças e pode até mesmo ser utilizado como ferramenta para medir o estágio de desenvolvimento em que elas se encontram (Stampfl, Moschis e Lawton, 1978; Moschis e Moore, 1978; Stephens e Moore, 1975).

De forma resumida, é possível afirmar que o aprendizado, do conceito de preço, ocorre por duas vias principais: aulas no contexto escolar e esforços dos pais para ensinar aos filhos os rudimentos do consumo. Talvez fosse necessário um maior esforço por parte dos profissionais de marketing, para trabalhar esse aprendizado junto ao seu público, permitindo assim que a criança seja mais bem informada e tome decisões melhores.

As crianças, principalmente as mais velhas, têm uma visão negativa sobre a questão do preço (McNeal, 1999). Isso acontece porque:

- O preço faz que elas não consigam comprar algumas coisas com seu próprio dinheiro.
- O preço é uma justificativa para os pais não comprarem coisas para elas.
- Em algumas ocasiões, os pais reclamam e discutem sobre o preço dos produtos e serviços.
- É algo que os vendedores tentam esconder.

Do final da década de 1980 e durante a década de 1990, aconteceu uma mudança drástica na sensibilidade das crianças no que diz respeito ao preço (McNeal, 1999). Elas passaram a se preocupar mais com a questão do preço, talvez por causa das crises econômicas que os Estados Unidos enfrentaram nesse período. Em 1989, apenas 25% das crianças pesquisadas apresentavam uma preocupação com preço. Alguns anos mais tarde, esse valor subiu para cerca de 50%, atingindo a marca de 75% em 1995. Essa sensibilidade maior é relacionada a produtos que as crianças compram de forma regular, como refrigerantes e guloseimas. Quanto a produtos mais caros, como tênis ou videogames, não apresentam uma sensibilidade tão grande.

Outros produtos, com valores ainda mais altos, estão fora da capacidade financeira da criança. Eles são avaliados pelos pais, os quais são responsáveis por determinar se o preço está caro ou não (McNeal, 1999). Produtos que trazem benefícios para ambos, ou seja, que juntam diversão com educação, são alvo de menor sensibilidade a preço, sobretudo por parte dos pais. O autor termina seu raciocínio colocando que produtos desejados pelas crianças, mas que não trazem apelo para os pais, serão considerados muito caros e não serão comprados. Essa compra não se realizará mesmo que a criança tenha o dinheiro para tal; os pais serão os responsáveis por vetar esse tipo de compra, a qual é vista por eles como desperdício.

Se até o começo da década de 1980 apenas parte dos consumidores eram considerados "caçadores de preços" (*price shoppers*), isso passou a ser diferente na década seguinte, quando grande parte dos consumidores poderia ser classificada como tal (McNeal, 1999). No começo da década de 1990, 75% das pessoas apresentavam algum tipo de comportamento de "caçador de preço", ou seja, buscavam ofertas, descontos e promoções. Essa situação pode ser explicada pelos seguintes fatores (McNeal, 1999):

- Ensinamento dos pais: por meio da observação, as crianças aprendem com os pais que é necessário buscar produtos de marca, mas com preços baixos, possivelmente em varejistas de desconto, como o K-Mart. Com o passar dos anos, a criança é cada vez mais influenciada pelos colegas e pelo grupo, dessa forma é possível que deixe de se preocupar tanto com os preços para poder participar de momentos de consumo com seu grupo de convívio, principalmente em lojas de conveniência, as quais notadamente apresentam preços mais altos.
- Influência dos pares: esta se torna altamente significativa por volta dos 10 anos, equiparando-se à influência dos pais quanto a seu nível de importância. Os conhecimentos adquiridos com os pais não são simplesmente descartados, mas são comparados com aqueles adquiridos com os pares. Cria-se assim uma situação de conflito para as crianças. Pesquisas realizadas indicam que o tópico preço não é tão incomum durante momentos de consumo compartilhados por grupos de crianças.
- Comunicações de marketing relacionadas a preço: ao mesmo tempo que os consumidores se tornaram mais sensíveis a preço, ocorreu uma investida das empresas para anunciar produtos e serviços que respondiam a essa crescente necessidade de seus clientes. Dessa forma, criou-se um círculo de aprendizado. Interessante notar que parte dos varejistas busca esconder os preços praticados, levando a criança a perceber a loja de forma negativa.
- Experiências da criança com preço: as experiências da criança, seja com pais, ou com colegas, trazem inúmeras informações que são responsáveis por incentivar seu aprendizado como consumidora. Este, por sua vez, também é estimulado por professores que utilizam preços como exemplos em sala de aula.

A renda da criança

Como abordado anteriormente, parte fundamental no processo de socialização da criança quanto à parte financeira do consumo é a disponibilidade de renda. Somente a partir do momento em que a criança estabelece uma relação direta entre a moeda de troca e os bens e serviços (ou seja, que estes que podem ser adquiridos com aquela) é que ela começará a perceber a importância do preço na relação comercial. Caso a criança tenha de se esforçar para ter acesso a essa renda, também estará aprendendo que existe um nível de esforço envolvido com a geração de renda.

Apesar das capacidades cognitivas só estarem plenamente desenvolvidas no início da pré-adolescência, a partir dos 4 anos a criança já está de alguma forma inserida no mercado e lidando com dinheiro. Porque é dessa idade em diante que ela começa a ter acesso direto ao dinheiro. Isso acontece de inúmeras formas (McNeal, 1992):

- Mesada (53%): ao oferecer uma quantia periódica de dinheiro para a criança os pais tem por objetivo ensiná-la a lidar com a renda. A partir desse tipo de iniciativa eles podem ensinar a criança que para ter acesso a determinados bens e serviços ela terá de economizar. Além disso, também podem ensiná-la a pensar com cuidado em como utilizará a mesada.
- Presentes de familiares e outros (em dinheiro) (20%): em determinados momentos do processo de crescimento da criança, os adultos encontram dificuldades em decidir qual presente vão dar em datas comemorativas, como aniversário e Natal. Nesses casos, a solução é dar um presente em dinheiro que pode ser utilizado pela criança com alguma liberdade.
- Remuneração por pequenas tarefas domésticas (12%): em certos casos, a família resolve que pagará pela participação da criança na realização de tarefas domésticas, como arrumar o quarto, limpar a sala ou outra tarefa necessária. Esse tipo de incentivo é bastante criticado, pois a criança deveria ser ensinada que é parte de seu papel no domicílio ajudar na realização de tarefas domésticas. Ao pagar por esse tipo de atividade os pais sinalizam que a criança somente deve participar na gestão do domicílio quando for remunerada.
- Trabalho (12%): algo muito comum nos Estados Unidos é a criança ter algum tipo de trabalho que lhe traga remuneração, como entregar jornais, limpar a neve da calçada dos vizinhos, cuidar da grama etc. No Brasil, esse tipo de remuneração não acontece de forma tão significativa.

Os pais utilizam inúmeras estratégias para que a criança tenha acesso ao dinheiro por algumas razões básicas (Johansson, 2006):

- Praticidade: como vivemos numa economia de mercado e o dinheiro faz parte disso, é natural tê-lo a nossa volta. Dar dinheiro às crianças facilita a vida dos adultos, uma vez que não precisarão tomar pequenas decisões sobre toda e qualquer compra que a criança queira fazer.
- Educacional: quando as crianças têm acesso a seu próprio dinheiro, elas são obrigadas a aprender alguma coisa sobre o significado do dinheiro e como

lidar com ele. Nesse ínterim, ela apreende também os valores que os adultos desejam transmitir, como o da poupança e do dinheiro.

- Social: as diferentes formas como a criança recebe dinheiro representam também modos de estabelecer vínculos e relacionamentos com ela. Dar o troco de uma compra, dar um presente em dinheiro, pagar por uma tarefa ou fornecer uma mesada são atividades que representam diferentes formas de estabelecimento de relações entre a criança e sua família.

Seja qual for a origem da renda da criança, um dos primeiros conceitos que ela aprenderá, caso tenha alguma compra mais significativa em mente, será o conceito de poupança. Esse conceito é, em geral, mais valorizado em países que passaram por períodos de recessão. Em países que historicamente a economia teve bom desempenho, a questão da parcimônia nos gastos é menos valorizada.

O conceito de poupança guarda estreita relação com o conhecimento de renda e trocas monetárias. É somente após internalizar a importância da poupança que o infante consegue compreender as necessidades e privações que estão relacionadas ao consumo.

Na Figura 6.1 é apresentada a divisão que a criança faz da renda que recebe. Crianças mais novas parecem economizar uma parcela maior da sua renda, enquanto crianças mais velhas tendem a gastar esse dinheiro. Isso acontece muitas vezes porque, como as crianças mais novas ainda têm um conhecimento muito limitado da parte monetária do consumo, os pais acabam de alguma forma administrando a renda delas. A partir do início da fase do conhecimento operatório-concreto, a criança passa a gastar maior parcela de sua renda com consumo. Isso indica claramente que, a partir dessa idade, ela tem maior conhecimento e autonomia para tomar suas primeiras decisões financeiras. No entanto, mesmo que economize uma parcela menor depois que amadurece há, em geral, desde cedo, vontade de economizar para uma compra futura mais significativa. A criança da classe média norte-americana costuma possuir cerca de US$ 20 ou US$ 30 guardados no quarto e algumas centenas de dólares no banco. Sobre a realidade brasileira, ainda não há dados confiáveis.

Marketing e o mercado infantil

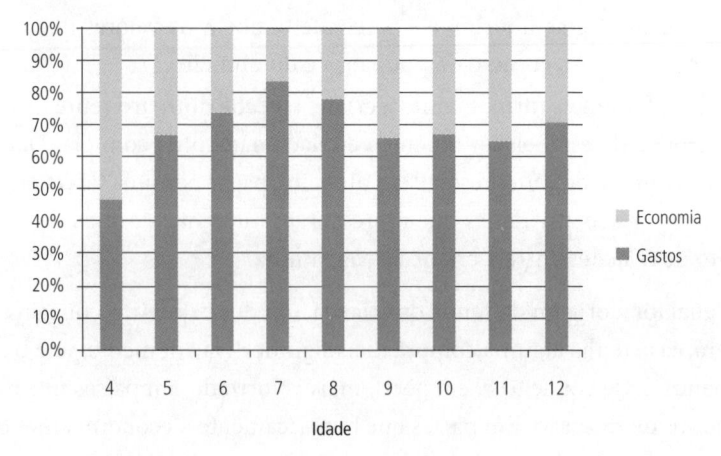

Figura 6.1 – Distribuição da renda das crianças.
Fonte: Adaptado de McNeal (1992, p. 26).

Não é de estranhar a importância da poupança entre infantes norte-americanos. Da mesma forma como acontece entre os adultos, a proporção da poupança quanto à renda total está diretamente relacionada à renda do infante. Os dados apresentados na Figura 6.2 demonstram que crianças que recebem uma renda semanal maior tendem a economizar mais do que as crianças que recebem uma renda menor (McNeal, 1999).

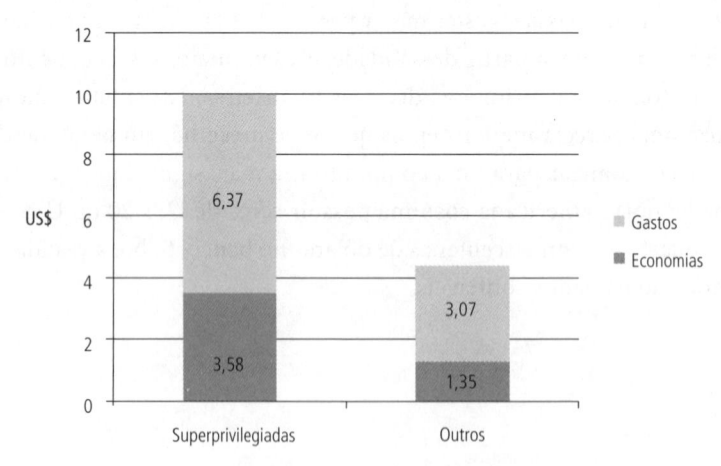

Figura 6.2 – Economia e gasto médios semanais das crianças superprivilegiadas comparados aos de outras crianças.
Fonte: McNeal (1992, p. 33).

6 O preço dos produtos e a renda da criança

A junção das informações apresentadas indica que, de acordo com o aumento da idade e com a renda disponível, aumenta a quantidade que a criança consegue economizar para uma compra mais significativa no futuro. Para os pais esse tipo de comportamento da criança deve ser valorizado, pois fará que a criança dê um valor superior ao produto que quer comprar e com que desenvolva sua paciência. Evita-se assim o comportamento impulsivo e imediatista da criança no futuro.

7 Praça (distribuição) e o varejo para o público infantil

O mercado infantil apresenta algumas nuanças que o distinguem dos demais no que se refere ao acesso aos produtos. As crianças, em geral, estão sob a guarda de adultos (familiares, professores, babás etc.) que podem ser compreendidos como mais um elemento do canal de distribuição. Elas têm parte de seu acesso a bens e serviços mediado por essas pessoas. Por isso, é necessário que a empresa tenha um claro entendimento do papel desses *gatekeepers* no processo de disponibilização de produtos para as crianças. Por outro lado, estas, no decorrer de seu crescimento terão acesso cada vez maior à renda, passando, portanto, a fazer suas próprias compras.

Ao realizar as próprias compras, a criança se defronta com um ambiente que muitas vezes é planejado para adultos e, em alguns extremos, até hostil ao público infantil. Muitos varejistas falham ao compreender a criança, suas limitações e suas necessidades (McNeal, 1992). Um dos exemplos que melhor ilustram essa falta de atenção a esses elementos é a organização das gôndolas de supermercado. Se o leitor atentar para as prateleiras dos supermercados, notará que é muito comum o posicionamento de produtos que atraem as crianças (biscoitos, salgados empacotados, cereais etc.) nas prateleiras superiores (Veloso e Hildebrand, 2006). Naturalmente, é irreal imaginar que a criança prestará atenção ao que está lá em cima ou que terá capacidade de retirar o produto da gôndola e colocar no carrinho do supermercado.

A repercussão desse fato vai além da perda de algumas vendas. Esse tipo de falha sinaliza que o varejista não dá atenção ao consumidor infantil. Assim, é de esperar que outras falhas semelhantes ocorram no sortimento de produtos e no tratamento oferecido às crianças presentes no ambiente de serviços. Esses fatores certamente influenciam a percepção da criança sobre aquele varejista em particular, e em alguns casos, com relação àquela categoria de varejista.

Uma pesquisa realizada nos Estados Unidos nas décadas de 1980 e 1990 procurou identificar o nível de orientação para a criança dos varejistas, ou seja, se os próprios varejistas indicavam que estavam atentos ao consumidor infantil no seu ambiente de serviços (McNeal, 1992). A primeira descoberta dessa pesquisa foi que o nível de orientação para esse público cresceu significativamente entre uma década e outra, de 37% para 68%, ou seja, de cada cem estabelecimentos pesquisados, 68 indicaram que têm orientação para a criança. Não é de estranhar que os tipos de varejistas que indicaram possuir alto nível de orientação para a criança foram os supermercados (78%), as lojas de departamentos (75%) e os restaurantes (75%).

Essa preocupação com a criança no ambiente varejista está fundamentada nos diversos fatores que indicam a importância desse público para as empresas (McNeal, 1992). De início, a criança pode ter algum nível de influência na escolha do varejista a ser prestigiado pelas compras da família, por exemplo, um supermercado que tem área para brincar, carrinho próprio para a criança empurrar ou onde os funcionários são mais atenciosos. O público infantil representa um potencial de compra muito elevado para ser desprezado pelas empresas do ramo varejista.

Além disso, a criança influi de modo significativo sobre uma gama enorme de produtos. Essa influência será maior em algumas categorias e menor em outras, dependendo de fatores demográficos e psicográficos. Assim, em categorias como brinquedos, videogames, vestuário, cereais, eletrônicos em geral e entretenimento ela terá maior influência.

A criança começa a frequentar o ambiente varejista já nas suas primeiras semanas de vida. A partir do momento em que consegue se sentar sozinha, ela passa a acompanhar os pais nas compras e a observar. Ela é estrategicamente posicionada no carrinho para poder ver o que acontece, tanto em relação aos pais como em relação ao ambiente varejista e a outros consumidores. Logo, a criança perceberá que nas instituições do varejo, como supermercados, hipermercados e lojas de conveniência, estão estocadas coisas boas para brincar e comer – as coisas que os pais utilizam para recompensar alguma ação ou até mesmo demonstrar afeição e amor. Perto dos 2 anos, a criança já começa a fazer ligações entre o que vê na televisão e os produtos apresentados no ambiente varejista.

A partir dos 2 anos, as requisições e os pedidos começam a acontecer. As crianças com algumas capacidades de fala e de compreensão do ambiente varejista passam a requisitar produtos. Isso ocorre em sintonia com o aumento do número de visitas às lojas, com o aumento do consumo de alguns produtos (comida e brinquedos), assim como com aumento da atenção dada às propagandas vistas na programação televisiva. Neste meio tempo, a criança começa a perceber que tem um poder de influência sobre o processo decisório de compra.

São inúmeras as estratégias que a criança utiliza para convencer os pais de que merece tal produto (Marquis, 2004; Bridges e Briesch, 2006). Dependendo da forma como o pedido da criança é feito, podem existir repercussões negativas para a disciplina de marketing. Se a criança fizer os pais passarem vergonha por conta de uma cena de choro, berros e escândalo, muitas vezes, vão considerar que os culpados por esse comportamento são os comercias que passam na televisão.

7 Praça (distribuição) e o varejo para o público infantil

Esse período é de grande aprendizado, tanto para a criança como para os pais. A criança passa a testar a forma de como fazer pedidos e a entender que nem todos serão atendidos.

Já pelo lado dos pais, começa o processo de educação da criança; devem se esforçar para ensinar à criança o significado do "não". Muitas vezes isso não ocorre por uma série de fatores, como o sentimento de culpa, a incapacidade de negar a satisfação instantânea ao próprio filho e dificuldade em lidar com as reações da criança (chorar ou espernear, por exemplo). A interação entre os pedidos da criança e as reações dos pais, nos diferentes ambientes varejistas, vai criando uma base de conhecimentos na memória da criança que determinará o seu comportamento futuro.

A partir dos 3 ou 4 anos, a criança é retirada do seu posto de observação, no carrinho do supermercado, e passa a caminhar livremente pelo ambiente de serviços. A influência dela nesse momento cresce exponencialmente (Veloso e Hildebrand, 2006; Veloso et al., 2008; Veloso, Hildebrand e Daré, 2008). A partir dessa faixa etária, ela deixa de ser apenas um acompanhante observador para se tornar um participante no processo. Ela, então, será solicitada a participar mais ativamente da compra, seja ajudando os pais, seja recebendo seus primeiros ensinamentos sobre o funcionamento do ambiente varejista e os conceitos de compra, posse e dinheiro que estão relacionados a este. Durante esse período de seu desenvolvimento, a criança já começa a ter preferências por marcas de determinadas categorias de produto que lhe são mais próximas (McNeal, 1992). Provavelmente aquelas marcas que mais anunciam durante os programas infantis da televisão. É nessa fase que a criança passa a descobrir as relações entre as necessidades, o consumo e o prazer.

Posteriormente, a criança passará por um processo que culminará com suas compras independentes. Primeiro, ela fará compras acompanhadas pelos pais, que estarão, nesse momento, interessados em ensiná-la sobre o funcionamento do ambiente varejista. A criança passará a aprender que os produtos têm preço e que é necessário pagar por eles ao sair do estabelecimento comercial. A partir desse aprendizado a criança, lentamente, ganhará maior liberdade, e, então, realizará suas primeiras compras de forma independente.

Como abordado no capítulo anterior, a idade em que isso começa a acontecer é fortemente influenciada pela forma de como o infante é socializado. A estrutura ou composição do domicílio também terá um impacto importante nesse fenômeno. Em parte dos casos, a criança criada de modo mais liberal terá uma participação maior na realização das compras do domicílio e, por isso, terá experiências de compra independente mais cedo. A criança criada de forma mais conservadora, protegida do contato com o mundo, terá um convívio direto menor com as primeiras oportunidades de fazer uma compra sozinha.

Nessas primeiras investidas da criança podem surgir problemas relacionados com o entendimento do processo de troca e com a matemática envolvida na compra e no troco. Muitas vezes ela dependerá da boa vontade do funcionário para lidar corretamente com a situação. Como notado em pesquisas com varejistas, é comum a cena em que a criança oferece algumas notas e moedas ao funcionário sem saber ao certo se aquilo vai dar para comprar o que deseja. Em outros casos, a cena será aquela em que a criança pergunta o que é possível comprar com aquele dinheiro (Veloso et al., 2008). A criança também passará a compreender o próprio sistema de funcionamento do varejo, do qual fazem parte as filas, os caixas, a localização dos produtos, a possibilidade de o produto que procura, ou que foi incumbida de comprar, não estar disponível, entre outras diversas questões que podem surgir. Cada nova experiência fará que a criança aumente seu conhecimento e aprofunde sua capacidade para lidar com o processo de compra.

Todo esse processo de começar a fazer compras independentes acontece entre 5 e 7 anos. Ao se aproximar do início de sua vida escolar, a criança já estará de certa forma treinada para realizar suas primeiras compras sozinha, mesmo que seja na lanchonete ou na cantina da escola. Isso acontece porque, com a aproximação do período operatório-concreto, elas começam a desenvolver as capacidades cognitivas necessárias para realizar tarefas fundamentais no ambiente de varejo.

Provavelmente essas primeiras compras acontecerão no bairro onde a criança mora e serão realizadas na loja mais próxima, como uma padaria, no caso da criança que vive no Brasil, ou uma loja de conveniência, no caso da criança que vive nos Estados Unidos. Os primeiros produtos comprados por ela, para consumo próprio, geralmente serão refrigerantes e salgadinhos. O começo desse processo depende da disponibilidade de renda da criança, seja por meio de mesada, presente dos pais, tarefas realizadas ou permissão para gastar o troco de uma compra de pão e leite para o café da manhã. No Brasil, era bastante comum pedir para as crianças comprarem cigarro e cerveja para os adultos, recebendo a permissão para ficar com o troco. Esse costume não existe mais de forma significativa por mudanças legislativas, culturais e sociais. É possível avaliar que nas grandes cidades e entre as classes sociais mais elevadas a criança não exerce mais a função de realizar alguma pequena compra para o domicílio, tendo em vista que essas classes sociais cada vez mais se encontram enclausuradas em grandes condomínios privados. Porém, para as classes sociais mais baixas, a participação da criança no processo de compra do domicílio é maior.

De qualquer forma, o nível de excitação da criança com essas primeiras compras independentes será muito grande. Ela terá a oportunidade de experimentar por si só uma atividade que faz parte do mundo adulto. Por isso a situação representará

7 Praça (distribuição) e o varejo para o público infantil

para ela um momento de crescimento. É nessa ocasião que o varejista tem a chance de conquistar a apreciação e a fidelidade de seus clientes mirins, oferecendo um ótimo tratamento e uma compreensão da situação da criança. Para garantir que isso aconteça, a empresa pode realizar algumas atividades (McNeal, 1992):

- Oferecer treinamento aos funcionários do estabelecimento para que compreendam o processo de aprendizado da criança e estejam preparados para dar a assistência que esses novos consumidores necessitam.
- Prover oportunidades de educação para o consumidor infantil, por meio do desenvolvimento de esforços direcionados para treiná-los nas habilidades necessárias para o consumo dos produtos oferecidos pelo varejista. Por exemplo, em alguns supermercados, é importante ensinar às crianças que é necessário pesar alguns produtos, como legumes e frutas, antes de passar no caixa.
- Observar que servir crianças não é o mesmo que servir adultos. Enquanto os adultos já possuem uma série de capacidades cognitivas e conhecimentos necessários, a criança ainda está no meio do processo de socialização. Assim, precauções devem ser tomadas para não expô-las a produtos ou serviços considerados inadequados. Também, a empresa deve instituir um código de ética que tenha um dos seus pilares estabelecido nas questões referentes ao trato com o consumidor infantil.

Todos esses esforços terão seu retorno na preferência da criança pelo estabelecimento comercial do varejista que lhe tratou bem.

Características dos varejistas e a preferência dos infantes

Por causa da natureza do processo de socialização da criança e das características dos varejistas com os quais elas têm suas primeiras experiências, é natural que as crianças desenvolvam preferência maior por certas categorias específicas. A seguir, o Quadro 7.1 indica as lojas favoritas entre os consumidores mirins.

Os resultados da pesquisa sobre as lojas favoritas das crianças apontam para lojas de conveniência em um primeiro momento e depois para hipermercados. A loja de conveniência é substituída no Brasil pelas padarias e lanchonetes, que são os lugares onde a criança realiza suas primeiras compras. A padaria é mais próxima e mais simples de entender, e, geralmente, o tratamento oferecido para a criança é melhor em função da proximidade do estabelecimento com a vizinhança. O hipermercado

Quadro 7.1 – Lojas favoritas das crianças

Crianças jovens (6 ou 7 anos)	Crianças com idade média (8 ou 9 anos)	Pré-adolescente (10 a 12 anos)
Loja de conveniência	Hipermercado	Hipermercado
Supermercado	Supermercado	Loja de especialidade
Hipermercado	Loja de especialidade	Supermercado

Fonte: McNeal (1999, p. 121).

se torna mais popular à medida que a criança passa a ter mais confiança na sua capacidade de lidar com o ambiente de serviços. Também interfere nessa mudança a compreensão de que o hipermercado carrega um número muito maior de produtos que são valorizados por ela. As lojas de especialidade começam a se tornar essenciais a partir dos 8 anos e vão crescendo de importância. Isso acontece porque durante a fase operatório-concreta a criança desenvolve habilidades cognitivas e sociais (ver capítulos 2, 3 e 5 para mais detalhes) que implicam na formação de algumas preferências mais marcantes por algumas categorias de produtos, como os eletrônicos, em geral, ou videogames, mais especificamente. Em ambos os casos, a criança passará a ter preferência por lojas que sejam especializadas nesses produtos.

É, portanto, natural que crianças em diferentes fases do desenvolvimento terão preferência por diferentes tipos de varejista. No entanto, independentemente da idade-alvo do varejista, existe uma série de características que todos têm de desenvolver para atrair os consumidores infantis a seu estabelecimento. De forma geral, a atratividade de uma loja está relacionada com uma série de fatores que podem ser trabalhados pela empresa (Figura 7.1).

Figura 7.1 – O que faz uma loja ser a favorita das crianças?
Fonte: McNeal (1999, p. 125).

Primeiro, é necessário que o desenvolvimento da estrutura física da loja seja feita tendo em mente o consumidor infantil. Devido às peculiaridades desse público, se isso não for feito no projeto da estrutura física, será muito difícil mudar depois. O foco no consumidor infantil exige que sejam feitas muitas adaptações em virtude da altura das crianças, de sua habilidade motora e de suas predileções com relação a cores, móveis e decoração. Por exemplo, para uma loja de brinquedos, é necessário pensar na altura das gôndolas, nos *displays*, e, acima de tudo, no sortimento adequado de produtos. A questão do sortimento de produtos é a mais crítica para lojas de qualquer tipo que desejam ter o consumidor infantil como alvo. É preciso atentar para as marcas e produtos mais desejados pelas crianças. De forma geral, é necessário que a área física do ambiente de serviços transmita a sensação de que a criança é bem-vinda. Essa sensação é sustentada também pela própria comunicação visual da loja, que pode trazer comunicações, cartazes e sinais que indicam quão bem-vinda a criança é.

Por último, é necessário que outros (como pares ou adultos) também tenham predileção pela loja. No caso de seus pares, essa predileção é necessária para que a criança possa frequentar o estabelecimento em grupo. Já por parte dos adultos, essa predileção é essencial para obter autorização ou apoio logístico para frequentar determinada loja.

Conclusão

O desenvolvimento cognitivo da criança tem influência bastante significativa em seu comportamento no ambiente varejista. Empresas que comercializam produtos voltados ao público infantil têm de garantir que este será tratado adequadamente no ambiente de compra, sob pena de ter sua imagem irremediavelmente prejudicada. Embora a empresa tenha somente relativa influência sobre o ambiente do varejista, ela deve oferecer suporte (sobretudo a varejistas menores) para que o ambiente seja atrativo para as crianças. Iniciativas como publicidade no ponto de venda, com cartazes e propagandas coloridas, são sempre bem-vindas. O desenvolvimento de gôndolas especiais, adequadas às crianças, é uma iniciativa que também gera bons resultados. Mas, fundamentalmente, empresas e varejistas devem juntos investir no treinamento de funcionários, já que direta ou indiretamente estes terão um papel importante na socialização do consumidor.

8 Promoção – Comunicação com a criança

Promoção envolve todas as atividades das empresas voltadas para a comunicação com o seu público-alvo, no caso aqui, as crianças. Mediante a comunicação, as empresas objetivam informar, persuadir e lembrar os consumidores sobre suas marcas (Kotler e Keller, 2006). As principais ferramentas utilizadas pelas empresas para realizar essa comunicação são (Kotler e Keller, 2006; Belch e Belch, 2008):

- Propaganda: comunicação impessoal, paga por um patrocinador identificado.
- Promoção de vendas: comunicação que oferece valores e incentivos à força de vendas, aos varejistas/atacadistas e aos consumidores para gerar vendas imediatas.
- Eventos, experiências e propaganda corporativa: atividades e programas que são patrocinados pela empresa e que visam criar interações relacionadas à marca, seja diariamente ou em determinadas ocasiões.
- Relações públicas, publicidade: relações públicas é a área da empresa que administra como a imagem desta é construída na mídia por meio de publicidade. Publicidade é uma comunicação que fala sobre a empresa, a qual tem origem em um terceiro (jornal, revista etc.) que, por conseguinte, não é controlado, administrado ou sofre influência direta da empresa.
- Marketing direto: comunicação realizada diretamente entre a empresa e o consumidor.
- Vendas pessoais: forma de comunicação pessoal entre funcionário (vendedor) com o cliente ou usuário do produto.
- Internet e mídia interativa: comunicação que permite um fluxo de ida e volta da informação, permitindo que os consumidores participem na criação ou modificação da forma e do conteúdo dessas comunicações.

Assim como acontece com as empresas em geral, as empresas focadas no consumidor infantil utilizarão um mix das ferramentas listadas anteriormente para criar um processo de comunicação com o consumidor que tenha o mais alto impacto. Para que isso aconteça, é necessário que a empresa conduza esforços para realizar um processo de comunicação integrada de marketing (CIM) (Schultz e Kitchen, 2000; Schultz, 1993). O conceito de CIM está fundamentado na ideia de que a integração das atividades de comunicação da empresa potencializará os efeitos das diferentes ferramentas de comunicação por meio do processo de construção e veiculação das mensagens da empresa (Veloso, Toledo e Hamza, 2004).

A Figura 8.1 salienta a importância de a empresa realizar sua comunicação tendo em vista todos os públicos que terão acesso a essa comunicação. Para aqueles envolvidos com o consumidor infantil, essa visão é muito importante, pois qualquer tipo de comunicação realizada entre a empresa e esse público específico será monitorada pelos pais, por organizações não governamentais, ou pelo próprio governo (via Ministério Público), para garantir que a empresa não esteja abusando da criança.

Figura 8.1 – Representação gráfica do conceito de CIM.
Fonte: Veloso, Toledo e Hamza (2004, p. 4).

A comunicação direcionada para o consumidor infantil data do início do século XX, quando as primeiras empresas passaram a desenvolver produtos focados na criança. É importante compreender o processo que levou o mercado a se tornar o que ele é hoje. Assim, apresenta-se a seguir os principais marcos na evolução do mercado infantil com relação aos esforços de comunicação das empresas (Pecora, 1998).

Evolução da comunicação para o mercado infantil

A princípio, o meio mais utilizado para alcançar o público infantil era o rádio, pois a televisão e o cinema ainda estavam em fase de desenvolvimento de tecnologia e barateamento de custos. Entre os anos 1930 e 1940, o rádio era utilizado pelas empresas e, por meio de prêmios e concursos que ofereciam brinquedos como brindes, induziam a criança a influenciar as compras das mães. No entanto, é importante ressaltar que as companhias de brinquedos ainda não anunciavam seus produtos.

A década de 1940 foi influenciada pelo esforço de guerra e pelo *baby boom*, os quais deram suporte para a importância da criança como consumidora, tornando-a, consequentemente, um importante alvo das comunicações das empresas. Nessa época surge a televisão e as revistas especializadas no público infantil/adolescente. Os profissionais de marketing passaram a anunciar produtos de adultos com enfoque no consumidor infantil, buscando incentivar a criança a influenciar sua família.

Nos anos 1960, nasce a primeira agência especializada em marketing para crianças. Nessa época, surgem os movimentos dos direitos civis e dos direitos do consumidor – o consumerismo.[1] Essas ações fizeram que, a partir dos anos 1970, órgãos e instituições passassem a acompanhar as ações de marketing das empresas. Nos Estados Unidos, por exemplo, a Federal Trade Commission (FTC) começou a vistoriar toda a comunicação veiculada na mídia norte-americana.

A partir dos anos 1990, o mercado iniciou um processo de transformação, aproximando-se muito do que existe hoje. A mídia televisiva cresceu exponencialmente em importância, as empresas passaram a abordar o mercado infantil de forma cada vez mais profissional, desenvolvendo produtos específicos para esse segmento. O poder das crianças dentro do domicílio aumentou e, desse modo, elas passaram a influenciar cada vez mais o processo decisório da família.

Administração da comunicação ao público infantil

O infante, por conta da sua dependência dos adultos, não é tão facilmente encontrado ou atingido como estes. Ele possui uma série de restrições quanto à sua liberdade de acesso a diferentes mídias, sua presença nas lojas e sua capacidade de tomada de decisão. Por isso, a empresa que visa à criança deve ter em mente uma série de questões que vão balizar a forma como deve conduzir seu processo de comunicação. Por exemplo, ao desenvolver uma estratégia de comunicação, a empresa tem de levar em consideração o fato de a criança ser encontrada em apenas cinco

---

[1] Movimento social que busca informar e proteger os consumidores das ações das empresas, teve Ralf Nader como um de seus principais incentivadores.

lugares diferentes: em casa, em lojas, na comunidade, na escola e no carro ou outro meio de transporte (Acuff e Reiher, 1997).

Em casa, a criança pode ser atingida por esforços de comunicação via propaganda na televisão, rádio, internet, assim como publicações direcionadas às próprias crianças, como também aos pais. Essa reflexão traz importantes desdobramentos para as empresas focadas no consumidor infantil. Em casa, a criança não estará exposta somente ao que é direcionado para ela, mas sim a toda e qualquer comunicação que chegue ao domicílio e não seja vetada por seus pais de alguma forma.

A criança também poderá ser alvo da empresa em lojas, seja acompanhada pelos pais ou sozinha. Todo o ambiente de serviços pode funcionar como um meio de comunicação, por meio de displays, vídeo, áudio e outras ferramentas que podem ser utilizadas no ponto de venda para criar oportunidades de comunicação com os consumidores.

Outro ambiente bastante frequentado pelas crianças são as comunidades ou centros comunitários, ou seja, no seu bairro e nos locais de lazer, entretenimento e compras (shopping center, cinemas, centros comerciais, parques e centros de diversão em geral). As opções das empresas para conduzir esforços de comunicação também são variadas para este caso, abrangendo desde ações no ponto de venda até a construção de oportunidades para um envolvimento maior da criança com um evento especial.

A partir de determinada idade a criança passará parte considerável do seu dia na escola. A atuação das empresas nesse local é bastante comum nos Estados Unidos. Por meio de negociações diretas entre as empresas e as escolas são firmados acordos que permitem a realização de uma série de atividades promocionais dentro da escola. As empresas podem instalar *máquinas de vendas automáticas*, colocar sua logomarca em livros utilizados pelas crianças e podem distribuir amostras grátis e brindes. Essas atividades também têm seus pontos negativos. É muito comum ativistas criticarem essas iniciativas por influenciarem um público relativamente frágil com relação à exposição a essas estratégias. No entanto, de modo geral, no Brasil esse tipo de atividade ainda se encontra em estágio incubatório, sendo mais comumente encontrado em faculdades e cursos superiores.

Além disso, a criança naturalmente terá de se locomover entre os diferentes locais descritos anteriormente e, por isso, estará disponível para receber algum tipo de comunicação por meio do rádio ou de alguma mídia inovadora no meio de transporte. Atualmente, é comum a instalação de televisores, conectados à internet pela rede 3G, que transmite notícias e comerciais em elevadores, recepções de empresas, taxis, ônibus e metrô.

8 Promoção – Comunicação com a criança

Seja qual for a estratégia de comunicação adotada pela empresa, deve haver uma profunda análise da capacidade da criança para interagir e compreender a mensagem que está sendo transmitida. O Quadro 8.1 salienta as adaptações necessárias e indica os momentos em que determinada mídia não é adequada para a criança.

Quadro 8.1 – Marketing para os sucessivos segmentos de idade por meio de várias mídias

	Programação televisiva e propaganda
0 a 2 anos	Apesar de estarem expostas à mídia televisiva e à propaganda desde os primeiro meses, é somente depois dos 2 anos que ela terá consciência das personagens e dos produtos presentes durante a programação e intervalos.
3 a 7 anos	Crianças desta idade ainda não possuem habilidades necessárias para avaliar criticamente os objetivos e os apelos da propaganda televisiva, tornando-se então alvos fáceis para a propaganda e para as empresas. Obviamente, restrições éticas se aplicam em razão dessa mesma característica. As propagandas devem ser diretas, concretas e altamente visuais. Situações abstratas ou que exigem algum tipo de complementação devem ser evitadas.
8 a 12 anos	Crianças desta faixa etária assistem cerca de 30 horas de televisão por semana, ou seja, estão expostas a um grande número de programas e propagandas. A criança, nessa faixa etária, consegue analisar melhor o que está sendo dito na propaganda e pesar as promessas feitas. Enquanto as crianças da faixa etária anterior são voltadas para o mundo da fantasia, as crianças dessa faixa etária estão voltadas para o mundo real. As crianças entre 8 e 12 anos apresentam a necessidade de se distanciar das crianças com menos de 7 anos, ou seja, não querem mais os mesmos produtos, não assistem mais os mesmos programas. Acima de 8 anos, ela quer parecer mais velha. Portanto, quando forem feitas propagandas televisivas com crianças de verdade elas devem ter uma idade ligeiramente superior àquela do público-alvo.
	Embalagem
0 a 2 anos	Da mesma forma, a criança só começará a responder ao apelo das embalagens a partir dos 2 ou 3 anos. Embalagens coloridas e destacadas na prateleira chamam a atenção da criança, fazendo que ela solicite o produto aos pais.
3 a 7 anos	A embalagem tem um papel muito importante durante essa etapa. A empresa deve trabalhar cores fortes e marcantes, personagens que sejam fortes, engraçados, populares e atrativos, os quais devem ser apresentados em poses e situações engraçadas.
8 a 12 anos	Geralmente as empresas não diferenciam entre crianças de 3 a 7 anos e de 8 a 12 anos quando desenvolvem a embalagem. Caso assim o fizessem elas perceberiam as grandes diferenças que existem. De forma geral, a embalagem para este grupo deve ser mais trabalhada, seja com cores e design diferenciados, seja com personagens mais arrojados (esportistas, músicos, desenhos animados como Os Simpsons ou South Park).

(*continua*)

Quadro 8.1 – Marketing para os sucessivos segmentos de idade por meio de várias mídias (continuação)

	Promoções e propaganda
0 a 2 anos	Muitas das promoções são sofisticadas demais para crianças com menos de 2 anos, mas promoções bem desenhadas, com apelos fortes, visuais e simples podem ter sucesso.
3 a 7 anos	Crianças desta idade têm uma grande predisposição a promoções, seja um brinde na refeição do *fast-food* ou um brinde distribuído gratuitamente por determinada loja. As considerações feitas anteriormente sobre o entendimento da propaganda valem também para as promoções.
8 a 12 anos	Essa criança está passando por um momento em que grande parte de suas preocupações é voltada à sua inserção em determinados grupos sociais. Promoções que incentivem a relação da criança com outros, ou que possibilitem sua expressão por meio de correio, telefone e computadores são bem-vindas. Nessa época, a criança também começa a participar mais ativamente de clubes e organizações.
	Revistas e livros
0 a 2 anos	Até os 2 anos, a criança não tem quase nenhum contato direto com revistas, mas têm um contato bastante considerável com livros que são lidos por algum familiar, como os pais ou os avós.
3 a 7 anos	Durante esta etapa a criança começa a ler revistas direcionadas especificamente para elas.
8 a 12 anos	Revistas direcionadas para as novas atividades que a criança está realizando terão chances de sucesso. A criança quer fazer parte de um grupo, conhecer profundamente a atividade em que este grupo está envolvido é um caminho para a aceitação. As crianças dessa faixa etária costumam ler uma revista da primeira à última página, prestando atenção mais profunda e continuada em relação a outras faixas etárias.
	Jornal
0 a 2 anos	Praticamente nenhum impacto.
3 a 7 anos	Pequeno envolvimento, principalmente com a parte das tiras cômicas, quadrinhos.
8 a 12 anos	A leitura de jornais se torna um pouco mais efetiva, mas ainda restrita as seções de interesse da criança, como os quadrinhos. Jornais com uma parte destinada especificamente às crianças terão uma gama maior de leitores.
	Rádio
0 a 2 anos	Pequeno impacto, pois requer uma habilidade que ainda não foi desenvolvida pelas crianças aos 2 anos.
3 a 7 anos	O rádio torna-se mais presente de acordo com a idade. Quanto mais próxima dos 7 anos, maior será sua vontade de escutar determinadas rádios que apresentam uma programação mais direcionada para a criança.
8 a 12 anos	Cerca de 90% das crianças entre 8 e 12 anos escutam entre 1 e 16 horas semanais de rádio. Apenas uma pequena parte desses ouvintes estará ligada em rádios direcionadas às crianças, a grande maioria dos ouvintes estará escutando rádios voltadas para os adultos.

(*continua*)

8 Promoção – Comunicação com a criança

Quadro 8.1 – Marketing para os sucessivos segmentos de idade por meio de várias mídias (continuação)

	Computadores
0 a 2 anos	Somente crianças com mais de 3 anos conseguem compreender os programas mais simples de computação.
3 a 7 anos	Programas que utilizam personagens de filmes ou séries têm grandes chances de se tornar alvo de desejo, permitindo que a empresa faça uma venda cruzada com outras categorias de produtos que também utilizam os personagens.
8 a 12 anos	Programas que utilizam personagens animadas, de empresas como Disney ou Warner, podem trabalhar duas vantagens: educação e entretenimento. Cada vez mais será comum encontrar propagandas e promoções encartadas nos mais diversos tipos de programas.
	Internet
0 a 2 anos	Praticamente nenhum envolvimento ou contato.
3 a 7 anos	Muitas crianças dessa faixa etária estão começando a entrar em contato com a internet, mas esse uso ainda é incipiente.
8 a 12 anos	O número de crianças dessa faixa etária que estão acessando a internet cresce a cada dia. A tendência é que esse acesso cresça, fazendo que a internet se torne um canal de comunicação muito importante.

Fonte: Acuff e Reiher (1997, p. 179-187).

Cabe destacar que a evolução do mercado de telefonia celular está criando uma significativa forma de interação entre a criança e as empresas. Atualmente, existem mais de 217 milhões de celulares habilitados no Brasil, e cerca de 76% já possuem a tecnologia 3G que permite acesso mais rápido à internet (Teleco, 2011).

Os dados apresentados na Tabela 8.1 destacam o uso do celular como ferramenta de comunicação por meio de mensagens rápidas (SMS), envio de fotos e imagens, acesso a músicas, vídeos e internet. Percebe-se que as gerações mais novas utilizam de forma mais intensa essas ferramentas. O crescimento do setor de *smartphones* também terá um impacto significativo no comportamento das crianças que tiverem acesso a esse tipo de produto. Os *smartphones* possuem a capacidade de baixar aplicativos (apps), sejam gratuitos ou pagos, que permitem uma personalização das funções do aparelho de acordo com as preferências do consumidor. São poucos os apps disponíveis com enfoque específico na criança, mesmo porque o número de crianças com acesso a esse tipo de produto ainda é potencialmente pequeno. Porém essa situação certamente mudará no futuro, e assim surgirá um mercado significativo para as empresas.

Tabela 8.1 – Uso do telefone celular no Brasil

Para	Mandar e/ou receber		Acessar		
	SMS	Fotos e imagens	Músicas	Vídeos	Internet
De 10 a 15 anos	54%	24%	33%	23%	7%
De 16 a 24 anos	71%	29%	37%	25%	9%
De 25 a 34 anos	61%	24%	27%	19%	7%
De 35 a 44 anos	47%	14%	16%	10%	4%
De 45 a 59 anos	30%	7%	7%	4%	2%
60 anos ou mais	11%	2%	2%	1%	–

Fonte: Teleco (2011).

Cuidados com os impactos da comunicação

Além de objetivar o desenvolvimento de uma estratégia que leve em consideração o desenvolvimento cognitivo do infante, a empresa deve também se preocupar em produzir comunicações adequadas para não gerar impressões negativas no público-alvo e, decorrente disso, prejudicar a imagem do marketing de forma geral. Isso acontece porque, conforme ilustrado na Figura 8.2, a presença de mensagens inadequadas desencadeia uma série de reações que têm efeito bastante negativo em sua efetividade.

Propagandas destinadas às crianças contendo mensagens não adequadas → Descrença naquela propaganda e naquele anunciante → Descrença naquela propaganda de forma geral → Defende-se e evita a propaganda destinada às crianças → Perda da efetividade da propaganda para crianças

Figura 8.2 – Propagandas malfeitas produzem maus resultados para os profissionais da propaganda e para os consumidores.
Fonte: McNeal (1999, p. 146).

Para evitar esse tipo de problema, são apresentadas algumas sugestões (McNeal, 1999):

- Venda menos: prometa menos do que pretende oferecer, ou seja, buscando oferecer um valor superior ao consumidor. Isso pode ser feito por meio de brindes surpresa ou um desconto não esperado. A empresa deve surpreender positivamente o consumidor infantil, sempre oferecendo algo a mais que cative essa criança.
- Prometa menos: a empresa não precisa criar propagandas que se destaquem como as mais chamativas de todas. Esse tipo de estratégia pode erroneamente passar a ideia de que a empresa está se esforçando desesperadamente para ser ouvida pelos clientes. Se isso acontecer, a criança pode perder um pouco da sua confiança no produto anunciado e na própria empresa. Se a empresa tem um produto superior, isso deve bastar para sua propaganda ser ouvida entre as outras.
- Faça menos promoção: os pais estão cansados de propagandas que utilizam apenas o apelo de venda. Como grande parte dos comerciais incentiva a participação da criança em promoções e concursos, os pais acabam tendo um certo trabalho para satisfazer a criança. O pai vai ter de ir a determinada loja e comprar certo produto para ganhar o brinde que a criança quer. Isso causa um sentimento de insatisfação no adulto, pois dá trabalho e em certos casos ele pode imaginar que a criança está sendo manipulada, e ele também, por tabela. As empresas deveriam utilizar esse tipo de estratégia de forma mais comedida.
- Ressalte o conceito de família: a família é o grupo social mais importante na sociedade atual. As relações mais fundamentais acontecem nesse núcleo, e os adultos esperam que isso seja valorizado como algo importante e que deve ser respeitado. Por essa razão, o uso da família como pano de fundo para comerciais, com uma conotação positiva, é bem-visto.
- Não seja desonesto: é fácil utilizar a tecnologia ou meias palavras para enganar a criança. Esta com menos de 12 anos provavelmente não tem todas as suas capacidades cognitivas desenvolvidas e por isso acreditará naquilo que for dito na propaganda, mesmo que seja algo que um adulto entendesse que não é verdade. Essa criança vai pensar que o brinquedo realmente salta, pula, acelera do jeito que está sendo apresentado no comercial. Quando ela recebe o brinquedo e descobre que aquilo não acontece, vai achar que foi enganada. Essa empresa terá sérios problemas, pois a criança vai guardar essa imagem na memória.

Principais questões relacionadas à promoção (comunicação) voltada à criança

Concluindo, a comunicação direcionada à criança deve considerar a exposição desta a cada tipo de mídia, o estágio no desenvolvimento cognitivo do segmento-alvo, assim como as questões morais e éticas relacionadas a esse tipo de estratégia. A exemplo do que ocorre com os adultos, sugere-se o uso de novas mídias e formas criativas de comunicar para garantir melhor o retorno sobre o investimento em comunicação. É também importante salientar que as próprias empresas podem se constituir em importantes agentes de socialização. Já foi bastante ressaltada neste livro a importância do conhecimento das habilidades do infante por parte das empresas para que estas direcionem seus produtos ao consumidor de forma mais adequada. Por exemplo, empresas do setor esportivo podem investir em eventos que ensinem e incentivem a prática esportiva ou empresas do setor de informática podem investir na educação em relação ao uso do computador e outros aparelhos. Por meio de investimentos na educação do público infantil e socialização do consumidor, as empresas conseguem induzir a demanda primária pela categoria do produto, ao mesmo tempo que fortalecem a associação da marca da empresa com essa categoria.

9 Marcas e personagens

Os indivíduos utilizam marcas para criar e comunicar seu autoconceito. Isso significa que as pessoas utilizam as marcas como uma forma de mostrar aos outros quem são, a que grupo pertencem e, de certa forma, o que valorizam. O papel das marcas nesse sentido é mais bem explicado por um dos pioneiros do marketing, Sidney Levy, que disse que as marcas são símbolos à venda (Levy, 1959). Para que a marca seja um símbolo ao qual o indivíduo agregue sua imagem, é necessário que ele entenda quais são as características simbólicas dela. Porém as crianças, nos seus primeiros anos de vida, não têm essa capacidade desenvolvida.

De início, as crianças compreenderão o nome da marca, no entanto, associado a determinada categoria de produto e não à marca em si. Posteriormente, elas terão capacidade para distinguir as diferentes marcas a partir de atributos mais físicos e tangíveis, como cores, formatos, embalagens etc. E, somente a partir dos 8 anos, passarão a compreender características mais abstratas da marca, pois isso exige um desenvolvimento cognitivo mais acentuado.

Compreendendo essas características, a criança, já com seus 8 anos, estará apta a utilizar a marca como uma ferramenta simbólica de construção do seu autoconceito (Chaplin e John, 2005). Vale lembrar que essa capacidade se desenvolverá e atingirá seu nível mais alto na adolescência.

A partir do Quadro 9.1 é possível ter uma compreensão melhor da relação da criança com as marcas. O primeiro item a ser destacado é a incapacidade da criança, durante seus primeiros anos, de atentar para mais de uma dimensão do produto. Essa questão também é válida para o desenvolvimento da propaganda, pois a criança tem limitações com relação ao número de apelos e de informações que pode processar. Empresas que vão focar a criança, principalmente aquelas mais novas, devem primar por comunicações que tenham um apelo central facilmente identificável. Pistas visuais, como uma cor mais chamativa ou uma figura, podem ter um efeito positivo na lembrança da criança em idade pré-escolar (Macklin, 1996).

Outra questão levantada trata do entendimento de que crianças abaixo de 6 anos têm dificuldades em compreender as diferenças entre produtos (por exemplo, Barbie Fashion Fever), categorias de produtos (bonecas) e marcas (Barbie). Para essas crianças, requisitar determinada marca não significa que ela deseja realmente aquela marca em particular, pode significar que quer um produto daquela categoria.

Quadro 9.1 – O desenvolvimento das capacidades cognitivas da criança e seu entendimento das marcas

Idade	Principais fatores associados a avaliação e comparação de marcas e produtos
Entre 0 e 2 anos	• O egocentrismo da criança a impede de representar qualquer objeto de diferentes ângulos. • O produto não é entendido segundo seus atributos físicos, mas a partir de experiências sensoriais e motrizes da criança. • Ela observa aquilo que o objeto faz, se ela exerce sobre ele uma ação. • A criança poderá entender o produto se ela puder tocá-lo, manipulá-lo e se tiver um relacionamento sensorial com ele.
Entre 2 e 7 anos	• Até os 4 anos, o aprendizado sobre o produto continua sendo basicamente sensorial. Até esse momento, a criança compara produtos com base em apenas um critério por vez. • Dos 4 a 5 anos, a criança passa a reconhecer o nome da marca a partir dos seus elementos (logo, formato da palavra, presença de uma letra conhecida). Nessa idade é comum ela cometer erros ao escrever o nome de uma marca. • A partir dos 5 a 6 anos, a comparação entre os produtos se faz por atributos mais abstratos. • Os critérios relacionados ao aspecto físico continuam valendo, mas a criança passa a relacionar outros critérios na avaliação de um produto. • Reconhecimento do nome da marca. • A associação de uma marca a certo produto é um processo progressivo, relacionado ao desenvolvimento cognitivo da criança e ao aprendizado da leitura. • A partir dos 6 anos, a criança passa a saber os nomes de marcas relacionadas a diferentes categorias de produto, porém esses nomes servem mais para identificar a categoria de produto do que como uma forma de expressar a predileção por uma marca em particular.
Faixa dos 7 anos	• A partir dessa idade, a criança começa a ter melhor compreensão das marcas e sua finalidade comercial. • Passa a entender a diferença entre produto e marca. • Começa a ter predileção por algumas marcas em determinadas categorias de produto que lhe são mais próximas; por exemplo, cereais matinais.
Entre 7 e 11 anos	• A partir dos 7 anos, com o domínio da reflexão, o raciocínio toma conta. • A criança consegue hierarquizar, sintetizar e conceitualizar as marcas. • Ela enriquece sua percepção sobre os diferentes produtos e marcas. • O reconhecimento do nome da marca se torna bastante presente.

Fonte: Adaptado de Montigneaux (2003, p. 67-74).

De qualquer forma, se a criança verbalizar seus desejos por determinada categoria de produto utilizando a marca da empresa, são grandes as chances de ela receber esse produto com a marca requisitada.

Para que a criança passe a compreender a marca no seu nível simbólico ou conceitual, é necessário que ela preencha três pré-requisitos (Achenreiner e John, 2003, p. 206):

- **Primeiro**, as crianças precisam reconhecer os nomes de marca como uma forma de identificar um produto específico dentro de uma categoria de produto.

- **Segundo**, elas devem reconhecer o nome da marca como um elemento único e separado do produto, distinto da embalagem e do produto em si. Devem ser capazes de decompor determinado produto em dimensões separadas e distintas, vendo o nome da marca como um dos elementos separados.
- **Terceiro**, uma vez que as crianças são capazes de reconhecer uma marca como um elemento separável do produto, devem ser capazes de pensar sobre o nome da marca em um nível abstrato, conectando o nome da marca a características não observáveis ou a conceitos como qualidade, prestígio e ao fato de estar na moda.

As crianças que ainda não tiverem uma compreensão da marca no seu nível simbólico, a compreenderão apenas no nível perceptual, ou seja, que a marca é familiar ou que está associada a determinada característica (Achenreiner e John, 2003). As crianças começam a internalizar as características simbólicas das marcas a partir da entrada na etapa operacional concreta (dos 7-8 anos em diante), e esse processo se completa por volta dos 12 anos. A partir desse momento, a empresa que visa o segmento infantil, pode criar marcas, propagandas e personagens mais sofisticados, conforme exemplo apresentado por Veloso e Hildebrand em "Representação social do ato de comprar para o consumidor infantil" (2007, p. 12). Nesse trabalho, os autores apresentam uma coletânea de desenhos feitos por crianças. Em um deles, a criança, com quase 8 anos na época, fez uma bandeira com a marca Daslu (estabelecimento varejista de luxo localizado na cidade de São Paulo) e um coração, o que demonstra que ela soube simbolizar seu amor à marca por meio de um coração dentro de uma bandeira, deixando claro que gosta da marca e faz questão de que os outros saibam disso.

Extensões de marca são uma das estratégias mais utilizadas para o lançamento de novos produtos, porque elas aumentam as chances de sucesso do lançamento, custam menos e são mais fáceis de serem realizadas (Keller e Machado, 2006). Por isso, é comum o lançamento de extensões de marca direcionadas ao público infantil. Um dos fatores que explicam o sucesso de uma extensão de marca é a proximidade percebida pelos consumidores entre a marca principal e aquela que foi criada como extensão. Essa ideia vale para crianças acima de 12 anos, adolescentes e adultos. Para crianças com aproximadamente 8 anos, todas as extensões de marca são bem avaliadas, tanto aquelas em que a marca principal e a extensão de marca são bem próximas como quando são bem distantes. Com o desenvolvimento do pensamento abstrato, as crianças com mais de 12 anos já têm um comportamento mais próximo ao dos adultos, indicando que seu desenvolvimento nas questões relacionadas às marcas está se solidificando.

As empresas também devem se preocupar em desenvolver marcas e símbolos que sejam facilmente lembrados e reconhecidos pelas crianças. Ao coletar desenhos de crianças da classe A, Veloso e Hildebrand (2007) verificaram que um dos logotipos mais desenhados foi o da rede de brinquedos Ri-Happy.

Tendo como base os desenhos coletados é possível traçar algumas considerações com relação ao desenvolvimento de marcas, personagens e símbolos. As crianças lembram do símbolo/personagem associado, por exemplo, à marca Ri-Happy, porém têm enorme dificuldade em escrever o nome corretamente. Com aproximadamente 8 anos, elas estão numa fase de seu desenvolvimento em que conseguem ler, mas ainda necessitam de pistas visuais em conjunto com o texto para lembrar das marcas. Por isso, a junção do Solzinho com a marca é tão efetiva. É somente a partir dos 10 anos que as crianças terão capacidades mais desenvolvidas para compreender logotipos e marcas mais complexas, sobretudo aquelas em línguas estrangeiras. Assim, marcas mais simples e fáceis de escrever possuem maior chance de serem corretamente representadas pelas crianças mais jovens.

No mesmo trabalho, os autores apresentam um exemplo de como as marcas mais fáceis de serem desenhadas e/ou escritas são construídas de forma correta. Destaca-se o exemplo de uma criança que apresenta a marca Prada, destacada no centro do desenho. Outras duas marcas presentes nas sacolas que a criança carrega são Daslu e Zara. É possível identificar que os nomes das três marcas, escritos corretamente no desenho, possuem algumas características em comum: são compostos por duas sílabas, apenas duas vogais e poucas letras. Essa facilidade garante a compreensão e a recordação das marcas.

Personagens – Do licenciamento à criação dos próprios personagens

A existência de personagens na história humana remonta ao período clássico da Grécia e à mitologia romana (Acuff e Reiher, 1997). As personagens da mitologia foram criadas para serem emuladas, temidas ou para trazer diversão e entretenimento. No começo do século XX, as principais personagens eram as estrelas do esporte (por exemplo, boxeadores), os caubóis e os fora da lei das matinês do cinema e os heróis e vilões que povoavam os livros e quadrinhos da época. Essa tendência se mantém até hoje, com grande parte da renda do cinema proveniente de personagens como Homem-Aranha, Harry Potter, Frodo, Super-Homem, Homem de Ferro, Hulk e os vampiros (sejam de Bram Stoker, Murnau ou Stephenie Meyer).

A princípio, as personagens eram habitantes exclusivas da literatura, do cinema e dos seriados. Atualmente o uso de personagem como estratégia promocional de inúmeras empresas se multiplicou, seja para vender cereais, brinquedos, doces,

9 Marcas e personagens

lanches ou tênis (Acuff e Reiher, 1997). As primeiras estratégias significativas desse tipo foram implementadas a partir dos anos 1990. Já nessa época havia uma ligação próxima entre as personagens licenciadas e os desenhos para crianças, tanto que umas das primeiras iniciativas em relação a esse tipo de estratégia foi o uso dos Jetsons para vender alimentos embalados e *fast-food* (Fitzgerald e Liesse, 1990). Na mesma época, os Looney Toones (Perna Longa, Patolino etc.) foram utilizados para vender refeições congeladas (Garfield, 1990). Já dando sinais das integrações que iriam se potencializar no futuro, a Nintendo lançou um jogo para videogame com uma personagem da propaganda da Seven-Up (Lawrence e Fitzgerald, 1990). Atualmente, essa conexão entre as personagens da televisão, propagandas, cinema e videogames é maior, mas naquela época foi algo bastante inovador. Esse mercado tinha como estratégia preponderante o licenciamento de personagens.

Ao utilizar uma personagem famosa e aceita em determinado grupo de crianças, a empresa que adquirir essa licença estará comprando automaticamente certo nível de aceitação nesse grupo (Siegel, Coffey e Livingston, 2004). Os custos associados a isso serão menores que aqueles necessários para construir demanda para um produto com uma marca desconhecida das crianças. Essa situação se torna ainda mais significativa para pequenas empresas que ainda lutam para obter algum espaço na gôndola das lojas de brinquedos, supermercados ou outros varejistas (Siegel, Coffey e Livingston, 2004). A gestão das licenças que a empresa vai comprar e utilizar nos seus produtos é bastante complexa, pois existem dois tipos de personagens à disposição. De um lado, temos as personagens já estabelecidas, com determinado nível de apelo bastante estável, como o Mickey ou o Pernalonga. De outro, existem as personagens que se tornam sucessos grandiosos a partir do lançamento de um seriado na televisão ou filme nos cinemas. Estes últimos serão aqueles sucessos que ficarão na moda durante um período limitado, porém trarão altos retornos, uma vez que são o que há "de mais quente" no momento entre as crianças. Obviamente, para obter a licença para utilizar essas personagens que estão na moda, é necessário se antecipar de alguma forma a seu sucesso, caso contrário não haverá licenças disponíveis na categoria de produto que sua empresa trabalha, ou essas licenças estarão muito caras. É preciso arriscar, assim como as grandes empresas de brinquedos, como a Grow, fazem (Veloso, 2008). Em alguns casos, apostas consideradas certeiras dão errado e, em outros casos, licenças das quais não se espera muito dão altos retornos.

As personagens, assim como outras coisas do mundo infantil, também estão sujeitas à moda. Crianças em idade escolar serão mais atingidas por esse fenômeno, pois não vão querer utilizar um produto que carregue uma personagem que já não é mais valorizada pelo grupo (Montigneaux, 2003). O normal é que uma personagem fique na moda entre seis e dezoito meses. Esses números exemplificam os riscos envolvidos na compra de uma licença para uso de personagens.

A partir dessas iniciativas, tornou-se bastante comum e natural a construção de uma estratégia de comunicação com o consumidor infantil focada na construção de uma marca vinculada a determinada personagem. No entanto, as empresas começaram a criar suas próprias personagens. Isso trouxe uma mudança significativa na forma e no papel que elas assumiam dentro da estratégia de comunicação da empresa.

Algumas empresas conseguiram construir personagens que se tornaram parte integrante do imaginário de sua marca, é o caso do McDonald's e Ronald McDonald. Outras redes, inspiradas nesse tipo de ação, desenvolveram também suas personagens, como o Solzinho da Ri-Happy e as girafas do restaurante Girafas. A compreensão da criança sobre a marca e as personagens que estão associadas aos produtos que ela gosta ocorre conforme ela se desenvolve cognitivamente (Montigneaux, 2003).

As personagens são importantes para as crianças, pois fazem parte de seu imaginário. Elas surgem das histórias contadas pelos pais ou avós, dos filmes ou seriados, dos desenhos animados ou dos quadrinhos, e até mesmo dos produtos de grande consumo (Montigneaux, 2003). Ao serem questionadas sobre as características de suas personagens preferidas, as crianças respondem de uma forma que os fazem parecer que são reais (Montigneaux, 2003). Isso faz que possamos ter uma compreensão mais aprofundada do papel que as personagens assumem no universo infantil.

Da perspectiva da marca, a personagem se torna uma representação viva da marca junto às crianças (Montigneaux, 2003). Para estas, a personagem representa a marca fisicamente, pois está muitas vezes presente nas propagandas e em outras ferramentas de comunicação, bem como nas lojas e no mundo real, por meio de funcionários fantasiados. Além disso, a forma como a personagem se comporta nas propagandas e as situações em que ela é inserida terminam por criar certa personalidade à personagem, que por sua vez pode ser compreendida como a representação psíquica da marca (Montigneaux, 2003). A empresa deve buscar construir uma personagem que encontre ressonância nas crianças, ou seja, que represente ou personifique valores que são considerados importantes por elas.

As crianças se relacionam ou se identificam com as personagens de quatro formas distintas (Acuff e Reiher, 1997):

- Na criação: a personagem ajuda na criação da criança ou é criada por ela (uma boneca, por exemplo).
- No gostar: a criança se identifica com a personagem como seu igual, ou com algum aspecto ou qualidade similar ao dela.
- Na emulação ou cópia: a criança quer ser igual à personagem de alguma forma.
- Na não identificação: a criança é atraída por alguma qualidade do "lado negro" da personagem. Ela não quer conscientemente ser igual à personagem – geralmente um vilão (como o Darth Vader) – mas se entretêm com seus modos agressivos, abusivos ou maléficos.

É claro que ao criar uma personagem própria da marca de sua empresa não será adequado abordar a atratividade da personagem a partir da construção de formas de não identificação. Esse tipo de atratividade é mais utilizado para empresas que trabalham a questão do licenciamento.

Para a empresa, as vantagens da criação de uma personagem própria são bastante interessantes (Acuff e Reiher, 1997):

- Construção de ativo: as personagens se tornam um ativo por si mesmas, já que as crianças avaliam as personagens como tão recompensadoras, ou até mais recompensadoras que o produto em muitos casos.
- Vantagem competitiva: se competidores podem facilmente reproduzir um produto similar, eles podem encontrar dificuldades para competir com um fabricante possuidor de uma forte personagem.

Principais considerações sobre marcas e personagens

A construção de marcas junto ao consumidor infantil exige alguns cuidados por parte da empresa. Em muitos casos será necessário criar marcas que tenham nomes que as crianças consigam pronunciar e escrever, nesse sentido a simplicidade trabalha a favor da empresa. A construção das marcas, conforme pôde ser visto neste capítulo, tem grande ligação com as personagens ou as imagens a elas associadas. O uso de personagens tem um grande potencial de sucesso junto ao público infantil. Essas personagens podem ser próprias ou licenciadas por empresas, como estúdios cinematográficos, canais da televisão, revistas em quadrinhos etc. Cada uma dessas opções traz vantagens e desvantagens com relação ao retorno e ao risco envolvido. De qualquer forma, seja qual for a estratégia utilizada pela empresa, licenciando personagens ou criando a sua própria, o fato é que as personagens fazem parte do imaginário infantil. As empresas que optarem por esse tipo de estratégia encontrarão níveis bastante altos de receptividade entre as crianças. Outra vantagem desse tipo de estratégia é que, em alguns casos, os pais já possuem uma ligação importante com algumas personagens por causa de sua própria infância. A partir disso, a aceitação das personagens se torna mais fácil, pois esses pais terão seus próprios incentivos nostálgicos para comprar os produtos. Um exemplo desse tipo de estratégia é o relançamento das Tartarugas Ninja pela Nickelodeon por meio de um novo filme e uma nova série animada para televisão. Os pais que assistiram esses desenhos e filmes na década de 1990 certamente terão uma visão afetiva a esses personagens.

    A construção da própria personagem pode trazer maiores riscos, porém também pode trazer retornos substanciais para que haja a possibilidade de ela se tornar mais um elemento da marca da empresa e por si só uma razão para compra. Além disso, a personagem própria da marca dá uma dimensão física e psíquica para a marca da empresa. Isso também permite que existam maiores interações entre as crianças e as personagens. Essas possibilidades podem ser extremamente lucrativas se bem planejadas e executadas.

PARTE 3

Tópicos avançados de marketing aplicado ao consumidor infantil

Nas primeiras duas partes deste livro estudamos o processo de desenvolvimento físico, cognitivo e social do infante, assim como sua influência na tomada de decisão em marketing. Além do conteúdo fundamental sobre o marketing voltado ao público infantil, abordado nessas duas partes, há outros tópicos mais específicos, relacionados ao tema, que ainda não foram abordados. Assim, nesta parte final do livro examinaremos alguns temas avançados que são centrais para a aplicação da teoria do marketing ao comportamento do consumidor infantil. Inicialmente analisaremos o processo de decisão familiar, a participação da criança nele e suas implicações nas decisões de marketing. Na sequência, vamos abordar com maior profundidade a relação da criança com a mídia, assim como seus desdobramentos em questões éticas e profissionais pertinentes aos profissionais de marketing. O tema que se segue – pesquisa com o público infantil – também tem crucial importância às empresas e aos pesquisadores. Neste capítulo, trataremos sobre o modo como as características desse público, ainda em fase de desenvolvimento, impactam no processo de pesquisa e coleta de dados. Por fim, exploraremos o tema da ética no trato com o público infantil. Como este tema é uma constante ao longo desta obra, acreditamos que seria adequado encerrar o livro com um capítulo que resumisse os principais pontos tratados no texto, enfatizando a importância do cuidado com esses indivíduos em formação.

10 Processo decisório familiar

A família é certamente um dos centros de compra mais significativos para as empresas. Na sociedade, a função mais importante da família é cuidar e socializar seus filhos, ou seja, ela tem a função de fazer que a criança adquira crenças, valores e comportamentos considerados importantes e apropriados pela sociedade em que essa família vive (Shaffer, 2005).

Em um primeiro momento, estudou-se a família a partir da relação entre a mãe e os filhos, porém a visão moderna da relação familiar assume que ambos os pais têm importância no processo de socialização da criança. Atualmente, utiliza-se uma abordagem que assume a existência de uma relação de influência de duas vias, ou seja, tanto os pais influenciam a criança como as crianças influenciam os pais (Shaffer, 2005).

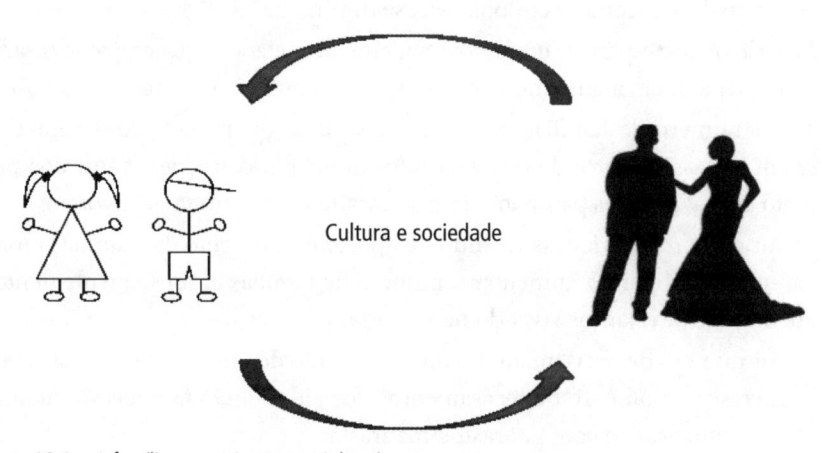

Figura 10.1 – A família como sistema social recíproco.

O relacionamento entre os membros da família é recíproco, ou seja, cada pessoa influencia a outra, à mesma medida que influencia o relacionamento entre os outros (Shaffer, 2005). Isso significa que a relação entre mãe e filha gera influências de uma na outra, assim como a relação das duas influenciará a relação do pai com cada uma delas. Pelo mesmo motivo, o aumento do núcleo familiar, com a adição, por exemplo, de outros irmãos ou avós, tornam as relações familiares bastante complexas e inter-relacionadas.

A família também pode ser considerada um sistema dinâmico. Isso acontece porque todos os indivíduos que coabitam o domicílio encontram-se em fase de desenvolvimento pessoal e de desenvolvimento dos relacionamentos existentes. Os adultos presentes no domicílio também passam por processo de desenvolvimento e amadurecimento como casal e como pais. Somado a isso, os relacionamentos existentes vão mudando com o tempo, seja entre marido e mulher, pais e filhos, ou irmãos.

O sistema familiar, assim como todo o restante da sociedade, passa atualmente por um processo de transformação. Os principais indicadores dessas transformações são (Shaffer, 2005):

- Maior número de adultos solteiros: há um número maior de pessoas vivendo sozinhas, porém, potencialmente 90% delas vão se casar.
- Adiamento ativo do casamento: os jovens adiam de forma consciente o casamento para se dedicar aos estudos e ao trabalho.
- Menor taxa de natalidade: diminuiu o número de filhos por casal.
- Mais mulheres no mercado de trabalho: aumentou o número de mulheres que trabalham, tanto as solteiras como as casadas. O número de crianças com mães cujo trabalho integral é ser dona de casa diminuiu.
- Mais divórcios: espera-se que aproximadamente metade daqueles que se casaram vão se separar em algum momento, o que certamente está afetando as crianças.
- Maior número de famílias monoparentais: uma quantidade considerável de crianças passará parte de sua vida num domicílio com apenas um dos pais, tanto em razão de os pais não terem se casado ou por conta de divórcios.
- Maior número de crianças vivendo na pobreza: o aumento das famílias monoparentais também fez aumentar o número de famílias e, consequentemente, a quantidade de crianças vivendo na pobreza.
- Maior número de recasamentos: com o aumento de número de divórcios também cresceu o número de recasamentos, forma-se então famílias simultâneas (ou multinucleares) com padrastos/madrastas.

É nesse contexto que a família moderna passou a ser considerada um dos pontos focais dos estudos relacionados ao comportamento do consumidor infantil. A compreensão das dinâmicas que possibilitam a participação das crianças no processo de compra familiar é muito importante para as empresas que buscam atender a esse tipo de consumidor.

A maior parte da literatura sobre o comportamento do consumidor infantil data do início dos anos 1980 (McNeal, 1992), e uma das ramificações mais importantes dessa literatura reside na influência da criança no *processo decisório familiar* (Veloso, Hildebrand e Campomar, 2010). Para compreender o papel da criança no processo de decisão, listaremos primeiro suas etapas (Engel, Blackwell e Miniard, 2000):

- Identificação da necessidade: diferença entre o estado atual e o estado desejado do indivíduo que faz a necessidade por algum produto ser identificada.
- Busca de informações: envolve a busca externa (mídia, amigos, colegas, lojas, revistas, catálogos etc.) e a busca interna (memória sobre compras passadas, revistas lidas, conversas com colegas etc.) de informações para garantir que a decisão tomada tenha maior probabilidade de sucesso na visão do consumidor.
- Avaliação de alternativas: após ter elencado todas as alternativas possíveis que podem resolver a necessidade identificada, o consumidor avaliará essas alternativas com base em critérios como preço, marca, *status* etc.
- Compra: quando o consumidor finaliza o processo de avaliação e realiza a compra, decidindo quanto, onde e como comprar e pagar pelo produto.
- Consumo: o momento em que o consumidor consome o produto comprado. Às vezes isso acontece no momento da compra, como num restaurante, em outros momentos a compra é adiada, por exemplo, um pacote de viagens para um feriado no fim do ano. Envolve questões como quando, onde, como e quanto será consumido.
- Avaliação pós-consumo (satisfação): com base nas experiências vivenciadas durante o processo de compra e consumo, o consumidor avalia se ficou satisfeito com sua compra. A satisfação está associada com a comparação do resultado da compra com as expectativas que o consumidor tinha.
- Descarte (caso seja necessário): se sobrar algum material para ser descartado, como embalagens ou o próprio produto caso ele seja descartável. Em alguns casos, principalmente em serviços, o descarte será mínimo ou até mesmo nulo.

Crianças a partir de 5 anos já estão bem envolvidas nas decisões da família, mas os pais se reservam o direito de tomar a decisão final e decidir quanto será gasto naquela ocasião (Nelson, 1979). Se pensarmos o processo decisório como uma sequência de etapas, a influência da criança naturalmente vai decrescer de acordo com o andamento das etapas (Moschis e Mitchell, 1986). As primeiras etapas, como identificação da necessidade e busca de informação, terão uma participação maior da criança do que as etapas finais, que envolvem a decisão de quando, onde e como comprar o produto. Essa influência será ainda menor para decisões como quanto gastar (Szybillo e Sosanie, 1977). Para alguns produtos, como alimentos, a influência da criança ocorrerá em um número maior de etapas do processo decisório, porém, de forma geral, o que se identifica é que a criança é mais influente no começo do processo de compra.

Fatores que afetam a influência da criança no processo de decisão

De certa forma, a influência da criança está ligada às características e idiossincrasias da família em que está inserida (Arora e Allenby, 1999). Conforme a estrutura da família, será determinado o poder de influência da criança. Outras características ambientais, assim como particulares do próprio desenvolvimento infantil, serão também fundamentais para determinar quanto os pais ouvirão as crianças quando da tomada de decisões para o domicílio. A seguir, analisaremos alguns desses fatores.

Mídia

O consumo de mídia também pode ter algum impacto na capacidade da criança em influenciar as compras familiares. Isso acontece porque o consumo de mídia (como a televisão) faz que a criança ganhe mais conhecimento sobre o mercado ao estimular interações relacionadas ao consumo entre a criança e seus pais (Churchill e Moschis, 1979), o que por sua vez a leva a ter uma influência maior no processo decisório (Moschis e Mitchell, 1986). Essa situação decorre do fato de que a criança com maior conhecimento é considerada mais bem preparada para participar das decisões (Ward e Wackman, 1972). Entre as diferentes mídias que podem trazer informação para a criança e deixá-la mais preparada para discutir as compras familiares, certamente a internet aparece como uma das que podem trazer maiores impactos (Belch, Krentler e Willis-Flurry, 2005), pela sua enorme disponibilidade de informação e facilidade de acesso. Por exemplo, se uma família está decidindo pela compra de um carro novo e a criança não está satisfeita com as opções que o pai ou a mãe apresentaram, facilmente ela pode coletar informações na internet para demonstrar que aquela não é uma boa opção. O mesmo vale para o contrário, se a criança está feliz com a decisão dos pais, pode trazer informações que vão sedimentar a escolha.

O consumo de mídia, quando realizado em conjunto com os pais, também terá impacto positivo na capacidade da criança em influenciar o processo (Mehrotra e

Torges, 1977). Isso acontece porque o familiar presente com a criança durante o consumo de mídia terá uma ideia melhor das motivações dessa criança.

Categoria do produto

A influência de compra da criança também vai variar de acordo com a categoria de produto que está em pauta, principalmente se o produto for destinado a ela, como produtos relacionados à música, vestimentas, bicicletas e revistas infantis (Foxman, Tansuhaj e Ekstrom, 1989). Naturalmente, para produtos direcionados aos adultos, como computadores, televisão a cabo e mantimentos para o lar, a criança tem um nível muito menor de influência. Em algumas categorias, por exemplo, móveis e carro da família, a influência da criança será baixa. Em suma, a criança terá alta influência em decisões relativas a produtos para crianças, média influência a produtos para a família e baixa influência a produtos para os pais (Shoham e Dalakas, 2005; Foxman, Tansuhaj e Ekstrom, 1989). Com a idade, a criança passa a querer influenciar algumas compras que até então eram destinadas aos adultos, como a compra de um carro novo (Belch, Belch e Sciglimpaglia, 1980). Carros e destino nas férias são duas das decisões que causarão os maiores conflitos, porque todos os membros da família estarão envolvidos no consumo do produto. A vontade da criança em influenciar essas compras cresce a partir do momento em que ela considera que também consumirá o produto. Para a criança isso significa chegar à escola num carro novo que é valorizado pelos colegas ou viajar para um destino de férias que trará reconhecimento para a criança perante o grupo.

Atributo

Os atributos de um produto podem ser grosseiramente divididos em atributo simbólico (marca, o fato de estar na moda, grupos de referência que usam o produto), utilitário (qualidade, capacidade de satisfazer adequadamente sua função principal) e custo. A criança terá a capacidade de influenciar desde os seus primeiros anos de vida alguns atributos da decisão, por exemplo, a marca de um cereal para café da manhã (simbólico) ou as características do computador que comprarão para casa (utilitário). Porém, para a variável custo, essa influência será mínima, principalmente sobre a quantia a ser gasta. Isso decorre do fato de que a criança só vai desenvolver uma série de habilidades e conhecimentos que são necessários para se tornar um consumidor preparado que pode influenciar nesse tipo de decisão por volta de sua entrada na pré-adolescência (Roedder-John, 1999). A criança terá alguma voz na decisão de compra se o produto for barato e para seu próprio uso (Foxman, Tansuhaj e Ekstrom, 1989). O infante, normalmente, não é reconhecido como competente para lidar com questões relacionadas ao preço e, além disso, raramente se lembra que o preço e o pagamento pelos produtos fazem parte do processo de compra (Roedder-John, 1999). Por outro lado, os indivíduos desenvolvem desde a mais tenra idade a capacidade de identificar algumas dimensões acerca do produto, assim como suas preferências por sabor, forma e características. Se o impacto das preferências do infante no custo for limitado, ele acabará tendo voz no processo decisório. Dessa forma, é de esperar que a influência da criança com relação aos atributos simbólicos ou utilitário será maior do que sua influência sobre o preço.

Entre os atributos utilitários podemos separar em um subgrupo os atributos referentes à segurança e à saúde do consumidor. Pela grande fragilidade do público em questão, os pais das crianças têm como uma de suas preocupações centrais a saúde e o bem-estar da criança que está sob seus cuidados. Sendo assim, é compreensível que, ao contrário de outros atributos utilitários, para questões relacionadas à saúde, a influência da criança será muito baixa. Por exemplo, mães centradas na criança preferem comprar cereais que são considerados mais saudáveis (Berey e Pollay, 1968). Uma compra mais complexa, como a escolha do médico da família, não terá influência da criança (Jenkins, 1979). Os pais darão mais voz às crianças quando elas estiverem envolvidas na compra de produtos que são considerados por eles como saudáveis ou relacionados ao desenvolvimento intelectual (Chan e McNeal, 2003). Essa ideia foi identificada a partir de pesquisa em que se verificou que para alguns produtos os pais são muito restritivos e para outros, mais permissivos. As crianças também apresentam pouca influência na compra de produtos saudáveis, como frutas e vegetais, uma vez que os pais compram esses produtos sem escutar a opinião delas (Chan e McNeal, 2003).

Características da criança

As características da criança também terão relevante impacto no seu nível de influência no processo decisório familiar. O impacto mais claro e compreensível diz respeito à idade do infante (Ward et al., 1986). A idade é um dos indicadores que permitem verificar a crescente importância da criança no processo decisório da família (McNeal, 1969). Isso possivelmente acontece porque a criança, com a idade, vai desenvolvendo suas capacidades cognitivas e sociais, o que naturalmente influencia no seu conhecimento do mercado e do processo de troca (Moschis e Mitchell, 1986). Por exemplo, as restrições para a criança realizar suas próprias compras são invariavelmente estabelecidas pelos pais em razão da crença de que as crianças mais novas não estão plenamente preparadas para atuar no mercado sozinhas (Moschis e Mitchell, 1986). Conforme vai crescendo, os pais lentamente vão retirando as barreiras impostas e vão paulatinamente permitindo que a criança participe de forma mais ativa. Com a idade, ela se torna mais capacitada para informar aos pais que deseja determinado produto, discutir compras, participar da decisão de compra e realizar a compra propriamente dita (Moschis e Mitchell, 1986). Assim, crianças mais velhas têm chances maiores de ter seus pedidos atendidos (Ward et al., 1986), e por isso tendem a se tornar consumidores mais sofisticados (Churchill e Moschis, 1979).

Com a idade também diminui o número de pedidos da criança, mas aumenta a probabilidade de atendimento dessas requisições (Ward e Wackman, 1972). Isso acontece em virtude do aumento do nível de conhecimento da criança, que por sua vez lhe dá maior autoridade perante os pais, pois demonstra o conhecimento necessário para que estes acreditem que a escolha da criança tem fundamento. A maior seletividade da criança quanto ao que vai pedir também denota maior conhecimento desta acerca do processo de decisão familiar. A partir do momento em que ela toma conhecimento do conceito de orçamento familiar, terá proporcionalmente maior número de pedidos atendidos.

Essa situação também decorre do fato de os pais perceberem que a criança tem maior conhecimento e informações sobre o produto em pauta (Thomson, Laing e Mckee, 2007). A importância do conhecimento na aceitação da opinião do infante no processo decisório familiar também foi identificada na compra de aparelhos de som (Beatty e Talpade, 1994), já que, em relação a aparelhos que envolvem tecnologia, há certa expectativa de que a criança terá mais conhecimento. Por sua vez, a influência é gerada a partir da persuasão e da credibilidade baseadas no conhecimento. De forma geral, quanto mais a criança conhecer sobre a categoria de produto que está sendo analisada para uma potencial compra, maior será sua capacidade de influenciar esse processo (Belch, Krenttler e Willis-Flurry, 2005).

Características da família

As características da família também terão um impacto na capacidade de influência da criança. Os pais de famílias de baixa renda apresentam algumas características singulares em comparação com os da classe média (McCoby e McLoyd apud Shaffer, 2005): (1) enfatizam a obediência e o respeito à autoridade; (2) são mais restritivos e autoritários, usando com maior frequência, técnicas de poder assertivas para disciplinar os filhos; (3) conversam com menor frequência com seus filhos e (4) demonstram menos carinho e afeto. Por causa dessas diferenças, as famílias de baixa renda terão um comportamento diferente e darão à criança um nível diferenciado de poder de influência.

Famílias de baixa renda são mais sensíveis a preço, prestando maior atenção na relação custo-benefício (Prahalad e Lieberthal, 2003). Assim, é esperado que essas famílias passem para os filhos esse sentimento, fazendo que eles foquem nas variáveis preço e performance. Isso pode levá-los a se tornar mais conscientes do funcionamento do mercado (Veloso, Hildebrand e Daré, 2008). A família de baixa renda não teve capacidade financeira para pagar uma babá para cuidar das crianças, por isso a frequência destas nas compras familiares é maior, o que as conduz para mais oportunidades de interação com o ambiente de serviços e com as compras (Veloso, Hildebrand e Daré, 2008). O resultado é que as crianças se tornam mais conscientes da situação da família e por essa razão pedem menos produtos (Veloso, Hildebrand e Daré, 2008), mesmo porque a expectativa de ter o pedido atendido é baixa (Gorn e Goldberg, 1977). Por outro lado, existem evidências de que famílias com maior renda tendem a ceder mais frequentemente aos pedidos das crianças e também a deixá-las ter uma influência maior no processo decisório da família (Beatty e Talpade, 1994; McNeal, 1992). Isso pode ser explicado pela existência de recursos para atender às diversas requisições feitas pelas crianças. Já para as famílias de baixa renda, a limitação de recursos restringe a compra de produtos "desconhecidos", pois o limitado orçamento não tem espaço para erro na escolha de um produto que não vai satisfazer a família. Portanto, crianças oriundas desse tipo de família terão um espaço menor para a compra de produtos inovadores ou em categorias de produtos que a família não está acostumada a comprar. De forma geral, a influência da criança será maior quando a renda da família for maior. Em comparação, para crianças de famílias de baixa renda, a idade fará que sua influência, apesar de ser menor, tenha crescimento mais acelerado por conta de maior experiência acumulada.

O fato de a criança ter irmãos é uma característica que também afeta a estrutura familiar e a influência das crianças. A própria ordem de nascimento pode impactar no nível de influência de determinada criança em virtude da relação dela com os pais ser diferente da dos demais irmãos (Churchill e Moschis, 1979). Por exemplo, o primeiro filho de cada família cria uma relação mais congruente com os pais, enquanto os demais filhos tendem a sentir algum nível de ressentimento com relação ao primeiro filho e, por isso, buscam se apoiar em colegas e não nos pais (Knight e Kagan, 1977; Schachter, 1959). A ordem de nascimento também tem um impacto na tendência à inovação, pois os filhos mais novos (segundo ou terceiro filho do casal) costumam ser mais inovadores (Cotte e Wood, 2004). De forma geral, o primeiro filho parece ter uma ligação mais próxima com os pais e, portanto, pode ser até mesmo mais conservador, tendo assim uma influência maior nas compras familiares.

Para famílias mais numerosas, com crianças em idade escolar, espera-se que os pais deem maior voz a esse grupo de crianças para decisões que envolvam a todos, como o destino de alguma atividade em grupo e o valor a ser gasto (Jenkins, 1979). Nesse caso, como as crianças superam os pais em número, acabam recebendo um poder maior para influenciar nas compras familiares. Mas, de qualquer modo, a maior influência ainda caberá ao primogênito.

As características dos pais também terão influência na distribuição de poder na família (McNeal, 1992). Por exemplo, o tempo que os pais passam fora de casa é uma variável explicativa do nível de influência da criança nas compras familiares (Jenkins, 1979). Outro fator que pode ter impacto nesse contexto é o sentimento de culpa que os pais sentem por estarem ausentes do domicílio. Essa culpa é ainda maior para mães mais tradicionais que foram criadas com a ideia de que a função da mãe é cuidar da família (Beatty e Talpade, 1994). As mães trabalhadoras sentem uma culpa profunda quando deixam o domicílio para ir trabalhar, e, desse modo, deixam que a criança ou adolescente exerça um nível maior de influência como forma de compensação (Lee e Beatty, 2002). Resumindo, quando ambos os pais trabalham, cria-se um ambiente de culpa ou a necessidade de levar a criança às compras para compensar o pouco tempo que a família tem para estar juntos. Imagine a situação de pais que trabalham o dia inteiro fora. Sobra somente o final do dia para partilhar da companhia dos filhos. Nos fins de semana, momento em que a família poderia ter algum tempo de convivência, há muitas tarefas e atividades domésticas a ser conduzidas, e muitas dessas atividades envolvem algum tipo de compra. Por isso, a criança que vive num lar onde ambos os pais trabalham presenciará, no fim de semana, um número maior de compras familiares e terá naturalmente maior influência.

É importante acrescentar que a ausência de ambos os pais no domicílio durante o dia também incentiva uma participação maior da criança nas atividades de compras familiares. Entende-se que ausência por conta de atividades profissionais e de trabalho é algo bastante diferente da ausência por separação da família. Se o casal considerar que a criança já tem idade suficiente para realizar algumas atividades necessárias para manutenção do bem-estar do domicílio, haverá uma delegação de atividades para a criança (Beatty e Talpade, 1994). Isso significa que a criança receberá a incumbência de ter uma participação maior e mais efetiva no domicílio (McNeal, 1992). Essa situação fará que a criança tenha o seu processo de socialização antecipado porque os pais se verão obrigados a ensiná-la a realizar algumas atividades para administrar as compras do lar. A partir dessa antecipação do processo de socialização, do sentimento de culpa dos pais e da necessidade de ter a ajuda da criança, é possível compreender a razão do aumento da influência da criança nas decisões de compra, principalmente de produtos consumidos no dia a dia (como frios e laticínios).

A idade dos pais e o tempo de casamento também terão impacto no grau de influência que a criança terá no domicílio. Quanto mais tempo o casal está casado, maior será a influência da criança (Jenkins, 1979). Isso acontece porque nas famílias em que os pais têm uma idade avançada existe maior concordância na percepção do casal sobre a influência da criança (Foxman, Tansuhaj e Ekstrom, 1989). Ademais, o adiamento da maternidade faz que a criança seja mais aguardada e valorizada. E a esse fato, em geral, alia-se uma provável renda superior familiar, disso resulta uma criança que terá sua opinião mais aceita nas decisões familiares.

Por fim, o estilo parental, ou seja, a forma de comunicação existente no domicílio influirá na forma como os pais criam a criança e na influência desta. Conforme mencionado no Capítulo 3, a partir das dimensões sócio-orientadas e orientadas para conceito, surgem quatro combinações de como a comunicação familiar se dá: *laissez-faire*, consensual, protetora e pluralística (Carlson, Grossbart e Stuenkel, 1992; Carlson, Laczniak e Muehling, 1994). Pesquisas indicam que:

- Protetoras são mais materialistas que pluralísticas.
- Pluralísticas são mais negativas em relação à propaganda que *laissez-faire*.
- Consensuais e pluralísticas compram em mais lojas que protetoras e *laissez--faire*.

Esses resultados demonstram as diferenças entre as famílias sócio-orientadas e orientadas para conceito. Famílias com alta orientação para conceitos (consensuais e pluralísticas) serão menos materialistas e terão opiniões negativas sobre a propaganda, tendo uma visão mais crítica do mercado. Crianças nascidas e criadas neste tipo de família vivem em um lar onde os pais têm visão negativa da propaganda, exercem controle sobre os hábitos televisivos das crianças, assistem à televisão com elas, e discutem as propagandas televisivas (Rose, Bush e Kahle, 1998). Isso fará que essa criança tenha um número maior de oportunidades para conversar e discutir questões relacionadas ao mercado, à troca, ao consumo e ao marketing. Sendo assim, ela será mais respeitada no domicílio e terá uma participação maior nas compras familiares. De modo mais específico, famílias orientadas para conceito vão encorajar a criança a desenvolver suas competências e habilidades, criando uma criança consumidora que será ouvida quando as decisões forem tomadas (Caruana e Vassallo, 2003).

Principais considerações sobre o processo decisório familiar

É imprescindível que empresas que oferecem produtos às crianças dediquem esforços para compreender como estão estruturados os núcleos familiares correspondentes aos segmentos que busca atingir. O profundo entendimento de como é possível segmentar o mercado a partir das características do grupo de compra familiar permitem uma compreensão maior das forças que atuam sobre a decisão de compra dos produtos. Compreender essa dinâmica possibilita ações de marketing focadas na superação de eventuais obstáculos à compra dos produtos oferecidos pela empresa. Além disso, também é possível adequar a oferta da empresa e seus apelos persuasivos às expectativas, opiniões e atitudes dos integrantes da família. A empresa também deve estar atenta para as inúmeras mudanças sociais que estão ocorrendo na estrutura da família brasileira. É necessário compreender os novos papéis que cada um de seus integrantes assume diante das novas opções de estrutura familiar (casais do mesmo sexo, "produção independente", casais que decidem ter filhos com idade mais avançada etc.). Cada nova estrutura familiar faz que cada integrante da família tenha papéis diferenciados com relação à sua participação no processo decisório e também na gestão do domicílio. Nesse sentido, a empresa pode utilizar essas informações como base para o desenvolvimento de novos bens e serviços, assim como para a adequação dos existentes a essas novas realidades. Por fim, a forma de comunicação familiar e o estilo parental dão subsídios para se obter uma compreensão maior das dinâmicas que ocorrem durante o processo de compra. Isso vale para todo o processo decisório, das influências no reconhecimento da necessidade de compra, passando pelos responsáveis por permitir que ela aconteça, até o responsável por efetivá-la. Terminando esse processo com a definição de quando, como e onde a criança poderá utilizar o produto comprado.

11 A criança e a mídia

A discussão deste capítulo estará centrada na relação da criança com a mídia. Alguns autores já pregam que a mídia (internet, televisão, rádio, jornais) está tomando o lugar dos pais na criação dos filhos (Parente, Swinarski e Noce, 2009). Como todo comentário extremado, este também é alvo de restrições. É indiscutível que a mídia vem ganhando espaço na vida das crianças, adolescentes e adultos. Adultos com mais de 40 ou 50 anos apresentam maiores dificuldades em lidar com computadores e com a internet, pois estes são fenômenos muito recentes. Por isso, as crianças estão buscando outras fontes, que não seus pais, para aprender sobre como usar computadores e como navegar pela rede. Essas informações são, em sua maioria, provindas da escola e da mídia (Parente, Swinarski e Noce, 2009), e para os pais pode causar certo alívio ver a escola com um papel central nesse processo.

A programação que está disponível para consumo nas diferentes mídias, tanto as tradicionais como as não tradicionais, envolve as propagandas e o conteúdo. Qualquer coisa que esteja presente em qualquer mídia ou é uma propaganda ou é algum conteúdo para ser consumido. O conteúdo pode ser esportivo, jornalístico, de entretenimento, artístico etc. Por isso, a discussão sobre as mídias recai em duas questões centrais.

Primeiro, surge a discussão focada na qualidade do conteúdo oferecido pelas diferentes mídias. A preocupação dos pais está centrada no acesso a determinadas informações que não são adequadas para as crianças. Os temas considerados mais danosos para o desenvolvimento da criança são: violência, sexo e abuso de drogas. Além disso, o conteúdo também pode distribuir ideias e conceitos que não são bem-vistos pela sociedade, como materialismo, racismo, homofobia e outros preconceitos de forma geral.

A segunda questão está centrada no impacto que as propagandas têm sobre a formação da criança, ou seja, no seu processo de socialização. A preocupação recai também no incentivo que a propaganda pode oferecer para tornar uma criança materialista que valoriza o consumo. Além do mais, a criança também pode desenvolver alguns hábitos danosos a sua saúde. Entre esses hábitos está a alimentação desbalanceada, o fumo, o álcool e as drogas.

Este livro está focado na relação das empresas, mais especificamente da área de marketing, com as crianças. Sendo assim, o enfoque que será dado aqui é aquele que está relacionado com as ações das empresas, ou seja, a propaganda e o seu efeito nas crianças. De início, será abordada a questão da compreensão que a criança tem da propaganda, depois será feita uma discussão sobre os efeitos maléficos que a propaganda pode causar. Por último, será dedicado um espaço para uma análise da internet, por este ser um mecanismo de mídia que é muito mais fluido, difícil de controlar e com acesso a uma gama nunca antes vista de informações, portanto, merecedor de atenção especial.

O entendimento da propaganda

As preocupações com a capacidade da criança em lidar com a propaganda data da década de 1970, quando foram realizados os primeiros estudos visando compreender o impacto das propagandas e controlar a quantidade de apelos que eram direcionadas ao público infantil (John, 1999). Essas iniciativas se desenvolveram ao longo dos anos e se ampliaram nos anos 1990 e 2000 (Oates et al., 2003). O foco atual das pesquisas é basicamente explorar a capacidade da criança de compreender e avaliar uma propaganda. Para alcançar esse objetivo, pesquisadores avaliaram o desenvolvimento da habilidade do indivíduo de (John, 1999): (1) distinguir entre o conteúdo e as propagandas das empresas; e (2) reconhecer o apelo persuasivo da propaganda e utilizar esse conhecimento para interpretar suas mensagens (Moore, 2004). Sem essas duas capacidades a criança terá um entendimento, na melhor das hipóteses, parcial do que está vendo.

Os inúmeros estudos realizados para identificar em qual idade a criança adquire essa capacidade foram individualmente conclusivos, porém coletivamente contraditórios. Cada estudo traz uma faixa etária que indica quando a criança está apta a realmente compreender a propaganda, no entanto, essas idades ou faixas etárias não concordam se analisarmos diferentes estudos. Uma das explicações para essas diferenças está no método de pesquisa utilizado (Brée, 1995).

A primeira distinção que aparece nos métodos utilizados para estudar as crianças é o uso de métodos verbais e não verbais. Como métodos verbais entendem-se aqueles que exigem que a criança comunique verbalmente suas opiniões, para daí abstrair se ela compreendeu determinada propaganda (por exemplo, entrevistas em profundidade ou grupos de foco). A criança, por ainda estar em processo de desenvolvimento, pode não ser plenamente capaz de se expressar verbalmente (Donohue, Henke e Donohue, 1980), sendo assim, não conseguirá transmitir adequadamente suas opiniões e por isso os pesquisadores podem chegar a conclusões equivocadas da realidade. O segundo método de pesquisa utiliza medidas não

11 A criança e a mídia

verbais como questionários, escolha de figuras, sinais com as mãos (apontar, mudar um cartão de lugar) e coleta de desenhos.

Por meio do uso de medidas verbais foi identificado que quase nenhuma criança com cerca de 6 anos consegue compreender um comercial televisivo, algumas poucas conseguem demonstrar essa capacidade aos 8 anos, e boa parte das crianças com cerca de 10 anos já conseguem compreender adequadamente um comercial (Oates et al., 2003). Já outro estudo que utilizou medidas não verbais encontrou resultados diferentes. De acordo com suas conclusões, crianças entre 6 e 8 anos já começam a compreender os comerciais e essa compreensão é resultado do entendimento da diferença entre um comercial e a programação normal da televisão (conteúdo) (Khatibi, Haque e Ismail, 2004). Nessa mesma pesquisa, as crianças reportaram que os comerciais "tentam vender coisas", "querem ganhar dinheiro" e "mostram coisas que a gente pode comprar".

Por outro lado, uma pesquisa com cem meninas entre 4 e 11 anos teve como resultado mais de 90% das crianças afirmando que os comerciais falam a verdade "de vez em quando" ou "quase sempre ou sempre". Isso demonstra que essas crianças, apesar de saberem que o anunciante quer vender um produto específico, têm grande crença na honestidade da propaganda. A capacidade da criança em distinguir entre a propaganda e o conteúdo somente começa a acontecer a partir dos 5 anos, antes disso os resultados encontrados não são significativos (Strasburger e Wilson, 2000). Por exemplo, em um estudo o pesquisador interrompeu a exibição de uma fita de vídeo com a programação matinal gravada e perguntou às crianças (com cerca de 5 anos) que tipo de conteúdo elas estavam assistindo – parte de um show ou um comercial. Cerca de 53% das vezes as crianças acertaram, o que é estatisticamente idêntico à proporção que acertaria, caso tivessem falado aleatoriamente um ou outro.

Outros pesquisadores, nessa oportunidade, utilizando a técnica de observação, identificaram que crianças de 6 anos não percebem claramente quando começam os comerciais televisivos e continuam prestando atenção à televisão (Ward, Robertson e Wackman, 1971). Já as crianças com cerca de 8 anos aparentaram perceber que os comerciais começavam, pois perdiam o interesse no que estava passando na televisão. Em alguns poucos casos, as crianças fizeram comentários espontâneos sobre as propagandas, geralmente positivos e quase todos sobre os produtos anunciados.

A criança pode ter reconhecido que estava vendo um comercial, mas isso pode ter acontecido somente por conta das características mais visíveis, por exemplo, a duração (Strasburger e Wilson, 2000). Esse reconhecimento também pode acontecer com base no nível de entretenimento oferecido (comerciais são mais divertidos) (Brée, 1995; Moses e Baldwin, 2005).

A diferenciação entre o comercial e o conteúdo torna-se ainda mais complexa quando o comercial é desenvolvido para que se pareça com um show ou seriado da programação normal (Brée, 1995). Por causa disso, quando a empresa ou agência de propaganda utiliza personagens de desenhos, filmes ou atores do cinema/televisão, a criança fica confusa e não consegue identificar corretamente a diferença entre o comercial e o conteúdo transmitido por aquela mídia.

Essa diferenciação pode se tornar ainda mais complexa e complicada diante das inovações realizadas por profissionais de marketing (Moore, 2004). A primeira delas é a inserção das ações promocionais dentro da programação normal. Isso faz que a separação entre o conteúdo e a propaganda se torne ainda mais difuso, pois muitas vezes são os próprios apresentadores de um programa de televisão que fazem a propaganda. É feita uma mudança da ambientação, de ângulo de câmera e enfoque, porém dificilmente a criança perceberá essas nuanças e identificará essas mudanças. A outra inovação é a estratégia de *product placement* – inserção de produtos ou marcas em um seriado, filme, música, programa de auditório, livro ou qualquer outra forma de conteúdo que é consumida pela audiência. Nessa situação até mesmo os adultos não percebem claramente que estão sendo alvo de uma propaganda, quanto mais as crianças.

Outras iniciativas que não facilitam a compreensão da criança são os sites, com jogos e brincadeiras, que buscam ao mesmo tempo oferecer entretenimento e vender a marca e os produtos da empresa. Entre outras iniciativas, são comuns também os brindes oferecidos às crianças com personagens e marcas estampadas. De qualquer forma, a crescente sofisticação das ações de marketing caminha para tornar os limites entre a propaganda e o conteúdo mais nebulosos.

Como regra, a criança começa a perceber o que é um comercial a partir dos 5 anos (John, 1999), conhecimento o qual somente vai se consolidar após os 10 ou 11 anos (Brée, 1995). É apenas nessa idade que a criança consegue demonstrar o entendimento da diferença entre a propaganda e o conteúdo normal apresentado pela mídia.

Considerando que a criança já conheça a diferença entre o conteúdo normal e a propaganda, inicia-se a discussão para compreender se ela realmente entende as outras questões relacionadas à propaganda. A compreensão da propaganda está relacionada à compreensão das funções informativa e persuasiva (Martin, 1997). Isso equivale a dizer que a criança deveria compreender que a propaganda vai informar algumas coisas e tentar convencê-la de outras, por exemplo, comprar o produto ou solicitar o mesmo aos seus pais. Para que essa compreensão ocorra, é necessário que a criança entenda que: (1) a fonte da mensagem tem outra perspectiva, ou seja, interesses diferentes do receptor; (2) a fonte da mensagem objetiva persuadir; (3) mensagens persuasivas são, por definição, enviesadas; e (4) mensagens enviesadas demandam estratégias diferenciadas de análise.

As propagandas com maiores chances de confundir a criança são aquelas que distraem o consumidor da função do produto, são muito breves e não transmitem adequadamente as informações necessárias, fazem comparações que podem criar impressões erradas, fazem uso de estereótipos, usam excessivamente as emoções, baseiam-se excessivamente em fantasias sem mostrar informações sobre o produto, usam termos ou frases não familiares, entre outras (Eighmey, 1975; Barry, 1980). Ao fazer comerciais mais simples, a empresa estará aumentando a chance de o consumidor infantil realmente compreendê-los (Mostafa, 2008).

Na Figura 11.1 são apresentados os resultados encontrados em relação à compreensão da propaganda.

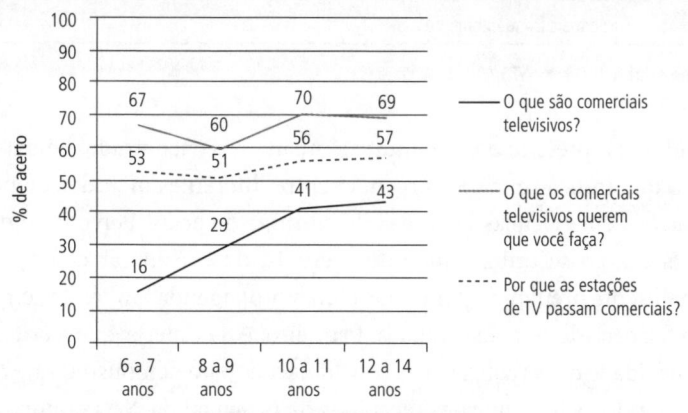

Figura 11.1 – Compreensão das crianças sobre comerciais televisivos.
Fonte: Adaptado de Chan e McNeal (2004).

Os resultados apresentados na Figura 11.1 indicam que o nível de conhecimento das crianças cresce com a idade, o que já é algo aceito na literatura de marketing infantil. O que fica claro é que as crianças, mesmo aos 14 anos, ainda não compreendem completamente o que é uma propaganda, embora já exibam algum nível de conhecimento.

A pesquisa citada foi realizada com crianças chinesas e utilizou-se dos criticados métodos verbais. Já no Quadro 11.1 são apresentados os resultados de uma pesquisa feita com crianças britânicas por meio de grupos de foco (método de pesquisa que usa entrevistas em grupo como instrumento de coleta). A partir desses grupos de foco foram elencadas as ideias que as crianças ofereceram com relação à natureza da propagada.

Marketing e o mercado infantil

Quadro 11.1 – Entendimento da natureza da propaganda

Idade	Nível de entendimento
6 anos	Os comerciais são feitos para que os telespectadores e atores possam descansar. Os comerciais contam o que vai passar na televisão e o que está presente nas lojas. Os comerciais são apreciados, menos aqueles direcionados para bebês ou crianças mais novas. Comerciais são percebidos como se estivessem acontecendo em tempo real.
8 anos	Os comerciais são vistos como uma razão para descansar e informar, mas fatores econômicos começam a aparecer. Pouca percepção da natureza persuasiva do comercial. A experiência pessoal começa a influenciar as opiniões sobre os comerciais, mas apenas em situações específicas. Os comercias são percebidos como se estivessem acontecendo em tempo real.
10 anos	Os comerciais ainda são vistos como uma razão para descansar e para informar, mas a persuasão surge como base para explicar situações pessoais de desilusão. O conceito de que os comerciais são previamente gravados para depois serem televisionados surge mais frequentemente.

Fonte: Oates et al. (2003, p. 67).

Os resultados apresentados são muito similares aos encontrados com as crianças chinesas, o que indica uma convergência entre diferentes métodos de pesquisa e suas aplicações em crianças oriundas de culturas diversas. Percebe-se que existe uma tendência, ao se utilizar métodos verbais, de considerar que a criança só estaria totalmente preparada para lidar com a propaganda em idade acima dos 12 anos. Isso faz sentido por duas razões. Primeiro, é de esperar que a criança tenha de ter a capacidade de verbalizar suas considerações para demonstrar que realmente está processando as informações recebidas da propaganda. Se a criança não consegue verbalmente apresentar sua linha de raciocínio, talvez ela ainda não seja capaz de realmente compreender a propaganda. Segundo, de acordo com as teorias de Piaget, a criança até 12 anos está numa fase operacional-concreta, ou seja, ainda não é capaz de pensar abstratamente. Imagine que a criança veja uma propaganda de um robô, que ela nunca viu à venda em lojas. Ela não saberá se aquela propaganda está mostrando o real tamanho do robô, caso ainda esteja na fase operacional-concreta, pois dependerá da abstração para conseguir compreender o tamanho relativo do robô conforme é apresentado na propaganda (Brucks, Goldberg e Armstrong, 1986).

Por meio de experimentos e entrevistas em profundidade, outros pesquisadores descobriram que, quando existe o uso e o conhecimento do produto antes da exposição à propaganda, a criança é menos vulnerável ao efeito afetivo das propagandas (Moore e Lutz, 2000). Esses resultados foram mais significativos para crianças de

10 a 11 anos, em relação a crianças com 7 ou 8 anos, o que denota que elas, ao conhecer o produto, estão de alguma forma preparadas para comparar seu conhecimento com os apelos da propaganda.

Ao utilizar medidas não verbais, os resultados encontrados diferem com relação à pesquisa que utilizam medidas verbais. Por exemplo, em outra pesquisa, as crianças foram solicitadas a escolher entre diferentes cartões aquele que representava o objetivo do comercial por meio de uma figura (Donohue, Henke e Donohue, 1980). Nesse estudo, 80% das crianças entre 3 e 6 anos acertaram, sendo 70% de acerto proveniente de crianças com 4 anos e 95,5% com 6 anos. Se fossemos tomar esses resultados como base, poderíamos afirmar que com 6 anos a criança já sabe reconhecer as intenções de um comercial.

Outro ponto que deve balizar o estudo dessa questão reside na capacidade da criança em utilizar os conceitos relacionados ao entendimento do que seja uma propaganda em ocasiões reais (Moses e Baldwin, 2005). A criança deveria ter a capacidade de avaliar determinado apelo para, dessa forma, tomar decisões de consumo mais adequadas.

A compreensão do entendimento que o infante tem de um comercial é uma tarefa complexa e multifacetada que exigirá ainda muitos esforços por parte dos pesquisadores. Ainda são devidos esforços para compreender as diferenças nos resultados encontrados e quais são os fatores, além da idade, que influenciam esse processo. Essas pesquisas terão de ser desenvolvidas levando-se em consideração o grande número de novas estratégias promocionais que os profissionais de marketing estão introduzindo com o apoio das novas mídias.

Uma das formas que podem trazer resultados interessantes será por meio da observação do comportamento das crianças ao assistir à televisão, navegar na internet ou utilizar um celular. O cruzamento dessas informações com o comportamento das crianças em relação aos pedidos feitos aos pais e seus gastos podem trazer uma nova visão sobre o que realmente acontece.

Conteúdo das propagandas

O objetivo de uma propaganda é convencer o consumidor a comprar um novo produto (Strasburger e Wilson, 2000). As empresas e as agências de propaganda acreditam firmemente que este é um dos caminhos mais adequados para garantir que o produto tenha a demanda necessária para gerar os lucros da empresa, ao mesmo tempo que atende às necessidades dos consumidores. Por isso, os valores para inserir um comercial no horário nobre da televisão são muito altos.

O comercial é construído para transmitir determinada mensagem. Desde a escolha dos atores até a da música e a dos personagens que vão aparecer, tudo é pensado para transmitir essa mensagem. Geralmente, no comercial valoriza-se o produto, indicando que ele trará diversão, alegria e felicidade para o comprador (Strasburger e Wilson, 2000). O cenário, composto por outras crianças também utilizando o produto, trabalha a ideia de que todos estão comprando e utilizando o produto. Esse apelo é importante para crianças preocupadas em ser aceitas nos seus grupos, fato que começa a ganhar maior importância a partir do período operacional-concreto.

Atualmente, a propaganda foi além de ser apenas um meio de as empresas informarem e convencerem os consumidores a comprar seus produtos. Ela surge como uma conexão entre as indústrias, os mercados e a produção cultural. Cria e se apropria de símbolos culturais. Essas interações mudam a cultura ao dar origem a novos ícones, que são usados pelas pessoas para criar sua autoimagem.

Nesse contexto, surgem críticas de que a propaganda está transmitindo valores que não deveriam ser adotados pelas crianças. O papel dos pais é cuidar dos seus filhos e garantir que eles sejam adequadamente socializados não só como consumidores, mas também como cidadãos, ou seja, que compreendam as normas e valores da sociedade e saibam viver em conjunto. Portanto, o problema emerge quando os pais acreditam que as empresas estão transmitindo valores que não deveriam fazer parte do princípio ético e moral de seus filhos. No fim, a discussão deveria se centrar no tipo de apelo que as empresas utilizam para vender o produto e não no fato de elas comunicarem sua oferta. Se o apelo incentiva a criança a ter comportamentos inadequados, então essa propaganda não deveria ser colocada no ar, publicada numa revista ou apresentada num site na internet.

Ativistas apregoam que a propaganda incentiva valores materialistas, incitam a sexualidade precoce, estimulam a obesidade e o consumo de produtos danosos à saúde (cigarro, álcool e drogas). Eles também afirmam que a televisão é responsável por assumir um papel de babá eletrônica, diminuindo as oportunidades de interação familiar. Essas discussões estão presentes na literatura de marketing denotando as preocupações que existem com os impactos das ações de marketing sobre os consumidores. Porém ainda não existem resultados sólidos e confiáveis que possibilitem uma definição clara sobre o real impacto das empresas nesses fenômenos. A seguir, analisaremos como essas questões são individualmente abordadas na literatura.

Defendemos nesta obra que a propaganda, de forma geral, é um instrumento necessário para o ideal funcionamento do mercado. No entanto, o uso da propaganda e seu conteúdo devem sim ser controlados para evitar abusos por parte dos anunciantes, protegendo o consumidor, sobretudo se ele for caracteristicamente frágil como público infantil.

Materialismo

A empresa deve se preocupar em não passar mensagens que podem gerar repercussões negativas junto aos pais, grupos de interesse ou legisladores. Uma das preocupações que surgem com relação a isso advém da transmissão de mensagens que fomentam o materialismo (Young, 2010). Isso acontece porque o materialismo é um traço cultural que pode ser nutrido a partir das ações mercadológicas dos profissionais de marketing (Parker, Haytko e Hermans, 2010). Diante disso, é natural que existam inúmeros questionamentos no que diz respeito ao impacto das empresas sobre a adoção desse tipo de valor.

Materialismo pode ser compreendido como a importância dada às posses materiais (Belk, 1984). Também pode ser entendido como um modo de viver voltado para o gozo dos bens materiais (iDicionário Aulete). O materialismo pode ter três desdobramentos: centralidade (as posses têm um papel central na vida da pessoa); felicidade (as posses estão ligadas ao bem-estar); e sucesso (sucesso é medido pelas posses) (Richins e Dawson, 1992).

São inúmeras as críticas ao marketing por ser utilizado por algumas empresas para transmitir ideias que são consideradas incentivadoras do consumismo. Essas ideias sinalizam para as crianças que a compra e a posse de produtos serão a fonte de sua felicidade e realização na vida. O efeito desse tipo de propaganda pode ser visto em um dos desenhos coletados por Veloso, Hildebrand e Campomar (2011), em que uma criança faz isso se desenhando em frente a uma prateleira de sapatos, com corações ao redor de sua cabeça, demonstrando o quando está "apaixonada" por eles.

É inegável que as ações das empresas incentivam o surgimento da ideia de que o consumo traz prazer, porém é necessário compreender que a própria sociedade já está estabelecida dessa forma. Os próprios pais também fazem que a criança cresça com esse tipo de sentimento. Por outro lado, existem estudiosos que acreditam que o impacto das ações das empresas sobre o nível de materialismo das crianças é pequeno (Young, 2010).

Os exemplos citados sobre a coleta de desenhos foram realizados com crianças de classe A, mas também é possível encontrar os mesmos indícios nas crianças de classe C. Nos desenhos destas últimas, aparecem a 25 de Março, o Brás e grandes redes supermercadistas (Extra, Carrefour e Dia), assim como muitos produtos e marcas. Observa-se que, embora o foco da criança mude de acordo com o nível da renda de sua família, a demonstração de satisfação com a possibilidade e a ideia de ir às compras é notável nos desenhos de ambas as classes. Um dos desenhos que merece destaque, realizado por uma criança de aproximadamente 9 anos, retrata um dos maiores centros de compras da classe C do Brasil. São também apresentados os produtos que poderiam ser comprados lá, ou que são desejos dessa criança em particular (Veloso, Hildebrand e Campomar, 2011). De forma geral, o estudo que identificou que as crianças apresentam em algum grau duas das três características que sinalizam a existência de algum nível de materialismo: felicidade e sucesso. Isso traz preocupações sobre o impacto das comunicações de marketing sobre as crianças. Por isso, muitos sugerem que não se deva fazer propaganda para crianças menores de 12 anos, pelo menos (Parker, Haytko e Hermans, 2010).

A questão da propaganda como incentivadora do materialismo também pode ser vista da óptica de uma criança que está em busca de aceitação em determinado grupo. Os produtos valorizados pelo grupo, ou seja, que carregam algum nível de simbolismo, serão desejados por ela.

Outro fator que merece destaque nesta discussão é o papel dos pais. Assumindo que a criança ainda não consegue interpretar adequadamente a propaganda e que vai pedir todos os produtos que aparecem na televisão, cabe aos pais limitar esse comportamento. Famílias de baixa renda, que apresentam limitações financeiras para atender aos pedidos da criança, utilizam técnicas educacionais mais restritivas. Por isso, as crianças pertencentes a essas classes não pedem tantos produtos e desde cedo aprendem que muitas vezes seus pedidos serão atendidos com uma palavra que muitos pais apresentam certa dificuldade em dizer aos filhos: não.

Em comparação, alguns autores defendem que há um exagero nas críticas feitas, pois existem estudos que demonstram que cerca de 40% das crianças discordam da frase "eu adoro ir às compras" (Young, 2010). Mas, ao mesmo tempo, outro estudo indica que aquelas que assistem mais à televisão têm uma tendência maior a associar posses e dinheiro com a felicidade. Em suma, como não existe ainda concordância em torno da discussão sobre a possibilidade de a propaganda ser um incentivo ao materialismo, talvez seja necessário um estudo com caráter longitudinal para verificar essa hipótese (Strasburger e Wilson, 2000).

Obesidade e outros problemas alimentares

Com relação à questão da obesidade, a maior crítica é feita sobre o incentivo ao consumo de produtos não nutritivos, com alto teor calórico, gordura, sal e/ou açúcar. As empresas do ramo de *fast-food*, refrigerantes e salgadinhos são as mais criticadas. O consumo exagerado desses alimentos gera obesidade, tendência a diabetes, problemas físicos, depressão, além da possibilidade de a criança apresentar um péssimo desempenho escolar (Acuff e Reiher, 2005).

Antes de abordarmos as propagandas *per se*, é necessário analisar a forma como a criança tem acesso à comida para obtermos uma visão clara do contexto que envolve seus hábitos alimentares (Young, 2003). A criança não tem liberdade para se alimentar do jeito que ela quer, depende geralmente de um adulto para auxiliá-la nessa tarefa. Sendo assim, a propaganda pode ser responsabilizada por incentivar a criança a querer consumir esses produtos considerados atualmente não nutritivos, mas não pode ser julgada, em última instância, como a maior culpada. Considerar que a criança tem capacidade para convencer os pais a comprar produtos não saudáveis é dar muita força à habilidade de negociação dela e, por conseguinte, da propaganda. Em suporte a essa afirmação, existem evidências de que os hábitos alimentares das crianças são fortemente relacionados aos hábitos alimentares dos pais (Young, 2003). De qualquer forma, não se pode negar que o infante, ao observar uma propaganda e identificar a vontade de consumir o produto anunciado, fará sucessivos pedidos aos pais, e caso não seja atendida poderá ficar triste (33%), brava ou hostil (23%), continuar pedindo o produto (16%), ou aceitar a decisão dos pais (23%) (Sheikh e Moleski, 1977). À medida que a criança cresce, ela obtém a própria renda para dispor com alguma liberdade. Torna-se comum sua ida aos estabelecimentos comerciais sem a presença dos pais. Abrindo espaço para que ela dê vazão para alguns hábitos que até então eram proibidos.

É inquestionável que as crianças pedem para comer em locais que talvez não tenham as comidas mais nutritivas e saudáveis. Uma das empresas do ramo de *fast-food* que mais investe em propaganda é o McDonald's; nos desenhos coletados por Veloso, Hildebrand e Campomar (2011), as crianças se desenham no restaurante *fast-food* demonstrando o claro prazer que sentem ao comer lá.

Como já mencionado, a ideia de que as ações promocionais das empresas são em grande parte responsáveis pela obesidade das crianças também é altamente discutível (Young, 2010). A justificativa para essa visão está na ideia de que a obesidade está fundamentada em um grande número de variáveis, como estilo de vida, questões genéticas e fatores sociais. Exatamente por isso sugere-se que a solução desse impasse possa ocorrer por meio de duas iniciativas paralelas: (1) maior controle sobre o conteúdo das mensagens propagandísticas para produtos que potencialmente levam à obesidade; (2) uma campanha educativa, idealmente custeada ou patrocinada pelas empresas que produzem comidas potencialmente danosas à saúde, que instrua tanto pais quanto filhos em relação aos perigos da obesidade.

Fumo, álcool e drogas

Apesar das restrições que existem para a propaganda de cigarros e álcool, as empresas ainda fazem tais anúncios. E as drogas, apesar de proibidas pela lei, são glorificadas pela mídia (Acuff e Reiher, 2005). São comuns as cenas de filmes em que os personagens fumam e bebem. Até os anos 1990, essa prática era permitida nos Estados Unidos. Por exemplo, uma empresa do ramo do tabaco pagou US$ 350 mil aos produtores do filme para que a personagem James Bond fumasse seus produtos (Tobaccofree). A prática de incluir personagens fumando cigarros de marcas específicas na programação da televisão ou no cinema foi proibida, embora inserções comerciais de produtos alcoólicos ainda sejam liberadas.

Provavelmente pela constante limitação imposta pelos órgãos reguladores e mudança de cultura na sociedade, dados coletados junto a estudantes entre 10 e 12 anos apontam para uma sensível diminuição do consumo dos produtos mencionados (Figura 11.2).

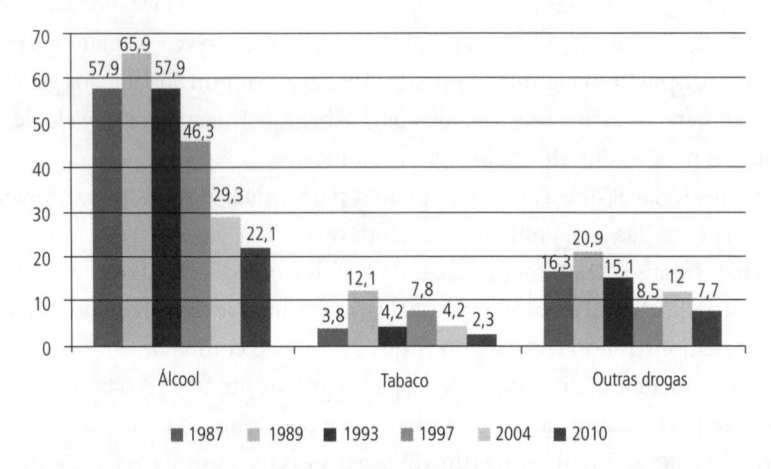

Figura 11.2 – Dados sobre o consumo de drogas feito pelo menos uma vez na vida por crianças de 10 a 12 anos.
Fonte: OBID (2010).

Apesar das restrições que existem para a propaganda de cigarro na televisão, ainda existem alternativas promocionais que atingem as crianças. Um dos canais mais utilizados para fazer propaganda são os *displays* promocionais em lojas de conveniência, padarias, bares e lanchonetes (Acuff e Reiher, 2005). Locais que são muito frequentados por crianças. Além disso, as empresas também investem no patrocínio de eventos esportivos e equipes de Fórmula 1, mesmo que de forma disfarçada, como faz a Marlboro, empresa do ramo de cigarros (Grant-Braham e Britton, 2011).

O caso da Fórmula 1 e da Marlboro recebeu muita atenção, pois foi usado como exemplo para um estudo compreensivo sobre neurociência, propaganda e fumo. De acordo com esse estudo, os avisos colocados nas embalagens de cigarro informando que fumar mata, na verdade influenciam um aumento no consumo do cigarro (Lindstrom, 2009). A partir dessa descoberta desconcertante, o pesquisador analisou as outras ferramentas promocionais: propaganda direta, brindes com a logomarca, fotos ou desenhos que fazem referência indireta à marca Marlboro, ou aparições do logo da marca no macacão de membros e pilotos da equipe de automobilismo Ferrari. Os resultados indicaram que as propagandas diretas são as que causam menores efeitos no desejo de fumar, os materiais promocionais aparecem na sequência, seguidos pelas imagens que remetem ao mundo Marlboro, depois pelos avisos de que fumar mata; por fim, o que mais causa efeitos nos consumidores são as imagens do logo da marca associado à equipe Ferrari. Esses resultados demonstram que as empresas de cigarro não só continuam fazendo propaganda, como estão fazendo propagandas mais eficazes que aquelas que foram proibidas (Lindstron, 2009).

Com relação ao álcool, ainda não é proibida a exibição de propagandas. O Conselho Nacional de Autorregulamentação Publicitária (Conar) apenas faz recomendações com relação ao horário e ao público-alvo das propagandas. As principais recomendações do Conar no que diz respeito às propagandas são: elas devem ter como público-alvo os adultos, apenas atores que aparentam ter acima de 25 anos devem ser utilizados em comerciais, e devem ser exibidas das 21h30 às 6h. A atuação do Conar tem sugerido a retirada de comerciais que afrontam os princípios colocados no código do órgão. Não obstante, é muito comum que empresas inflijam alguns desses princípios, o que, na grande maioria dos casos, é o suficiente para que o anunciante atinja parte de seus objetivos.

Uma das estratégias de marketing muito criticada das empresas que vendem bebidas alcoólicas é o uso de personagens ou animais que tenham apelo ao público juvenil. A Budweiser usou essa estratégia ao utilizar um grupo de sapos em suas propagandas. A Brahma seguiu o mesmo caminho durante a Copa do Mundo de 2002 (as propagandas da empresa foram retiradas do ar após cerca de um ano sendo veiculadas nos mais diferentes formatos).

Atualmente, as propagandas de bebidas alcoólicas se baseiam em apelos sexuais para vender, de certa forma vulgarizando a mulher como objeto sexual. Esse tipo de propaganda não só apela para a sexualidade dos telespectadores como transmite valores equivocados sobre o papel da mulher na sociedade.

Marketing e o mercado infantil

Além da propaganda televisiva, as empresas do setor utilizam o patrocínio de eventos esportivos (por exemplo, a Copa do Mundo e o Campeonato Brasileiro, patrocinados pela Brahma), baladas (Sensation White, patrocinada pela Skol) e shows de rock (SWU, patrocinado pela Heineken) que têm como público-alvo os mais jovens. Somado a isso, as empresas utilizam o *product placement* para colocar suas marcas que são consumidas nos filmes e programas televisivos (Linn, 2006).

Outra estratégia é o uso da internet para atingir o público mais jovem, oferecendo jogos, músicas, competições e prêmios (Linn, 2006). Os sites têm mecanismos projetados para controlar o acesso de crianças, porém as medidas não são efetivas, pois apenas pedem que o internauta preencha a data de nascimento ou que indique se é maior de 18 anos.

Basta analisar alguns sites de cervejarias nacionais para perceber que têm um impacto direto no público mais jovem. Por exemplo, o site de uma das maiores empresas do setor no Brasil tem na sua tela inicial uma série de referências a aventuras, por exemplo, uma viagem de balão. Além disso, a palavra "sim" para entrar no site é significativamente maior que o termo "não". Caso o consumidor clique em "não", ele é direcionado para a página principal da empresa, em que poderá ter acesso a uma série de notícias sobre ela, suas marcas, ações promocionais, como trabalhar para ela e até mesmo o compromisso dela com o marketing responsável. Caso escolha o "sim", o consumidor terá acesso ao conteúdo que, de acordo com o Conar, deveria ser acessível somente a maiores de idade e, portanto, para aqueles com permissão legal para consumir os produtos anunciados.

Estima-se que, nos Estados Unidos, metade das vendas das empresas de cerveja seja realizada para menores de idade e para usuários que consomem grandes quantidades (Linn, 2006). No Brasil, o consumo de álcool entre as crianças parece estar diminuindo, uma tendência contrária ao consumo entre adultos, que cresceu de 54 litros em 2004 para 64,4 litros em 2010 (*Valor Econômico*, 2010). Porém é de certa forma surpreendente imaginar que mais de 20% das crianças entre 10 e 12 anos já experimentaram cerveja; 2,3%, cigarros; e 7,7%, outras drogas (solventes, maconha, ansiolíticos, anfetaminas, cocaína e crack) (OBID, 2010).

Esses números indicam que existe algum tipo de incentivo que faz a criança ter acesso e experimentar essa série de drogas. No que concerne ao marketing e a propaganda, o mais importante é ter cuidado para não incentivar hábitos precoces que possam causar danos à saúde das crianças. Também, é fundamental que sejam instaurados mecanismos punitivos adequados às empresas que não seguem as determinações estritas do Conar, pondo em risco a saúde de um público, vale frisar, extremamente vulnerável a esses apelos promocionais.

A internet

A internet traz transformações similares àquelas acontecidas com a introdução da televisão, angariando adeptos e inimigos (Buckingham, 2007). Mas, como nada é tão simples no mundo moderno, não é possível avaliar se essa nova mídia é positiva ou negativa para as crianças, mesmo porque boa parte dessa análise depende do uso que se faz da ferramenta. O objetivo aqui é discutir as diferentes visões sobre a internet e aprofundar o entendimento sobre o impacto que ela teve e terá na vida das crianças.

As mídias, tanto tradicionais como eletrônicas, são formas de transmitir informações às pessoas, independentemente se o público-alvo é composto por adultos ou crianças. Dos desenhos feitos pelo homem pré-histórico, passando pelo surgimento da escrita, e a invenção do papiro, do papel, à imprensa de Gutenberg, foram desenvolvidas novas formas de transmitir informações. Até a Antiguidade, saber ler e escrever era parte do domínio de um grupo exclusivo de pessoas, principalmente dos ricos, poderosos e da Igreja. Foi somente durante a Idade Média que um número mais significativo de pessoas passou a ser alfabetizado. Mesmo assim, o conhecimento da leitura e da escrita representava um privilégio. Num primeiro momento, apenas um grupo exclusivo tinha acesso a ele. No entanto, com o passar do tempo, houve uma crescente alfabetização da população, que evoluiu para significar a separação entre adultos e crianças. A tendência atual da sociedade é de que a grande maioria dos adultos seja alfabetizada e que as crianças, por conta de barreiras naturais associadas a seu desenvolvimento, ainda não tenham aprendido a ler e escrever de forma completa.

A televisão, e agora a internet, traz um mundo de imagens que coloca por terra essa separação. Não é mais necessário saber ler para ter acesso ao mundo visual da internet e da televisão. Isso tem tirado o sono de muitos pais preocupados com o que acontecerá com seus filhos ao serem expostos ao "lado negro" das mídias (Hansen, 1998).

A partir dessas mudanças, a criança ganhou acesso a um mundo de informações que, do contrário, ela não teria. Isso tem sido altamente criticado por muitos autores, como Neil Postman, Marrie Win e David Elkind, preocupados com o impacto da televisão na infância. De forma geral, esses autores romantizam uma infância anterior, em que a criança era inocente e não estava exposta ao mundo dos adultos. A partir disso, tecem sugestões conservadoras para restringir de alguma forma o acesso das crianças à televisão. Extrapolando essas preocupações com a internet, é possível entender melhor a preocupação dos adultos. Ao contrário da televisão, que é uma via de comunicação de mão única, a internet permite uma comunicação de duas vias.

Para as empresas, a internet, quando bem utilizada, possibilita o contato mais próximo e significativo com seus consumidores. As mídias sociais passam às pessoas a ideia de que a empresa está próxima, pois esta assume o mesmo formato que os amigos dela assumem, ou seja, possuem um perfil, gostam de coisas, mandam mensagens, conversam com os outros. Isso traz uma ilusão de proximidade que as empresas nunca antes haviam conseguido com suas cartas pretensamente assinadas pelo gerente, por e-mails que inserem o nome da pessoa no meio do texto, ou outras tentativas de fazer a massa achar que está sendo atendida individualmente.

Ativistas afirmam que as mídias eletrônicas estão destruindo a infância. Eles também argumentam que as mídias dão às crianças acesso a uma série de informações, principalmente sobre sexo e violência, que elas não tinham até então. Com a chegada da televisão, surge a capacidade de mostrar à criança aquilo que antes ela só poderia imaginar. As mídias eletrônicas e a internet seguem o mesmo caminho, privando a criança de sua inocência. Porém a própria noção de infância é uma construção da modernidade e a ideia de que existia uma pretensa inocência das crianças é ilusória. Durante a Revolução Industrial, a criança certamente era exposta a uma quantidade muito maior de informações assustadoras do que atualmente. A criança daquela época presenciava a morte, a pobreza, as doenças, a violência de forma muito próxima. Em resumo, devemos, sim, tomar conhecimento dos danos que podem ser causados pelo mau uso da internet como instrumento de comunicação. No entanto, recomenda-se aqui maior controle e, como sempre, maior proximidade dos pais com a educação de seus filhos, em vez de uma simples demonização da internet como é proposta por muitos.

12 Pesquisa de marketing e o consumidor infantil

A função de um gerente de marketing em uma empresa é tomar decisões. Essas decisões geralmente envolvem o processo de *segmentação, diferenciação* e *posicionamento*, assim como o desenvolvimento de novos produtos e a implantação do composto de marketing (*preço, praça, promoção* e *produto*) para tornar o produto disponível ao mercado (Veloso, 2008). O gerente de marketing de determinada empresa está em busca de informações que permitam que ele tome decisões com um risco menor, ou seja, assume-se que com informações o processo de tomada de decisão se torne mais confiável. Como pode se observar na Figura 12.1, são inúmeras as fontes de informação que o gerente de marketing pode utilizar para a tomada de decisão. A pesquisa de marketing é apenas uma delas.

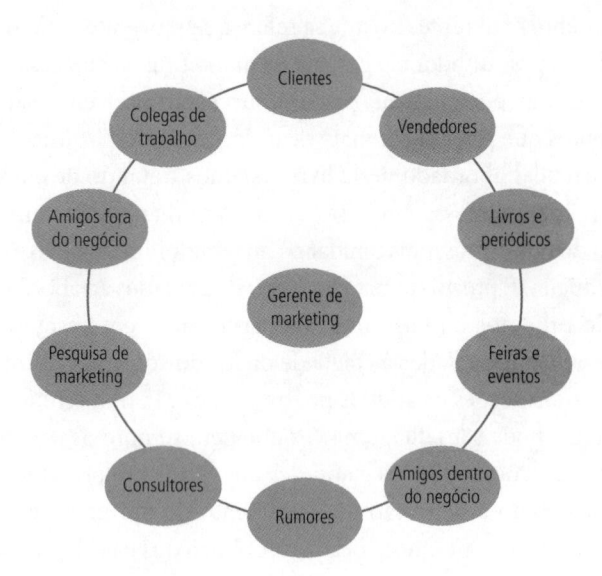

Figura 12.1 – Informações disponíveis para o gerente de marketing.
Fonte: Adaptado de Schewe e Smith (1980, p. 70).

A pesquisa de marketing pode ser definida como "um conjunto de procedimentos e métodos para a coleta planejada e regular, análise e apresentação de informações para serem utilizadas na tomada de decisão de marketing" (Cox e Good, 1967, p. 145). A coleta planejada por meio de procedimentos e métodos estabelecidos é o que dá valor ao processo de pesquisa de marketing perante as outras fontes de informação que o gerente de marketing tem à sua disposição.

Existem poucas pesquisas acadêmicas que estudam o consumidor infantil, principalmente por causa da grande dificuldade que existe para ter acesso a esse consumidor (Davis, 2010). Uma pesquisa feita com crianças necessita de uma série de autorizações. É preciso solicitar a anuência dos pais, da escola, da universidade e, dependendo do país onde é realizada, até da polícia. Quando se fala em pesquisa com crianças, é muito mais comum a existência de pesquisas patrocinadas por empresas que têm um interesse específico, como os canais televisivos Nickelodeon e Disney (Barnes, 2009).

Ao abordar a criança como uma fonte de informações para a pesquisa, deve-se analisar algumas questões sobre a forma como o pesquisador vai enxergar essa criança. Essa ideia pode ser mais bem compreendida a partir de quatro perspectivas diferentes (Quadro 12.1).

Cada uma das perspectivas apresentadas sobre a pesquisa realizada com crianças traz desdobramentos diferentes no que se refere a seu formato e nas questões éticas nela envolvidas. O pesquisador e o gerente de marketing da empresa podem adotar qualquer uma dessas perspectivas, porém é necessário ter em vista que existem outras abordagens que podem ser mais ricas dependendo da situação.

No caso particular abordado neste livro, estamos tratando de empresas focadas no consumidor infantil. Essas empresas encontram diante de si uma tarefa ainda mais complexa do que outras, pois estudar o consumidor infantil não é uma atividade simples e corriqueira. É preciso tomar uma série de cuidados ao abordar esse público, seja oferecendo produtos ou buscando sua participação em pesquisas. Uma saída fácil para os problemas atrelados à coleta de dados do consumidor infantil é buscar como fonte de informações os adultos próximos a ele. Porém estudos demonstram que essa estratégia pode ser falha, uma vez que nem sempre os pais compreendem realmente as motivações, opiniões e atitudes dos filhos (Veloso et al., 2008). Além disso, para casos como a definição do lançamento de um novo brinquedo, não é aconselhável realizar uma pesquisa focada na opinião dos pais. Neste caso, é imprescindível a presença da criança para verificar se o novo produto terá chances de sucesso. Este tipo de teste de mercado já é bastante comum entre as empresas de brinquedos (McNeal, 1987). Sendo assim, aqueles que quiserem um entendimento mais profundo e completo do consumidor infantil deverão sair a campo e buscar informações diretamente com o público-alvo selecionado.

Quadro 12.1 – Quatro perspectivas para o estudo da criança

Perspectiva	Principais características
Criança como objeto de pesquisa	A criança é vista como objeto de investigação. Sua vida é estudada por pesquisadores que reconhecem cada criança como um ser ainda em formação. Ela é protegida quando o pesquisador se utiliza de outras fontes de informação como base para a pesquisa (pais, educadores, assistentes sociais etc.). Por ser um grupo vulnerável, em razão do estágio de desenvolvimento cognitivo em que se encontra, as crianças não são consideradas confiáveis para fornecer informações factuais.
Criança como sujeito da pesquisa	Essa visão desafia a ideia de considerar a criança mero objeto da pesquisa. A criança não é vista como um ser ainda em formação, mas sim como um indivíduo em transformação na sua compreensão das coisas, que não se tornou completamente adulto. Crianças a partir de 8 anos já são consideradas aptas a fornecer consentimento ciente para sua participação em determinada pesquisa. Essa visão entende que crianças abaixo de 7 anos necessitam do consentimento paterno ou do responsável para participar de uma pesquisa.
Criança como um ator social no contexto do estudo	As crianças são vistas como atores sociais que afetam e são afetadas pelo contexto social em que vivem. Dessa forma, as crianças vivenciam experiências independentes no seu mundo social, e por causa disso é necessário escutar o que elas têm a dizer, se o pesquisador quiser se manter fiel aos dados. O foco desta perspectiva é escutar a criança. A etnografia é um dos meios mais utilizados porque permite uma aproximação maior com ela, fazendo que forneça informações que de outra forma não o faria. Isso é importante porque, caso não haja uma aproximação entre a criança e o pesquisador, este pode ser considerado pela criança igual aos outros adultos que não merecem total abertura de comunicação.
Crianças como participantes da pesquisa, ativamente coproduzindo o fenômeno e o estudo	Ao utilizar essa perspectiva, o pesquisador vê a criança como uma participante ativa da pesquisa. A criança não apenas verbaliza suas experiências para o pesquisador, mas também participa ativamente na criação e desenvolvimento do design e da estratégia de coleta de dados da pesquisa. Esse tipo de pesquisa está focada na descoberta de como as crianças, em determinado contexto de infância, veem a si mesmas, suas experiências e suas relações. Essa perspectiva gera um desenho de pesquisa mais abrangente, utilizando diversos paradigmas de pesquisa (qualitativo e quantitativo).

Fonte: Christensen e Prout (2010).

Como já bastante enfatizado neste livro, a criança está inserida num processo de desenvolvimento físico, social e emocional que deve ser considerado em todas as atividades de marketing a serem realizadas. Independentemente da idade do infante, algum tipo de mudança está ocorrendo. Diante disso, são diferentes as capacidades da criança para participar de pesquisa de marketing. Por exemplo, é difícil imaginar uma criança de 5 anos preenchendo corretamente um questionário sem a ajuda de um adulto. Este capítulo abordará as diferentes estratégias de pesquisa existentes e como elas podem ser aplicadas e adaptadas ao consumidor infantil.

Principais considerações sobre a pesquisa com crianças

O processo de pesquisa com as crianças pode ter dois focos distintos. No primeiro, a empresa conduz a pesquisa aplicada, ou seja, ela busca compreender a aceitabilidade de alguma estratégia de marketing entre o público-alvo. Essa pesquisa é feita pelas empresas com foco exclusivo na tomada de decisão. Empresas focadas no consumidor infantil geralmente realizam pesquisa aplicada com enfoque no lançamento de novos produtos e na aceitabilidade/efetividade dos comerciais (McNeal, 1987):

- Lançamento de novos produtos: geralmente são feitos testes de conceito para avaliar a aceitabilidade de um novo produto entre as crianças. Isso é feito por meio de amostras, desenhos ou modelos do produto que são oferecidos para as crianças em busca de suas opiniões ou nível de entusiasmo em relação ao produto. Muitas vezes, este tipo de atividade é conduzido em grupos de foco. Nesse momento, também é possível testar outras variáveis do composto de marketing, como embalagem, nome da marca, preço etc.
- Propaganda: pesquisa que busca testar comerciais antes de sua custosa veiculação nos diferentes tipos de mídia. Como o custo para produzir e veicular um comercial é muito alto, as empresas buscam testar o impacto do comercial com base em suas cores, letras e texto, sons e impacto do produto e do comercial no seu todo.

No segundo foco, existe a pesquisa pura, que é realizada por acadêmicos e visa um entendimento mais aprofundado dos fenômenos que envolvem o consumidor infantil. Observa-se que os acadêmicos apresentam também alguns focos mais específicos, como:

- Entendimento das ações das crianças como consumidoras: grande parte da pesquisa conduzida nas universidades busca compreender o comportamento do consumidor infantil. Esse enfoque privilegia a compreensão dos diferentes comportamentos que a criança apresenta.
- Entendimento da criança como um consumidor adulto embrionário: nesse sentido, os pesquisadores entendem que o comportamento da criança como consumidora é um estágio anterior do seu comportamento como adulto e, portanto, merecedor de estudos para gerar uma compreensão mais aprofundada do comportamento do consumidor de forma mais abrangente.

Seja qual for o enfoque adotado, é necessário ter em conta que a criança é um indivíduo frágil e por isso algumas questões devem ser analisadas antes de se sair a campo.

- As crianças não têm habilidades necessárias para articular o que pensam: essa incapacidade faz que elas tenham dificuldades em articular corretamente suas opiniões e atitudes, especialmente as crianças mais novas. Elas ainda não aprenderam o vocabulário e a sintaxe necessários para se expressar. Além disso, é normal que sejam tímidas e desconfiadas diante de adultos, principalmente dos desconhecidos.
- As crianças têm limitado conhecimento: elas ainda não conhecem todas as coisas que um adulto conhece. Têm um conhecimento limitado sobre o mercado, o processo de compra, as intenções das empresas, as propagandas e outros inúmeros temas relacionados ao consumo. Por isso, o pesquisador pode incorrer num sério erro ao abordá-las com o arcabouço mental de um adulto. É necessário imaginar se as crianças terão como compreender a abordagem da pesquisa que o pesquisador desenhou.
- As crianças têm um poder de raciocínio limitado: principalmente aquelas com menos de 8 anos, não possuem capacidade para raciocinar como adultos. Além disso, podem raciocinar de forma diferente. Perguntar a elas por que preferem ou querem alguma coisa dificilmente trará resultados utilizáveis.
- As crianças têm limitada capacidade para ler e escrever: certamente ainda não desenvolveram todas as habilidades de leitura e escrita que um adulto médio possui. Sendo assim, a aplicação de questionários, sem dúvida, trará problemas para o pesquisador, a não ser que o questionário tenha sido amplamente testado para verificar se as crianças o compreendem. No que concerne às escalas, elas podem ter dificuldades em compreender a diferença entre "concordo" e "concordo parcialmente", pois em sua leitura concreta ambas são equivalentes. Uma alternativa a esse problema foi a criação de escalas com desenhos ou faces (Wells, 1965), porém estes podem inserir algum tipo de viés na pesquisa ao distrair as crianças ou fazer que elas se lembrem de uma pessoa.
- As crianças são mais centradas em si mesmas que os adultos: a vida das crianças gira em torno de um conjunto social muito mais restrito. Por conseguinte, alguns temas de pesquisa, que podem ser interessantes para os adultos, podem não significar muito para as crianças. Se o tema não for interessante para elas, muitos problemas vão surgir durante a coleta de dados. Elas não terão paciência para preencher um questionário e não participarão ativamente de conversações em grupo (grupo de foco) ou individuais (entrevista em profundidade). Além disso, a capacidade das crianças em prestar atenção a outras coisas que não a si mesmas e ao que lhes interessa é muito limitada. Por essa razão, o pesquisador deve cuidar para que o contato com elas não se torne demorado e cansativo demais.

Tendo essas questões em mente, o pesquisador estará mais capacitado para ir a campo e começar seu trabalho de coleta de dados. Porém algumas precauções devem ser tomadas com o tipo de questão que será colocado para as crianças.

Um aspecto importante do processo de pesquisa que será realizado com as crianças diz respeito às capacidades delas em lidar com diferentes tipos de questões as quais envolvem conceitos ainda não compreendidos por elas corretamente (Greig e Taylor, 1999):

- Questões que envolvem "Quem?", "O quê?" e "Onde?" podem ser feitas para crianças bastante novas, pois elas possuem a capacidade de identificar pessoas, objetos e lugares, tanto verbalmente como apontando para um objeto, pessoa, desenho, figura etc.
- Já questões que envolvem "Por quê?", "Quando?" e "Como?" somente podem ser feitas para crianças em idade escolar, ou seja, a partir dos 5 anos. Antes disso, elas ainda não têm a capacidade de responder consistentemente a esse tipo de pergunta.
- Quando as perguntas envolvem o passado, o presente e o futuro, também existem restrições. Crianças pré-escolares (com menos de 5 anos) conseguem falar sobre o passado e o presente, porém o conceito de tempo ainda não está completamente desenvolvido. As crianças podem encontrar dificuldades em expressar verbalmente de forma correta o momento em que determinado evento aconteceu. Além disso, elas utilizam acontecimentos diários, como refeições ou um programa televisivo como referência para organizar os acontecimentos.

Os pesquisadores que colocarem questões que se apoiam na memória das crianças para serem respondidas também encontrarão dificuldades (Greig e Taylor, 1999). As crianças somente podem ser comparadas com adultos com relação à memória depois dos 10 anos. Caso haja a necessidade de fazer as crianças se lembrarem de algum evento, será necessário utilizar brinquedos familiares e encenações com a ajuda de brinquedos.

Além do que já foi discutido sobre as adaptações que podem ser feitas para garantir a qualidade da pesquisa com crianças, existem alguns erros básicos que devem ser alvo de análise do pesquisador quando for realizar sua pesquisa (Peracchio e Mita, 1991).

Quadro 12.2 – Sete regras para evitar os erros comuns na pesquisa com crianças

Regra	Explicação
Tenha certeza de que o assunto a ser tratado é conhecido pelas crianças.	As crianças processam melhor as informações que pertencem a um contexto que já conhecem. Use como pano de fundo da pesquisa situações que são familiares a elas. Devem ser utilizados lugares, situações, produtos e marcas que as crianças já conhecem.
Forneça um contexto rico e inúmeras pistas para lembrar.	Esse tipo de informação tornará a tarefa de recordar alguma situação bem mais fácil para as crianças. A familiaridade com o contexto torna mais rápido e fácil o processo de recuperação da informação na memória.
Inclua apenas elementos que são absolutamente necessários para sua tarefa e use um nível mínimo de estímulos para experimentos.	Ao utilizar elementos desconhecidos ou muitos estímulos simultaneamente, o pesquisador sobrecarregará a capacidade cognitiva das crianças. Isso fará que elas tenham dificuldade em compreender e participar corretamente da pesquisa.
Minimize a complexidade da tarefa que as crianças vão realizar.	Por exemplo, se a tarefa consiste em selecionar produtos, utilize apenas dois ou três. Um número maior de produtos aumentará a complexidade da comparação e sobrecarregará mentalmente as crianças.
Empregue a linguagem utilizada pelas crianças no dia a dia.	Linguagem coloquial local e regional deve ser utilizada, como o nome de objetos e locais. Se as crianças tiverem de gastar muito tempo entendendo a linguagem utilizada, não conseguirão responder corretamente.
Destaque os elementos mais importantes da tarefa e faça as crianças se centrarem neles.	As crianças devem ser direcionadas para focar aquilo que há de mais importante entre os objetivos da pesquisa. A falta de orientação pode levá-las a perder o foco e dedicar a atenção a aspectos que não são relevantes.
Empregue objetivos claros e atingíveis para as crianças seguirem.	Se a tarefa que as crianças tiverem de cumprir for extensa, é necessário dividir o processo em etapas menores para que elas consigam realizá-la de forma correta.

Fonte: Peracchio e Mita (2010).

De forma geral, as ideias apresentadas no Quadro 12.2 sinalizam para a necessidade de conduzir a pesquisa com atenção às limitações da criança. Isso significa tornar o processo de pesquisa mais simples e atrativo à criança.

Com quem fazer a pesquisa: crianças, adultos ou ambos

A princípio, é possível imaginar que, para ter acesso às informações sobre o comportamento das crianças, basta conversar com elas ou com seus pais, porém nem sempre isso se verifica (McNeal, 1992). Muitas vezes, a criança terá dificuldades em verbalizar o que está sentindo. Da mesma forma, os adultos podem não ter a correta compreensão do que fazem ou pensam as crianças (Veloso et al., 2008). Por isso, além de conversar com as crianças, será necessário pôr em prática outras estratégias de coleta de dados para ter acesso a informações valiosas sobre o comportamento delas. A forma como a pesquisa deve ser estruturada dependerá do que se quer identificar.

Adultos que estão em contato direto com a criança podem ser fonte de interessantes informações sobre ela. Entre esses adultos, destaca-se o papel dos pais. Por exemplo, caso o pesquisador queira obter informações sobre como a criança obtém renda (mesada, presente, tarefas realizadas), gasta seu dinheiro (revistas, doces, poupança para uma futura compra maior) ou onde ela guarda o dinheiro (no quarto, no banco, com os pais), os pais podem ser os portadores dessas informações.

Conforme exemplificado, a participação dos pais pode ser útil quando o tema pesquisado assim indicar. De forma geral, isso ocorre quando se busca identificar o comportamento observado do infante, em vez de variáveis que não podem ser observadas, como preferência, satisfação ou compreensão de material propagandístico. No entanto, é importante salientar que algumas decisões que a empresa deverá tomar em relação à estrutura da pesquisa deveriam ser feitas com base na opinião dos pais, já que muitas vezes são eles os responsáveis pela decisão de compra. Por exemplo, não somente a compreensão e a atitude das crianças em relação a uma peça publicitária devem ser usadas. A atitude dos pais quanto à propaganda também se configura como informação importante e com forte influência na venda do produto.

Em outros momentos, talvez o foco da pesquisa seja a interação das crianças com um brinquedo. Para esses casos a pesquisa deverá ser baseada em técnicas que não interfiram na relação das crianças entre si e com o brinquedo, jogo ou produto que uma empresa pretenda lançar, pois muitas informações interessantes podem ser captadas ao observá-las nesse tipo de atividade.

Paradigmas de pesquisa

A pesquisa de marketing pode fazer uso de dois paradigmas proeminentes de pesquisa: o qualitativo e o quantitativo. Cada um desses paradigmas possui diferentes entendimentos do processo de pesquisa e de como abordar cada problema de pesquisa. Um pesquisador que não se prende diretamente a um desses paradigmas possui um entendimento mais completo do processo, pois a forma como ela será realizada depende de seu objetivo e do contexto em que será aplicada (Campomar, 1991). Mesmo porque a metodologia qualitativa e a metodologia quantitativa não são mutuamente exclusivas (Maanen, 1989) (Quadro 12.3).

Quadro 12.3. Pesquisa qualitativa e quantitativa

Quantitativo (Positivismo)		Qualitativo (Construtivismo)
A natureza da criança é objetiva e independente da percepção. Foco na teoria, generalização e predição.	Premissas	A natureza da criança é subjetiva, seu conhecimento é simbólico e socialmente construído e sua percepção é criada em conjunto com os outros.
As crianças são estudadas em ambientes controláveis, variáveis isoladas, medidas, correlacionadas e amostras escolhidas.	Métodos	As crianças são estudadas em contextos naturais. Seu comportamento ocorre livremente, é contextual, holístico. Busca-se a perspectiva dos participantes e os dados são descritos e interpretados.
Prescrições para comportamentos normais e produtos.	Questões	As crianças são participantes ativas da construção de seu próprio mundo social. As questões são abertas e direcionam a busca pelas perspectivas.
Controlado, padronizado.	Contextos	Natural, fenômenos socialmente construídos.
Amostras grandes.	Participantes	Perspectiva individual do participante.
Predefinições, listagens, expressões estatísticas, observações, questionários, entrevistas.	Coleta de dados	Dados não obstrutivos, buscando conhecimento sobre o envolvido, gravações verbais, notas de campo e métodos similares, como observações e entrevistas utilizadas diferentemente.
Modelos lineares, dedutivos, computação, estatísticas.	Análise de dados	Modelos recursivos, indutivos.
Sumário de relações estatísticas.	Achados de pesquisa	Narrativas detalhadas, revelando a perspectiva dos participantes.
Predizer, prescrever o que deve ser.	Objetivo	Explicar e descrever o que é.

Fonte: Hatch (1999, p. 48)

No que se refere à pesquisa com crianças, é possível dizer que predomina a pesquisa qualitativa. As características dos métodos de pesquisa quantitativa dificultam sua realização com esse público. É muito mais fácil conversar e observar o comportamento das crianças que obter sua atenção para a correta compreensão e preenchimento de questões fechadas em um questionário.

Pesquisa qualitativa

Em grande parte da pesquisa qualitativa não há medidas e as possíveis inferências geralmente não são estatísticas, mas sim baseadas em análises aprofundadas do material coletado (Campomar, 1991) por meio de entrevistas, grupos de foco, observação, etnografia etc. A forma de coletar os dados na pesquisa qualitativa assume as mais diferentes formas, não existindo uma lista de ferramentas estanque. Entre essas diversas possibilidades, o pesquisador deve planejar sua coleta de dados tendo em mente o setor em que sua empresa atua, as informações que pretende coletar e o estágio de desenvolvimento físico e social das crianças que intenciona pesquisar.

Observação

A técnica de pesquisa denominada observação ocorre quando o pesquisador observa as crianças individualmente, em relacionamentos, em diferentes contextos e se pergunta: "o que elas veem, o que elas sentem, o que elas pensam, o que elas fazem?" (Greig e Taylor, 1999). Esse processo de pesquisa exige bastante do pesquisador, pois ele terá de lidar com suas percepções, seus sentimentos, pensamentos e suas ações ao observar as crianças.

Esse tipo de pesquisa varia no nível de inserção do pesquisador no grupo a ser observado. No seu sentido mais puro, a técnica de observação pressupõe que não existe uma interferência do pesquisador na situação observada. O pesquisador busca manter-se totalmente fora da visão do observado para não interferir de alguma forma no comportamento deste. Se a criança perceber que está sendo observada, provavelmente mudará seu comportamento. Esse tipo de distanciamento do pesquisador é desejável e permite maior liberdade de ação para as crianças. É possível dizer que os resultados encontrados por meio desse tipo de observação são mais confiáveis. Esse tipo de observação, que enfoca a criança no seu ambiente de observação, é denominado naturalista. Os outros tipos de observação são listados a seguir (Greig e Taylor, 1999):

- Observação controlada: nesse tipo de observação a criança é inserida em determinado ambiente que foi ou será manipulado de alguma forma, mas é deixada para se comportar de forma espontânea.
- Observação participante: o pesquisador faz parte do grupo ao qual observa.
- Observação não participante: o pesquisador apenas observa, como o pesquisador que observa o comportamento de uma mãe e seu filho por meio de um espelho de duas faces.
- Observação disfarçada: o pesquisador participa do grupo observado, mas não informa aos participantes sobre seu papel como pesquisador.

As técnicas de observação são muito úteis para fazer pesquisa com crianças que não têm as habilidades verbais para comunicar suas opiniões, atitudes e seus sentimentos ao pesquisador. Além disso, a observação evita a ocorrência de erros na coleta de dados com pais que não têm informações precisas acerca do que seus filhos fazem ou pensam (McNeal, 1992). Sugere-se que esse tipo de pesquisa seja feita em ambientes naturais para a criança, como a escola, sua casa, o ambiente do varejo ou a vizinhança (Greig e Taylor, 1999). Submeter as crianças a um ambiente onde será realizada alguma manipulação pode ser bastante complicado, pois elas podem estranhar os adultos ou os locais que não conhecem, inviabilizando ou enviesando a pesquisa.

É bastante interessante o uso da observação para momentos em que as decisões de compra são tomadas pela família. A compreensão do papel da criança como influenciadora do processo decisório familiar pode trazer importantes informações para os tomadores de decisão em marketing (McNeal, 1992). Exemplo de conclusões resultantes desse método é o fato de que a criança certamente apresentará uma importância maior em algumas categorias de serviços, como na escolha do restaurante para almoçar num shopping center e do filme a ser assistido no cinema.

Ao observar as crianças, também é possível identificar informações sobre a linguagem delas, o que pode ser útil para outras pesquisas (McNeal, 1992). Se for conduzida uma pesquisa quantitativa posteriormente, o conhecimento sobre o vocabulário e os termos utilizados pelas crianças permite adaptar o questionário para a realidade infantil.

É muito importante, tanto para as empresas como para os acadêmicos de marketing, compreender como a criança se relaciona com seus colegas, seja na escola, na vizinhança, no clube ou em qualquer ambiente onde tenha contato com outras crianças. É a partir desse tipo de observação que será possível compreender as interferências que o grupo causa no comportamento dela.

A observação da criança no seu próprio domicílio é mais complicada, mas, se feita adequadamente, pode permitir uma visão mais próxima do relacionamento entre a criança, seus pais e as diferentes mídias (televisão, internet, rádio) que estão à disposição dela. Porém dificilmente o pesquisador conseguirá observar a criança no domicílio de forma não intrusiva. Também é possível tentar simular o domicílio em ambientes de laboratório, no entanto, dificilmente a criança e os pais terão o mesmo comportamento e, portanto, algum viés será inserido nessa pesquisa (McNeal, 1992).

A relação da criança com seus pais também pode ser observada em ambientes varejistas, visando identificar qual o papel da criança na escolha de determinados produtos, como os pais lidam com os pedidos feitos, quais são as estratégias da criança para pedir esses produtos e assim por diante. Nesses casos, surge uma questão ética sobre a privacidade das pessoas observadas (McNeal, 1992). Por exemplo, ao adentrar uma loja de conveniência a pessoa não sabe que está sendo observada e se for avisada de antemão, a pesquisa perderá sua maior riqueza que é captar o comportamento de forma não intrusiva. São dilemas que o pesquisador deverá levar em conta ao planejar sua pesquisa.

A observação nos ambientes varejistas traz importantes informações que podem ser utilizadas para gerenciar a disposição do ambiente para torná-lo mais adequado ao consumidor infantil. Por exemplo, uma loja de conveniência observou o comportamento das crianças para poder alocar as revistas destinadas a adultos de forma que ficassem fora do alcance delas (McNeal, 1992). A empresa também pode realizar observações no próprio ambiente de serviços, se for este o mercado em que atua. Compreender como a criança lida com o ambiente de serviços pode ser fundamental para verificar se existem problemas. Prateleiras muito altas e produtos mal distribuídos na gôndola são apenas dois exemplos de resultados que podem ser encontrados.

Foram listados apenas alguns exemplos de como a técnica de observação pode ser utilizada para estudar a criança. O uso dessa técnica vai depender muito da criatividade do pesquisador diante do problema de pesquisa que se apresenta, do ambiente onde será realizada a pesquisa e do tipo de criança que pesquisará.

Antes de ir a campo, o pesquisador precisa conhecer o ambiente onde fará a observação e ter alguma ideia do que pretende observar. A teoria de marketing, psicologia ou pedagogia pode ser extremamente útil para que o pesquisador tenha uma ideia de quais são os conceitos envolvidos no fenômeno que ele pretende observar. Por exemplo, se ele busca compreender o comportamento da criança como consumidora de uma sessão de cinema, seria necessário buscar na literatura informações sobre a relação da criança com os estímulos que ela vai sofrer ao ir ao cinema. Questões como altura do som e o medo da escuridão podem impactar o comportamento da criança e por isso devem ser compreendidas pelo pesquisador. Este é um exemplo de como a literatura pode basear a estruturação do processo de observação.

Seja qual for o ambiente onde a observação será realizada, o pesquisador deverá de alguma forma gravar as situações observadas. Isso pode ser feito por meio de câmeras de vídeo ou por anotações no diário do pesquisador. Seja qual for a forma encontrada, ao final do processo de observação espera-se que o resultado seja a descrição de uma série de situações vivenciadas pelas crianças no ambiente de serviços. A partir dessas situações o pesquisador vai buscar sentido no comportamento dos envolvidos.

A análise dos dados na pesquisa por observação depende em grande parte do próprio pesquisador. É ele quem dará significado ao que viu durante o processo de coleta de dados. Essa análise, quando realizada por apenas um pesquisador, pode trazer um viés muito alto. Sugere-se que as observações sejam realizadas por ao menos dois pesquisadores e que o material resultante seja analisado individualmente num primeiro momento, para que posteriormente seja possível comparar as duas análises feitas. Esse método permite que haja um sensível aumento na qualidade da análise. Evita-se assim que ocorram erros na análise, devidos às características individuais de um dos pesquisadores.

Grupo de foco

Um grupo de foco consiste numa entrevista guiada por um moderador com certo grupo de pessoas. Geralmente o moderador é um psicólogo treinado nesse tipo de atividade e a entrevista é realizada numa sala especial com espelhos de duas faces e aparelhagem de gravação. Atrás do espelho ficam os contratantes da pesquisa, sejam eles pesquisadores acadêmicos ou gerentes de marketing das empresas. Quando o grupo é realizado com adultos, a duração chega até três horas e o grupo é composto por oito a doze pessoas. Com crianças é necessário diminuir esse tempo e o tamanho do grupo para cerca de seis ou oito crianças (Guber e Berry, 1993).

O grupo de foco permite inúmeras variações, tanto na composição dos grupos, no local onde é realizado e nas atividades que são feitas (McNeal, 1992). Essas inúmeras possibilidades são a maior vantagem dessa técnica. O pesquisador pode oferecer produtos para serem manipulados, apresentar propagandas e pedir opiniões, questionar as crianças sobre inúmeros tópicos de interesse, testar embalagens etc.

Cada uma das atividades realizadas nos grupos de foco tem uma função, que pode ser testar novos produtos, auxiliar na criação de novas estratégias promocionais ou nas mudanças no posicionamento da empresa. Seja qual for o objetivo, o grupo de foco é guiado por um roteiro de entrevista que é previamente elaborado com base nas informações que se busca coletar. A elaboração desse roteiro deve tomar como base a teoria de marketing, com o objetivo de dar sustentação teórica para os achados da pesquisa. Mesmo pesquisadores que estão prestando serviços para empresas devem construir sua pesquisa na teoria. Dados secundários, que tenham, de alguma forma, tratado do tema pesquisado, também podem ser úteis para a criação de um roteiro de entrevista mais adequado.

Vale lembrar que as crianças possuem limitações quanto à sua capacidade de verbalizar o que estão pensando e sentindo. Por isso, sugere-se o uso de técnicas alternativas para construir uma ponte entre o pesquisador e as crianças. Em vez de apenas fazer perguntas, o pesquisador pode utilizar vasta gama de estratégias e materiais para envolver as crianças, transformando a entrevista numa ocasião divertida e interessante (Fargas-Malet et al., 2010). Nesse sentido, podem ser utilizadas técnicas projetivas, como a coleta de desenhos.

Ao selecionar as crianças que vão participar dos grupos, é preciso atentar para questões relacionadas à idade e ao gênero. É recomendável organizar grupos com crianças do mesmo sexo e com idade muito similar. Apenas um ou dois anos de diferença na idade das crianças podem gerar diferenças significativas em capacidade cognitiva e centros de interesse, o que prejudicará o andamento do grupo de foco. A divisão dos participantes do grupo de foco com base no sexo também se faz necessária, uma vez que meninas e meninos da mesma idade apresentam comportamentos diferentes. Caso estejam misturados, é grande a chance dos meninos dominarem o grupo, impedindo a participação mais ativa das meninas (Guber e Berry, 1993).

As salas tradicionalmente utilizadas para grupos de foco destinados a adultos possuem uma grande mesa no centro. Porém, para as crianças, essa organização do espaço onde a entrevista será conduzida é inadequada. É recomendável colocar a mesa no canto e dar liberdade para as crianças se sentarem no chão (Guber e Berry, 1993). Elas se sentirão mais à vontade e, de certo modo, estarão niveladas com o pesquisador responsável por coordenar o grupo. Caso o local de realização da pesquisa seja a escola, é recomendável encontrar um espaço alternativo à sala de aula para realizar a pesquisa (Fargas-Malet et al., 2010).

Ao iniciar o grupo de foco o pesquisador deverá gastar algum tempo deixando as crianças à vontade. Esse processo é coordenado pelo moderador do grupo. Ele deverá circular livremente pela sala, conversando com as crianças sobre elas mesmas (Fargas-Malet et al., 2010). A seguir, o moderador deverá se apresentar e explicar as razões da realização daquele encontro. Ele deve ressaltar às crianças que suas opiniões são importantes e que elas estão livres para falar abertamente (Guber e Berry, 1993). Caso as crianças sejam muito novas, com idade inferior a 6 anos, é recomendável realizar uma atividade física antes de iniciar os questionamentos verbais mais complexos (Guber e Berry, 1993).

No contexto do grupo de foco, outras técnicas de pesquisa podem ser utilizadas. É particularmente útil solicitar que as crianças façam desenhos sobre algum tema relacionado ao objetivo da pesquisa para depois utilizar esses desenhos como base para questionamentos diversos. Além disso, o uso de desenhos permite que elas exponham livremente suas opiniões, sem a pressão do grupo ou a influência das outras crianças presentes no ambiente da pesquisa (Guber e Berry, 1993).

O pesquisador também pode requisitar que as crianças encenem e façam de conta que estão utilizando ou apresentando determinado produto a seus amigos (Guber e Berry, 1993). A intenção é criar uma situação em que a criança possa explorar suas ideias de forma livre, porém na direção que interessa ao pesquisador.

12 Pesquisa de marketing e o consumidor infantil

Durante o grupo de foco, o pesquisador pode desejar a opinião das crianças sobre algum tópico em particular. Para evitar que elas sejam influenciadas umas pelas outras, talvez seja necessário criar algumas alternativas para obter esse tipo de opinião. Por exemplo, o pesquisador pode realizar uma votação por escrito. Permitindo, assim, que cada criança dê sua opinião por meio de um voto secreto. Outra opção para solicitar uma opinião é o uso de símbolos, como os apresentados na Figura12.2.

Figura 12.2 – Exemplo de escala utilizando "faces".

Uma forma alternativa de realizar esse tipo de questionamento é utilizar uma pelúcia no formato de menino ou menina (sem rosto) e pedir que as crianças escolham entre diferentes velcros com o formato de rosto que representam as emoções (Greig e Taylor, 1999). A ideia é semelhante ao uso das faces, com objetivo de que a criança possa expressar seus sentimentos sem necessariamente verbalizá-los.

Em alguns casos o comportamento da criança, como choro ou recusa em responder ao pesquisador e em interagir (desenhar, escrever), pode ser uma forma de comunicação (Cree, Kay e Tisdall, 2002). É importante que o pesquisador esteja atento a esse tipo de comportamento, pois pode expressar o desejo da criança em interromper a pesquisa. Nessa hora ele deve ter a sensibilidade de permitir que o processo de coleta de dados seja encerrado, evitando assim forçar a participação da criança (Greig e Taylor, 1999).

Outra técnica para obter informações no ambiente do grupo de foco é a solicitação de ordenamento, ranqueamento ou separação em pilhas que indique alguma opinião. Por exemplo, é possível perguntar para as crianças quais são suas principais preocupações e oferecer para elas uma série de cartões que deverão ser colocados em três pilhas diferentes denominadas grandes preocupações, médias preocupações e pequenas preocupações (Loveridge, 2010). Deriva dessa ideia a de requisitar às crianças que coloquem fichas, com algum tipo de estímulo, em potes. Seja qual for a forma de pôr em prática esse tipo de técnica, é possível obter a opinião da criança de forma lúdica e participativa.

Em outro estudo, os autores pesquisaram a autoimagem da criança com relação a marcas por meio de colagens (Chaplin e John, 2005). A partir de entrevistas em profundidade foram identificados os estímulos que compuseram os cartões que foram oferecidos às crianças para as atividades de colagem. Nesse caso, fugiu-se da forma tradicional de fazer colagem, que é oferecer ao participante uma série de revistas e jornais para ele recortar. Como os "recortes" ou estímulos já estavam prontos, facilitou-se o trabalho da criança, tornando a atividade mais interessante e divertida.

Coleta de desenhos

O uso de desenhos como ferramenta para coletar dados junto ao público infantil é bastante difundido na psicologia e na psiquiatria há mais de um século (McNeal, 1992). Outras áreas, como medicina e pedagogia, também fazem uso desta técnica há algum tempo. Na área do comportamento do consumidor e na pesquisa de marketing, ainda são poucas as experiências com o uso dessa técnica. A coleta de desenhos permite a comunicação com crianças que possuem algum tipo de dificuldade em verbalizar sentimentos, opiniões e pensamentos. Vale ressaltar que é natural que as crianças tenham algumas limitações na sua capacidade de verbalizar, muitas vezes em razão de seu estágio de desenvolvimento. Além disso, o prazer demonstrado pelas crianças em desenhar também indica esse método como adequado (Cox, 1992).

O uso de desenhos permite que o pesquisador obtenha *insights* nos pensamentos e sentimentos do artista, nesse caso, em particular, a criança (Thomas e Silk, 1990; Malchiodi, 1998; Foks-Appelman, 2007). Esses desenhos podem ser entendidos como "fotos" do que a criança tem armazenado na sua memória e essas fotos podem ajudar o pesquisador a compreender as razões que fazem a criança gostar de determinada marca, produto, programa, personagem etc. (McNeal, 1992).

Apesar de bastante útil, a coleta de desenhos também tem suas limitações, baseadas principalmente no desenvolvimento da capacidade da criança em desenhar e seu nível de interesse nesse tipo de atividade. O desenvolvimento da arte da criança acontece em três etapas:

- Estágio dos rabiscos: desenhos aleatórios de linhas e rabiscos circulares. Esse estágio acontece entre os 2 e 4 anos.
- Estágio esquemático: a criança desenvolve esquemas para representar figuras humanas, objetos e ambientes. Esse estágio acontece entre 4 e 6 anos.
- Estágio naturalístico: o desenho apresenta detalhes mais realistas e próximos ao mundo real. A partir dos 7 anos, as crianças passam a desenvolver a capacidade de desenhar de forma cada vez mais realista, descobrindo a profundidade espacial, movimento e cores na natureza.

12 Pesquisa de marketing e o consumidor infantil

O estágio de desenvolvimento da criança em relação ao desenho explica as limitações desse tipo de método de coleta de dados. Até completar 3 anos, em geral, a criança só consegue fazer rabiscos no papel (Di Leo, 1970). A partir dos 4 anos é que ela começa a conseguir se expressar por meio de desenhos, pois estes passam a fazer sentido (Foks-Appelman, 2007). A partir dos 9 anos, ela começa a buscar determinado nível de realismo nos seus desenhos que só é alcançado depois de muito treinamento. Outra limitação existente é o fato de, ao falhar em obter o realismo desejado, a criança pode deixar o desenho de lado pela própria incapacidade em atender a seus requisitos mínimos de qualidade do desenho (Cox, 1992). A falta de suporte para as investidas da criança no mundo da arte também pode gerar esse afastamento (Malchiodi, 1998).

A questão do realismo traz outros desdobramentos para o pesquisador de marketing. A criança vai desenhar e apagar seu desenho inúmeras vezes, até conseguir o resultado desejado. Além disso, ela vai representar aquilo que lhe interessa com uma atenção especial aos detalhes que acredita serem relevantes. Esses detalhes podem trazer à luz aquilo que a criança presta atenção nos produtos, embalagens, lojas, propagandas etc.

Outra vantagem do uso de desenhos é que estes podem ser uma forma de ligação entre a criança e o pesquisador. A relação entre os dois é pautada por uma significativa diferença de idade, que pode inibir a criança. O desenho tem a qualidade de construir uma ponte de comunicação entre ela e o pesquisador, derrubando as barreiras de comunicação que possam existir (Yuen, 2004).

O pesquisador pode focar sua atenção no processo, ou seja, na forma como o desenho é construído, ou no conteúdo do desenho em si, no que foi escrito e desenhado no papel (Vinter, 1999). Cada uma dessas perspectivas de análise poderá trazer resultados interessantes para o pesquisador. Outra forma de conduzir a análise é com base nos elementos que constroem o desenho como um todo. Por exemplo, o pesquisador pode analisar a posição das imagens na página, o número de pessoas na cena, o uso das cores e outros elementos para identificar os pensamentos e as emoções que bens ou serviços podem suscitar (Guber e Berry, 1993).

Tanto a presença como a ausência de elementos no desenho podem trazer interessantes informações para o pesquisador. Por exemplo, desenhos que envolvem a criança fazendo compras, mas que não apresentam referências ao uso do dinheiro e a necessidade de pagar pelos produtos, indicam que essa preocupação não faz parte de seus pensamentos (Veloso, Hildebrand e Campomar, 2011).

Os desenhos referidos no decorrer deste texto foram coletados com o tema "ir às compras". As crianças foram estimuladas a desenhar o que lhes viesse à mente sobre o momento da compra. A definição do estímulo pode ser testada para garantir que elas desenharão sobre o tema de interesse do pesquisador. Além disso, é necessário estar presente no momento da coleta de desenhos para garantir que caso um terceiro esteja conduzindo a coleta (por exemplo, o professor da classe), não ocorram interferências no processo ou excesso de explicações e exemplos que podem enviesar os temas representados nos desenhos. Por exemplo, se o responsável pela coleta de desenhos for explicar com mais detalhes o que deve ser desenhado e der exemplos de tipos de lojas e marcas varejistas, isso certamente será representado pelas crianças com maior frequência.

A técnica de análise mais estruturada para extrair informações dos desenhos é a análise de conteúdo (Bardin, 2002). Essa técnica pressupõe que o material será analisado na sua totalidade, que serão criadas categorias mutuamente exclusivas e que o conteúdo do material (desenhos) será alocado nas categorias criadas. O resultado desse processo é uma análise mais completa e abrangente de todo o conteúdo que as crianças inseriram nos seus desenhos. As categorias que emergirem com o maior número de itens certamente representam algum nível de importância para as crianças (McNeal, 1992).

Pesquisa quantitativa e aplicação de questionários

A pesquisa quantitativa tem seu foco na generalização e predição, ou seja, a partir da teoria procura-se elaborar instrumentos (geralmente questionários) que possibilitem mensurar quantitativamente o comportamento dos pesquisados. Os dados coletados são analisados por meio de ferramentas estatísticas e procuram resultados conclusivos.

O uso de questionários é justificado quando se busca informações sobre um grupo maior de pessoas e quando se quer testar hipóteses de pesquisa. O processo de pesquisa é bastante complexo e exige do pesquisador uma série de cuidados adicionais por conta das características das crianças.

Os questionários podem ser utilizados para coletar informações sobre as atividades que interessam às crianças, sobre suas marcas preferidas, de quais propagandas elas se lembram, que músicas, programas de televisão, sites e esportes gostam, como se sentem a respeito de seus pais e familiares, aonde gostam de ir nas férias, e quais são seus sentimentos sobre outras questões relacionadas ao seu estilo de vida (Guber e Berry, 1993).

Atualmente, a internet e as diferentes possibilidades de interação oferecidas também podem ser alvo de questionamentos que objetivam identificar quais os sites preferidos, como é a relação da criança com as redes sociais (Orkut, Facebook e Twitter), como utilizam os meios de comunicação instantânea (Messenger e Skype), que sites acessam para a obtenção de informações. Vale lembrar que a internet é acessada por meio de computadores, *smartphones* etc., que oferecem outras diferentes alternativas de entretenimento para a criança, como filmes, música, downloads, jogos etc. Também pode ser interessante mergulhar nesses temas para descobrir como as crianças lidam com essas questões.

A aplicação de questionários não é adequada para determinadas idades. O pesquisador deve utilizar questionários apenas quando as crianças tiverem capacidade de ler e escrever. Sugere-se que a criança esteja na escola e já tenha alguma experiência em ler e escrever, o que geralmente acontece por volta dos 7 ou 8 anos (McNeal, 1992). Além disso, caso o pesquisador utilize formatos diferenciados de questões, deverá haver uma preocupação com a capacidade da criança em lidar com o que é solicitado no questionário. Para crianças mais novas, escalas mais simples são indicadas. Nas figuras 12.3 e 12.4 são apresentados alguns exemplos de escalas que podem ser utilizadas para medir diferentes opiniões e atitudes.

Eu gosto de propagandas televisivas	NÃO	não	sim	SIM
	☐	☐	☐	☐

Figura 12.3 – Escala de sim/não de quatro pontos.
Fonte: Derbaix e Pecheux (2003).

A escala de sim/não de quatro pontos trabalha o tamanho das palavras como sinal da intensidade das respostas. A explicação para cada um dos elementos da escala é:

- SIM: eu concordo muito;
- sim: eu concordo;
- não: eu discordo;
- NÃO: eu discordo muito.

Já a escala de faces apresentada na Figura 12.6 utiliza expressões faciais simples de serem reconhecidas para indicar a opinião da criança sobre determinado assunto.

A propaganda é ...

Divertida　　　　　　　Pouco divertida

☺ ☺ ☹ ☹

Figura 12.4 – Escala de faces.
Fonte: Derbaix e Pecheux (2003).

Derivada da ideia das faces, foram criadas outras escalas que buscam medir as opiniões e atitudes das crianças com elementos que lhe são próximos.

Quadro 12.4 – Escalas para medir atitudes com crianças pré-escolares

	5	4	3	2	1
Estrela	☆	☆	☆	☆	☆
	Gosto um montão	Gosto	Gosto um pouquinho	Não gosto um pouco	Não gosto de jeito nenhum
Múltiplas estrelas	☆☆☆☆☆	☆☆☆☆	☆☆☆	☆☆	☆
	Ótimo	Um pouquinho ótimo	Mais ou menos	Um pouco ruim	Ruim

Fonte: Macklin e Machleit (1990).

Figura 12.5 – Escala de sol e chuva.
Fonte: Adaptado de McNeal (1999, p. 236).

As escalas apresentadas também podem ser utilizadas como exemplos do uso da simplicidade na construção das questões. Enquanto a Figura 12.3 questiona de forma direta e simples se a criança gosta de propagandas televisivas, na Figura 12.4, a questão recai sobre quão engraçadas são as propagandas. Já no Quadro 12.4, utilizam-se elementos que fazem parte do imaginário da criança. Além das estrelas, também seria possível utilizar expressões faciais (feliz, triste, nervoso), desenhos de crianças pulando (quanto maior o pulo, maior a intensidade do sentimento da criança) e também o sol e a chuva como opostos (Figura 12.5).

Evitam-se palavras que remetam a opiniões que as crianças podem ainda não ter uma correta compreensão. Ao utilizar esse tipo de escala, a criança não precisa escrever, ela pode apenas apontar para o desenho que melhor representa seus sentimentos (McNeal, 1992). Isso pode ser muito útil para crianças pequenas.

Os questionários podem ser construídos com questões fechadas ou abertas. As questões abertas permitem que os respondentes expressem livremente suas opiniões (Greig e Taylor, 1999), porém isso pode gerar algumas dificuldades na etapa das análises. Cabe ao pesquisador decidir para qual lado vai caminhar em razão dos *trade offs* envolvidos.

Outros métodos de pesquisa com o consumidor infantil

Pesquisar o consumidor infantil é certamente um dos grandes desafios que empresas, profissionais da pesquisa de marketing e acadêmicos em geral enfrentam. O uso de técnicas de pesquisa desenvolvidas para o público adulto aplicada às crianças gera muitas distorções e problemas (McNeal, 1999). Por isso, é saudável que os interessados nesse público utilizem sua criatividade para idealizar novos métodos de pesquisa que levem em consideração suas particularidades.

Ser criativo significa às vezes ir ao encontro do que já está estabelecido. Por exemplo, se a diferença de idade (adultos entrevistando crianças) cria um distanciamento entre o pesquisador e o pesquisado, então por que não utilizar crianças para entrevistar outras crianças (McNeal, 1999)? Crianças, principalmente aquelas entre 5 e 10 anos, podem ser bastante tímidas. As formas para evitar isso incluem entrevistas por meios eletrônicos (internet) e até mesmo a utilização de recursos sonoros (gravações) para fazer perguntas sem a necessidade da presença de um adulto (McNeal, 1999). Estes são apenas alguns poucos exemplos de como a criatividade pode ajudar no desenvolvimento da pesquisa focada na criança.

Ao desenvolver esses métodos inovadores de pesquisa, parte-se do pressuposto de que a criança possui uma vida própria que é recheada de experiências (Morrow e Richards, 1996). Sendo assim, cada método desenvolvido representa uma tentativa de o pesquisador se inserir no mundo da criança para captar de forma mais adequada às informações de que necessita.

Ambiente virtual: não só as crianças, mas todos estão em algum nível adentrando ao mundo virtual. O crescimento das redes sociais, dos blogs e sites interativos gerou para o público infantil uma nova forma de comunicação, de construção de relacionamentos e de entretenimento. Esse enfoque de pesquisa visa compreender como se dá a vivência no mundo virtual, ou seja, compreender o comportamento das crianças na internet. Os problemas enfrentados nesse caso se relacionam principalmente com as questões éticas da coleta de dados on-line.

Fotografias: alguns pesquisadores têm utilizado fotografias e técnicas projetivas para aprofundar o conhecimento sobre o dia a dia das crianças (Banister e Booth, 2005; Bartholomew e O'Donohoe, 2003; Chitakunye e MacLaran, 2008). Outros pesquisadores cederam máquinas fotográficas e pediram para elas documentarem seus quartos (Bartholomew e O'Donohoe, 2003) e situações relacionadas à alimentação (Chitakunye e MacLaran, 2008). Estes são alguns exemplos de como é possível para o pesquisador ter acesso a algumas informações que de outra forma não teria.

Histórias em quadrinhos e narrativa documental: pesquisadores solicitaram que as crianças contassem sobre sua vida como imigrantes por meio de uma fotonovela (Kirova e Emme, 2008). As crianças frequentaram um workshop sobre fotografia e sobre o formato da fotonovela, que envolve quadrinhos, balões e fotografias.

Seja qual for a técnica utilizada, deve haver uma preocupação com a capacidade de com ela obter das crianças informações que sejam úteis no desenvolvimento de bens e serviços mais adequado ao público infantil.

13 Legislação e ética no marketing aplicadas ao público infantil

Estudar o marketing para a criança, como têm feito os autores deste livro, não é tarefa fácil. De modo geral, as pessoas já possuem uma visão negativa da disciplina de marketing, como uma forma capitalista de fazer pessoas quererem coisas de que não precisam (Campomar, 2011). Essa visão equivocada surge a partir dos efeitos que o uso inadequado das ferramentas de marketing pode ter sobre as pessoas. O conceito de marketing, no seu sentido mais filosófico, aponta para o estudo das necessidades das pessoas para o fornecimento de bens e serviços que tenham utilidade na vida humana. O objetivo do marketing é compreender os clientes e oferecer a eles produtos que lhes tragam benefícios. Isso é feito por meio de uma série de ferramentas e técnicas que foram desenvolvidas ao longo do último século.

O problema reside nos maus profissionais de marketing que ludibriam os consumidores. Esses profissionais vendem o que não possuem, fazem propagandas enganosas, dizem que estão oferecendo descontos quando não estão, em suma, se aproveitam das diferenças de acesso à informação para enganar o consumidor. Esse tipo de ação deve ser atribuída ao mau profissional, não à disciplina de marketing.

É nesse contexto que surge a necessidade de apresentar a questão da ética aplicada ao marketing que foca o consumidor infantil. Ética é um ramo da filosofia que estuda questões relacionadas aos valores morais e à conduta humana e também pode ser entendida como um conjunto de princípios, normas e regras que devem ser seguidos pelos membros de uma sociedade (iDicionário Aulete). Agir eticamente significa, em poucas palavras, agir de forma a compreender e minimizar o impacto negativo de suas ações em outrem. Uma forma encontrada para normalizar a conduta humana em sociedade foi a criação de leis que regulam e limitam o comportamento das pessoas, instituições e empresas de modo geral.

Anteriormente, foram apresentadas as principais críticas sobre o impacto da mídia nas crianças: ela transfere valores materialistas; incita a sexualidade precoce; estimula a obesidade e o consumo de produtos danosos à saúde (cigarro, álcool, drogas e produtos com alto teor de sódio, açúcar e gorduras). Conforme discutido ao longo deste livro, a criança se encontra no decorrer de seu processo de amadurecimento e, portanto, ainda não possui todas as suas capacidades físicas, psicológicas e sociais desenvolvidas. Sendo assim, é certamente errôneo realizar ações promocionais que tentem persuadir esse público extremamente frágil a consumir produtos que possam trazer malefícios físicos, mentais e financeiros à criança e à sua família. Isso não significa que a empresa não deva oferecer produtos para as crianças. O que a empresa deve fazer é oferecer produtos que sejam saudáveis e benéficos. Isso também não significa que a empresa não deva fazer nenhuma propaganda sobre seus produtos, mas sim que a propaganda de produtos destinada a indivíduos com capacidade limitada de compreender a estratégia de comunicação, como é o caso das crianças, deve ser direcionada aos pais.

O centro do problema se encontra na definição do momento em que a criança já possui as capacidades necessárias para compreender os estímulos que recebe e tomar suas próprias decisões. As diversas pesquisas realizadas sobre esse tema encontraram resultados divergentes (Kline, 1993; Brée, 1995). Na dúvida, as empresas deveriam assumir que não é adequado direcionar propagandas para crianças menores de 12 anos. Essa questão foi abordada pelas principais empresas do ramo de alimentos e bebidas que, em 2009, espontaneamente assinaram um termo restringindo propagandas e ações promocionais em escolas para crianças menores de 12 anos. As empresas que assinaram esse compromisso foram: Ambev, Batavo, Bob's, Burger King, Cadbury, Coca-Cola Brasil, Danone, Elegê, Ferrero do Brasil, Garoto, General Mills Brasil, Grupo Bimbo, Grupo Schincariol, Kellogg's, Kraft Foods, Mars Brasil, McDonald's, Nestlé Brasil, Parmalat Brasil, PepsiCo Alimentos, PepsiCo Bebidas, Perdigão, Sadia e Unilever Brasil (Alana, 2010). Porém nem todas as empresas apresentadas seguiram à risca o que foi acordado (Alana, 2010).

Nos últimos anos, as empresas de *fast-food* vêm sendo acusadas de incentivar a obesidade infantil, oferecendo produtos com alto teor de sódio, gordura e açúcar. Houvessem essas empresas reestruturado suas estratégias, levando em conta a saúde e o bem-estar das crianças, não estariam sofrendo os ataques e restrições legais para suas atividades (Jones, 2009).

Em vez de tratar o assunto com a devida atenção, algumas empresas utilizam subterfúgios, buscando contornar a legislação (Jones, 2009). Isso tem incentivado o surgimento de ações contrárias às atividades. Já existem alguns sinais de que a sociedade está se organizando para restringir as ações das empresas. Por exemplo, em São Francisco (Estados Unidos) foi aprovada uma lei que estipula que se uma empresa do ramo de *fast-food* deseja oferecer um brinde promocional, a refeição que acompanha o brinde deve ter no máximo 600 calorias (Martinez, 2010). Essa ação terá um impacto direto no McDonald's e no McLanche Feliz. Na Suécia, a propaganda para crianças foi banida por completo (Oates et al., 2003). Nos Estados Unidos, limitou-se a doze minutos por hora de propaganda durante a semana e dez minutos por hora de propaganda nos fins de semana (McNeal, 2007).

13 Legislação e ética no marketing aplicadas ao público infantil

No Brasil, algumas empresas já receberam multas do Procon: Sucos Del Valle (R$ 37 mil), Editora Abril e Banco Panamericano (R$ 323 mil) e Dr. Oetker (R$ 105 mil) (Alana, 2010). Essas empresas foram multadas porque se considerou que a propaganda fez uso das vulnerabilidades da criança para promover a venda de produtos, incentivou o consumo desenfreado e o consumo exagerado de alimentos com baixo teor nutricional, respectivamente. Além disso, a legislação brasileira e os profissionais da propaganda já reconhecem que é necessário ter uma atenção diferenciada ao público infantil. No Quadro 13.1 é apresentado o artigo 37 do Conselho Nacional de Autorregulamentação Publicitária (Conar). Este artigo trata da relação das empresas de propaganda com a criança. O texto apresentado dá as diretrizes necessárias para a condução de propagandas adequadas ao consumidor infantil.

Quadro 13.1 – Artigo 37 – Conar

Artigo 37

Os esforços de pais, educadores, autoridades e da comunidade devem encontrar na publicidade fator coadjuvante na formação de cidadãos responsáveis e consumidores conscientes. Diante de tal perspectiva, nenhum anúncio dirigirá apelo imperativo de consumo diretamente à criança. E mais:

I   Os anúncios deverão refletir cuidados especiais em relação à segurança e às boas maneiras e, ainda, abster-se de:
a. desmerecer valores sociais positivos, tais como, entre outros, amizade, urbanidade, honestidade, justiça, generosidade e respeito a pessoas, animais e ao meio ambiente;
b. provocar deliberadamente qualquer tipo de discriminação, em particular daqueles que, por qualquer motivo, não sejam consumidores do produto;
c. associar crianças e adolescentes a situações incompatíveis com sua condição, sejam elas ilegais, perigosas ou socialmente condenáveis;
d. impor a noção de que o consumo do produto proporcione superioridade ou, na sua falta, a inferioridade;
e. provocar situações de constrangimento aos pais ou responsáveis, ou molestar terceiros, com o propósito de impingir o consumo;
f. empregar crianças e adolescentes como modelos para vocalizar apelo direto, recomendação ou sugestão de uso ou consumo, admitida, entretanto, a participação deles nas demonstrações pertinentes de serviço ou produto;
g. utilizar formato jornalístico a fim de evitar que anúncio seja confundido com notícia;

h. apregoar que produto destinado ao consumo por crianças e adolescentes contenha características peculiares que, em verdade, são encontradas em todos os similares;
i. utilizar situações de pressão psicológica ou violência que sejam capazes de infundir medo.
II Quando os produtos forem destinados ao consumo por crianças e adolescentes seus anúncios deverão:
a. procurar contribuir para o desenvolvimento positivo das relações entre pais e filhos, alunos e professores, e demais relacionamentos que envolvam o público-alvo;
b. respeitar a dignidade, ingenuidade, credulidade, inexperiência e o sentimento de lealdade do público-alvo;
c. dar atenção especial às características psicológicas do público-alvo, presumida sua menor capacidade de discernimento;
d. obedecer a cuidados tais que evitem eventuais distorções psicológicas nos modelos publicitários e no público-alvo;
e. abster-se de estimular comportamentos socialmente condenáveis.

Parágrafo 1

Crianças e adolescentes não deverão figurar como modelos publicitários em anúncio que promova o consumo de quaisquer bens e serviços incompatíveis com sua condição, tais como armas de fogo, bebidas alcoólicas, cigarros, fogos de artifício e loterias, e todos os demais igualmente afetados por restrição legal.

Parágrafo 2

O planejamento de mídia dos anúncios de produtos de que trata o inciso II levará em conta que crianças e adolescentes têm sua atenção especialmente despertada para eles. Assim, tais anúncios refletirão as restrições técnicas e eticamente recomendáveis, e adotar-se-á a interpretação a mais restritiva para todas as normas aqui dispostas.

Apesar de as sugestões do Conar serem bem abrangentes, ou talvez por causa disso mesmo, a adesão das empresas aos preceitos apresentados não é das mais significativas. São inúmeros os exemplos de propagandas veiculadas na televisão que ferem os princípios listados. Digno de nota é o comportamento de algumas empresas que assumem determinada posição nos Estados Unidos ou na Europa por questões legais, e outra totalmente oposta no Brasil e na América Latina. Essas empresas participam de associações e defendem os direitos das crianças norte-americanas por conta da legislação mais restritiva e das pressões sociais. No entanto, em ambientes sociais onde existe uma liberdade maior de ação, essas empresas não sentem a necessidade de ter coerência entre o que é feito no ambiente da matriz e o que é feito no ambiente de suas filiais. No contexto da globalização e do acesso cada

13 Legislação e ética no marketing aplicadas ao público infantil

vez mais fácil e rápido à informação, quando a responsabilidade da corporação tem cada vez mais influenciado o comportamento do consumidor e da sociedade como um todo, é de surpreender esse tipo de ação dúbia das empresas. De qualquer forma, este livro urge às empresas e aos profissionais de marketing que se conscientizem da importância que têm na sociedade, e fundamentalmente no desenvolvimento das crianças, e tomem medidas proativas para a proteção de seu público-alvo.

Referências bibliográficas

Apresentação

BRASIL. Art. 2º da Lei nº 8069 de 13 de julho de 1990. Dispõe sobre o Estatuto da Criança e do Adolescente e dá outras providências. Disponível em: <http://www.planalto.gov.br/ccivil_03/leis/L8069>.

IBGE – Instituto Brasileiro de Geografia e Estatística. Censo de 2010. Disponível em: <http://www.ibge.gov.br>. Acesso em: 21 jun. 2012.

KAIL, R. V. *A criança*. São Paulo: Prentice-Hall, 2004. 545 p.

MCNEAL, J. U. The child consumer: A new market. *Journal of Retailing*, v. 45, n. 2, 1969.

MOSCHIS, G. P.; CHURCHILL JR., G. A. Consumer socialization: A theoretical and empirical analysis. *Journal of Marketing Research*, v. 15, nov. 1978.

PIAGET, J. *Linguagem e o pensamento da criança*. Rio de Janeiro: Fundo da Cultura, 1959.

WARD, S. Consumer socialization. *Journal of Consumer Research*, v. 1, p. 1-14, 1974.

Capítulo 1

ABOUT.COM ECONOMICS. The post war economy: 1945-1960. *About.com Economics*. Disponível em: <http://economics.about.com/od/useconomichistory/a/post_war.htm>.

ACT OF 1788. Disponível em: <http://eh.net/encyclopedia/article/tuttle.labor.child.britain>.

ARIÈS, P. *Centuries of childhood a social history of family life*. Londres: Vintage, 1962.

AZZARONE, S. Tweens, teens and technology: What's important now. *Advertising & Marketing to Children*, p. 57-61, out.-dez. 2003.

DATA POPULAR. Apresentação em PPT disponibilizada pela empresa. 2006. Disponível em: <http://www.datapopular.com.br/html/documentos/Apresentacao_DataPopular_2006.pdf>. Acesso em: 15 ago. 2006.

GOLDMAN SACHS ECONOMIC RESEARCH. The expanding middle: the exploring world middle class and falling global inequality. *Global Economics Paper*, n. 170, jul. 2008. Disponível em: <http://www.ryanallis.com/wp-content/uploads/2008/07/expanding-middle.pdf>.

GRISE, H. S. Estratégias de uso da internet como ferramenta de comunicação da empresa com o consumidor infantil. São Paulo: CNPQ, 2011. (Trabalho de iniciação científica realizado sob orientação de Andres Rodriguez Veloso.)

GROSS, G. Children and the market: An American historical perspective In: MARSHALL, D. *Understanding children as consumers*. Thousand Oaks, CA: Sage, 2010.

HAKIME, R. Classe C invade aeroportos e faz movimento crescer 21,6% em 2010. *R7*, 25 dez. 2010. Disponível em: <http://noticias.r7.com/economia/noticias/classe-c-invade-aeroportos-e-faz-movimento-crescer-21-6-em-2010-20101225.html>.

HOFFMANN, R.; LEONE, E. Participação da mulher no mercado de trabalho e desigualdade da renda domiciliar no Brasil: 1981-2002. *Nova Economia*, v. 14, n. 2, p. 35-58, 2004.

IBGE – Instituto Brasileiro de Geografia e Estatística. Censo de 2000. Disponível em: www.ibge.gov.br. Acesso em: 5 fev. 2006.

_____. Taxa de fecundidade total. 2010. Disponível em: <http://seriesestatisticas.ibge.gov.br/series.aspx?vcodigo=POP263>. Acesso em: 7 ago. 2010.

INFO MONEY. Ano de ouro para a classe C, 2010 consolida crescimento que deve continuar em 2011. UOL, 27 dez. 2010. Disponível em: <http://economia.uol.com.br/ultimas-noticias/infomoney/2010/12/27/ano-de-ouro-para-a-classe-c-2010-consolida-crescimento-que-continuara-em-2011.jhtm?action=print>.

KIDS' MONEY for parents allowance statics. *Kids' Money*. Disponível em: <http://www.kidsmoney.org/allstats.htm#Amt>. Acesso em: 2011.

KUSSMAUL, A. *Servants in husbandry in early modern England*. Cambridge: Cambridge University Press, 1981.

LEWIS, L. Birthdays. In: MARSHALL, D. *Understanding children as consumers*. Thousand Oaks, CA: Sage, 2010. p. 84.

MCNEAL, J. U. *Kids as customers*: A handbook of marketing to children. Nova York: Lexinton Books, 1992.

_____. *The kids market*: Myths and realities. Nova York: Paramount Books, 1999. 272 p.

MONTIGNEAUX, N. *Público-alvo*: Crianças. São Paulo: Negócio Editora, 2003.

NERI, M. C. *A nova classe média*: O lado brilhante dos pobres. São Paulo: FGV, 2010. Disponível em: <http://www.fgv.br/cps/ncm/>.

OLIVEIRA, F. Classe média do Brasil representa mais da metade da população. *R7*, Rio de Janeiro, 10 set. 2010. Disponível em: <http://noticias.r7.com/economia/noticias/classe-media-do-brasil-ja-representa-mais-da-metade-da-populacao-20100910.html>.

PESQUISA KIDS EXPERTS. CARTOON NETWORK. Disponível em: <http://www.alana.org.br/CriancaConsumo/Biblioteca.aspx?v=6&pes=17>.

ROSEMBERG, M. Baby boom. *About.com Guide*. 2011. Disponível em: <http://geography.about.com/od/populationgeography/a/babyboom.htm>.

SCHOR, J. B. *Born to buy*: The commercialized child and new consumer culture. Nova York: Scribner, 2004.

SIEGEL, D. L.; COFFEY, T. J.; LIVINGSTON, G. *The great tween buying machine*: Capturing your share of the multibillion dollar tween market. Chicago: Dearborn Trade Publishing, 2004.

Referências bibliográficas

VELOSO, A. R. et al. A criança no varejo de baixa renda. *RAE eletrônica*, v. 7, n. 2, 2008.

TAKAHASHI, F. Aluno troca rede pública por particular, apontam dados. *Folha de S.Paulo*, 31 dez. 2010. Disponível em: <http://www1.folha.uol.com.br/saber/853164-aluno-troca-rede-publica-por-particular-apontam-dados.shtml>.

Capítulo 2

ACUFF, D. S.; REIHER, R. H. *What kids buy and why*: The psychology of marketing to kids. Nova York: Free Press, 1997.

DAVIDOFF, L. L. *Introdução à psicologia*. São Paulo: Pearson-Makron Books, 2001. 798 p.

KAIL, R. V. *A criança*. São Paulo: Prentice-Hall, 2004. 545 p.

MARTÍ, E. Inteligência pré-operatória. In: COLL, C.; PALÁCIOS, J.; MARCHESI, A. *Desenvolvimento psicológico e educação*: Psicologia evolutiva. Porto Alegre: Artmed Editora, 1995.

SHAFFER, D. R. *Psicologia do desenvolvimento*. São Paulo: Cengage Learning, 2009.

SIEGEL, D. L.; COFFEY, T. J.; LIVINGSTON, G. *The great tween buying machine*: Capturing your share of the multibillion dollar tween market. Chicago: Dearborn Trade Publishing, 2004. p. 13.

VELOSO, A. R. *Estratégias de segmentação e posicionamento direcionadas para o mercado infantil*. 2008. Tese (Doutorado) – Faculdade de Economia, Administração e Contabilidade da Universidade de São Paulo (FEA/USP), São Paulo, 2008. 300 p.

VELOSO, A. R.; CAMPOMAR, M. C.; IKEDA, A. I. *Segmentation and positioning in the Brazilian kids market*: a case study on the basis of the pyramid. In: ENCONTRO DE MARKETING, 2010. Rio de Janeiro. ANPAD, 2010.

VELOSO, A. R.; HILDEBRAND, D. F. N. Representação social do ato de comprar para o consumidor infantil. In: ENCONTRO NACIONAL DA ASSOCIAÇÃO NACIONAL DE PROGRAMAS DE PÓS-GRADUAÇÃO EM ADMINISTRAÇÃO, 2007, Rio de Janeiro. *Anais...* ENANPAD 2007, Rio de Janeiro, 2007.

VELOSO, A. R. et al. Análise de estratégias de comunicação em propagandas televisivas voltadas ao público infantil. In: XII SEMINÁRIOS EM ADMINISTRAÇÃO, 2010, São Paulo. XII Seminários em Administração, 2010.

Capítulo 3

ALANA; DATAFOLHA. Pesquisa Consumismo na infância. Pesquisa realizada pelo Datafolha. Disponível em: <http://www.alana.org.br/banco_arquivos/arquivos/docs/biblioteca/pesquisas/Datafolha_consumismo_infantil_final.pdf>. Acesso em: 7 ago. 2010.

BELK, R. W. Possessions and extended self. *Journal of Consumer Research*, v. 15, p. 139-168, set. 1988.

BOUMPHREY, S. China´s little emperors control de purse strings. *Euromonitor International*, 2007. Disponível em: <http://www.euromonitor.com/chinas-little-emperors-control-the-purse-strings/article>. Acesso em: 6 set. 2010.

BRÉE, J. *Los Niños, el consumo y el marketing*. Barcelona: Paidós, 1995.

CARLSON, L.; LACZNIAK, R. N.; WERTLEY, C. Parental style the implications of what we know (and think we know). *Journal of Advertising Research*, v. 51, n. 2, jun. 2011.

CHAN, K. Consumer socialization of Chinese children in schools: analysis of consumption values in textbooks. *Journal of Consumer Marketing*, v. 23, n. 3, p. 125-132, 2006.

CHAPLIN, L. N.; JOHN, D. R. The development of self-brand connections in children and adolescents. *Journal of Consumer Research*, v. 32, p. 119-129, jun. 2005.

CHESTER, J.; MONTGOMERY, K. No escape: marketing to kids in the digital age. *Multinational Monitor*, jul./ago. 2008.

DATA POPULAR. *O mercado da base da pirâmide no Brasil*. 2006. (Apresentação em arquivo PPT disponibilizada pela empresa).

DUNCAN, G. J.; BOISJOLY, J.; HARRIS, K. M. Sibling, peer, neighbor, and schoolmate correlations as indicators of the importance of context for adolescent development. *Demography*, v. 38, n. 3, p. 437-447, jun. 2005.

EKSTROM, K. M. Consumer socialization of families. In: MARSHALL, D. *Understanding children as consumers*. Thousand Oaks, CA: Sage, 2010. p. 48.

EKSTROM, K. N.; TANSUHAJ, P. S.; FOXMANN, E. R. Children's influence in family decisions and consumer socialization – A reciprocal view. *Advances in Consumer Research*, v. 14, p. 283-287, 1987.

EMERY, G. What's in a name: product placement in games. *USA Today*, jan. 30, 2002. Disponível em: <http://www.usatoday.com>. Acesso em: 5 dez. 2010.

ESCALAS, J. E.; BETTMAN, J. R. Self-construal, reference groups, and brand meaning. *Journal of Consumer Research*, v. 32, p. 378-389, 2005.

EUROMONITOR. Fewer kids attract greater spending. *Brand Strategy*, p. 29-31, nov. 2001.

FORD, J. D.; ELLIS, E. A. A reexamination of group influence on member brand preference. *Journal of Marketing Research*. v. 17, p. 125-132, fev. 1980.

GRIGOROVICI, D. M.; CONSTANTIN, C. D. Experiencing interactive advertising beyond rich media: impacts of ad type and presence on brand effectiveness in 3D gaming immersive virtual environments. *Journal of Interactive Advertising*, v. 5, n. 1, p. 22-36, outono de 2004.

HAWKINS, DEL. I.; CONEY, K. A. Peer group influences on children's product preferences. *Journal of The Academy of Marketing Science*, v. 2, n. 2, p. 322-331, primavera de 1974.

HOFSTEDE, G. Management scientists are humans. *Management Science*, v. 40, p. 4-13, jan. 1994.

_____. Geert Hofstede™ cultural dimensions (Brazil), 2009. Disponível em: <http://www.geert-hofstede.com/hofstede_brazil.shtml>. Acesso em: 5 ago. 2010.

Referências bibliográficas

HOUAISS, *Dicionário da Língua Portuguesa*. Disponível: <www.uol.com.br/educacao>. Acesso em: 11 jul. 2007.

JI, M. F.; MCNEAL, J. U. How Chinese children's commercials differ from those of the United States: a content analysis. *Journal of Advertising*, v. 30, n. 3, p. 79-92, 2001.

KHATIBI, A.; HAQUE, A.; ISMAIL, H. Gaining a competitive advantage from advertising (Study on children's understanding of TV advertising). *The Journal of American Academy of Business*, p. 302-308, mar. 2004.

LEE, M.; FABER, R. J. Effects of product placement in on-line games on brand memory. *Journal of Advertising*, v. 36, n. 4, p. 75-90, inverno de 2007.

LEVY, S. Symbols for sale. *Harvard Business Review*, v. 37, n. 4, p. 117-124, 1959.

LINN, S. *Consuming Kids*: the hostile takeover of childhood. Nova York: Anchor Books, 2004.

LÓPEZ, F. Desenvolvimento social e personalidade. In: COLL, C.; PALÁCIOS, J.; MARCHESI, A. *Desenvolvimento psicológico e educação*: psicologia evolutiva. Porto Alegre: Artmed, 1995.

MCNEAL, J. U. *Children as consumers*. Austin: University of Texas Bureau of Business Research, 1964.

_____. *On becoming a consumer*. Woburn, MA: Butterworth-Heinemann, 2007.

_____. *The kids market*: myths and realities. Nova York: Paramount Books, 1999. 272 p.

_____. *Children as consumers*: insights and implications. Lanham, MA: Lexington Books, 1987.

MINIARD, P.; ENGEL, J. F.; BLACKWELL, R. D. *Comportamento do consumidor*. São Paulo: Thomson, 2005.

MONTIGNEAUX, N. *Público-alvo*: crianças. São Paulo: Negócio, 2003. p. 67.

MOORE, E. S. Children and the changing world of advertising. *Journal of Business Ethics*, v. 52, p. 161-167, 2004.

MORENO, M. C.; CUBERO, R. Relações sociais nos anos pré-escolares: família, escola, colegas. In: COLL, C.; PALÁCIOS; MARCHESI, A. *Desenvolvimento psicológico e educação*: psicologia evolutiva. Porto Alegre: Artmed, v. 1356, p, 1995

MOSCHIS, G. P. The role of family communication in consumer socialization of children and adolescents. *The Journal of Consumer Research*, v. 11, n. 4, 1985. p. 898-914.

MOSCHIS, G. P.; CHURCHILL JR., G. A. Consumer socialization: a theoretical and empirical analysis. *Journal of Marketing Research*, v. 15, nov. 1978.

MOSCHIS, G. P.; MOORE, R. L. An analysis of the acquisition of some consumer competencies among adolescents. *The Journal of Consumer Affairs*, v. 12, n. 2, p. 277-291, inverno de 1978.

MOSCHIS, G. P.; MOORE, R. L.; SMITH, R. B. The impact of family communication on adolescent consumer socialization. *Advances in Consumer Research*, v. 11, p. 314-319, 1984.

NEELEY, S. Influences on consumer socialization. *Young Consumers*, v. 1, p. 63-69, 2005.

NIELSEN. Kids in the U.S. eyeing big-ticket tech this holiday season. *Nielsen blog*, 22 dez. 2010. Disponível em: <http://blog.nielsen.com/nielsenwire/consumer/kids-in-the-u-s-eyeing-big-ticket-tech-this-holiday-season/>. Acesso em: 10 dez. 2010.

ÖZGEN, Ö. An analysis of child consumers in Turkey international journal of consumer. *Studies*, v. 27, n. 5, p. 366-380, nov. 2003.

PONCIN, I. Le placement de produits: Un nouvel outil de persuasion de l'enfant consommateur? *Revue Française du Marketing*, n. 214, p. 43, out. 2007.

REECE, B. B.; KINNEAR, T. C. Indices of consumer socialization for retailing research. *Journal of Retailing*, v. 62, n. 3, p. 267-280, outono de 1986.

RIDEOUT, V. Parents, children & media. *Kaiser Family Foundation Survey*, p. 1-42, 2007.

ROBERTS, D. F.; FOEHR, U. G.; RIDEOUT, V. J. *Generation M²*: Media in the lives of 8- to 18 - year- olds. A Kaiser Family Foundation Study, jan. 2010. 80 p.

ROBERTS, D. F.; FOEHR, U. G.; RIDEOUT, V. J.; BRODIE; M. *Kids & media @ The new millennium*: A comprehensive national analysis of children's media use. Menlo Park, CA: Henry J. Kaiser Family Foundation, 1999.

ROEDDER-JOHN, D. Consumer socialization of children: a retrospective look at twenty- -five years of research. *Journal of Consumer Research*, v. 26, n. 3, p. 183-213, dez. 1999.

ROEHM, M. L.; ROEHM JR., H. A.; BOONE, D. S. Plugs versus placements: a comparison of alternatives for within-program brand exposure. *Psychology & Marketing*, v. 21, n. 1, p. 17, jan. 2004.

ROSENBERG, M. China's one child policy: One child policy in china designed to limit population growth. 2010. Disponível em: <http://geography.about.com/od/population-geography/a/onechild.htm>. Acesso em: 8 jul. 2010.

SCHOR, J. B. *Born to buy*: The commercialized child and new consumer culture. Nova York: Scribner, 2004.

SIEGEL, D. L.; COFFEY, T. J.; LIVINGSTON, G. *The great tween buying machine*: Capturing your share of the multibillion dollar tween market. Chicago: Dearborn Trade Publishing, 2004.

SPUC – Society for the Protection of Unborn Children. China's one-child policy. 2010. Disponível em: <http://www.spuc.org.uk/lobbying/china/population-control-china>. Acesso em: 5 jun. 2011.

STAFFORD, J. E. Effects of group influences on consumer brand preferences. *Journal of Marketing Journal of Marketing Research*, v. 3, n.1, 1996.

STAMPFL, R. W.; MOSCHIS, G.; LAWTON, J. T. Consumer education and the preschool child. *The Journal of Consumer Affairs* (pre-1986), v. 12, n. 1, verão 1978.

VELOSO, A. R.; HILDEBRAND, D. F. N.; DARÉ, P. R. C. A criança no varejo de baixa renda. *RAE eletrônica*, v. 7, n. 2, 2008.

VILLE, V.-I. DE LA; TARTAS, V. Developing as consumers. In: MARSHALL, D. *Understanding children as consumers*. Thousand Oaks, CA: Sage, 2010.

WARD, S. Consumer socialization. *Journal of Consumer Research*, v. 1, p. 1-14, 1974.

WARD, S.; WACKMAN, D. B.; WARTELLA, E. *How children learn to buy*: the development of consumer information processing skills. Beverly Hills, CA: Sage Publications, 1977.

WARD, S.; ROBERTSON, T. S.; WACKMAN, D. Children's attention to television advertising. In: ANNUAL CONFERENCE OF THE ASSOCIATION FOR CONSUMER RESEARCH, II, 1971. *Proceedings...*, 1971, p. 143-156.

Capítulo 4

AAKER, D. A. *Brand Equity "Gerenciando o valor da marca"*. Tradução André Andrade. São Paulo: Negócios, 1998. p. 120.

AAKER, D. A.; DAY, G. S. *Investigación de mercados*. McGraw-Hill, México, 1989, p. 1-715.

AMA – American Marketing Association. Press release. The American Marketing Association releases new definition for marketing. 2007. Disponível em: <http://www.marketingpower.com/AboutAMA/Pages/DefinitionofMarketing.aspx>. Acesso em: 7 jun. 2008.

ANDERSON, E. W.; SHUGAN, S. M. Repositioning for changing preferences: the case of beef versus poultry. *Journal of Consumer Research*. v. 18, n. 2, p. 219-232, set. 1991.

BRANDT, S. C. Dissecting the segmentation syndrome. *Journal of Marketing*, v. 30, p. 22-27, out. 1966.

CAETANO, M. Jeito de uva, gosto de tomate. Produtos e mercados, *Globo Rural*, n. 299, set. 2010. Disponível em: <http://revistagloborural.globo.com/Revista/Common/0,ERT168657-18287,00.html>. Acesso em: 5 set. 2010.

DANNEELS, E. Market segmentation: normative model versus business reality – An exploratory study of apparel retailing in Belgium. *European Journal of Marketing*, v. 30, n. 6, p. 36-51, 1995.

DATA POPULAR. O mercado da base da pirâmide no Brasil. 2006. Disponível em: <http://www.datapopular.com.br/html/documentos/Apresentacao_DataPopular_2006.pdf>. Acesso em: 15 ago. 2006.

DIBB, S. Criteria guiding segmentation implementation: Reviewing the evidence. *Journal of Strategic Marketing*. v. 7, p. 107-129, 1999.

DIMINGO, E. The fine art of positioning. *The Journal of Business Strategy*, p. 34-38, mar.-abr. 1988.

DOYLE, P.; SAUNDERS, J. Market segmentation and positioning in specialized industrial markets. *Journal of Marketing* v. 49, n. 2, p. 24-32, primavera de 1985.

FURRIER, M. T.; SERRALVO, F. A. Processo de reposicionamento de marcas: Uma análise comparativa de experiências brasileiras vencedoras do prêmio top de marketing no período de 1999 a 2003. In: EMA – ANPAD, II, 2006, Rio de Janeiro. *Anais...* Rio de Janeiro, 2006. 17 p.

HENDOM, D. W.; WILLIAMS, E. L. Winning the battle for your customer. *The Journal of Consumer Marketing*, v. 2, n. 4, p. 65-75, outono de 1985.

HOOLEY, G. J.; SAUNDERS, J. *Posicionamento competitivo*: como estabelecer e manter uma estratégia de marketing no mercado. São Paulo, Makron Books, 1996. 367 p.

HOOLEY, G. J.; SAUNDERS, J. A.; PIERCY, N. F. *Estratégia de marketing e posicionamento competitivo*. São Paulo: Prentice-Hall, 2001. 423 p.

KERIN, R. A. et. al *Marketing*. 8. ed. São Paulo: McGraw-Hill, 2008. 720 p.

KOTLER, P.; KELLER, K. L. *Administração de marketing*. 12. ed. São Paulo: Pearson/Prentice Hall, 2006. p. 257-258. 750 p.

LAMBIN, J.-J. *Marketing estratégico*. 4. ed. Lisboa: McGraw-Hill, 2000. 756 p.

MARSDEN, P. Brand positioning: meme's the world. *Marketing Intelligence & Planning*, v. 20, n. 4/5, p. 307-312, 2002.

MCDONALD, M.; DUNBAR, I. *Market Segmentation*: how to do it, how to profit from it. 2. ed. Nova York: Palgrave, 1998. 376 p.

OLIVEIRA, B. A. C. de. *Proposição de um modelo de marketing para o reposicionamento de serviços*. 2005. Tese (Doutorado em Administração) – Faculdade de Economia, Administração e Contabilidade da Universidade de São Paulo (FEA/USP), São Paulo, 2005.

OLIVEIRA, B.; CAMPOMAR, M. C. *O posicionamento em marketing como proposta de valor*. Cladea, Montpellier, 2006.

PAULA, M. Top higiene: segmento vive expansão e deve fechar ano com faturamento recorde. *Folha de S.Paulo*, 27 out. 2010. Disponível em: <http://www1.folha.uol.com.br/mercado/819903-top-higiene-segmento-vive-expansao-e-deve-fechar-ano-com-faturamento-recorde.shtml>. Acesso em: 15 dez. 2010.

RICHERS, R. *Marketing*: Uma visão brasileira. 3. ed. São Paulo: RCA Editora, 2000. 430 p.

_____. Segmentação de mercado: Uma visão de conjunto. In: RICHERS, R. & LIMA, C. P. *Segmentação*: Opções estratégicas para o mercado brasileiro. São Paulo: Nobel, 1991a. p. 15.

RIES, A.; TROUT, J. The positioning era cometh. 1972. Disponível em: <http://www.ries.com/articles-positioningera.php>. Acesso em: 10 mar. 2008.

SIEGEL, D. L.; COFFEY, T. J.; LIVINGSTON, G. *The great tween buying machine*: capturing your share of the multibillion dollar tween market. Chicago: Dearborn Trade Publishing, 2004.

SMITH, W. R. Product differentiation and market segmentation as alternative marketing strategies. *Journal of Marketing*, v. 21, n. 1, p. 3-8., jul. 1956.

TOLEDO, G. L.; HEMZO, M. A. O processo de posicionamento e o marketing estratégico. In: ENANPAD, XV. 1991, Belo Horizonte. *Anais...* Belo Horizonte, 1991. p. 1-17.

Referências bibliográficas

TOP OF MIND 2005. Higiene e saúde – 15 anos: Sempre na liderança. *Folha de S.Paulo*, 18 out. 2005. Disponível em: <http://www1.folha.uol.com.br/folha/especial/2005/topofmind/fj1810200529.shtml>. Acesso em: 7 set. 2009.

VELOSO, A. R. *Estratégias de segmentação e posicionamento direcionadas para o mercado infantil*. 2008. Tese (Doutorado) – Faculdade de Economia, Administração e Contabilidade da Universidade de São Paulo (FEA/USP), São Paulo, 2008. 300 p.

VELOSO, A. R. et al. Análise de estratégias de comunicação em propagandas televisivas voltadas ao público infantil. In: XII SEMINÁRIOS EM ADMINISTRAÇÃO, 2010, São Paulo. XII Seminários em Administração, 2010.

VELOSO, A. R. et al. A criança no varejo de baixa renda. *RAE eletrônica*, v. 7, n. 2, 2008.

WIND, Y. Issues and advances in segmentation research. *Journal of Marketing Research*, v. 15, p. 317-337, ago. 1978.

Capítulo 5

CROOKS, H. A new world of kid's magazines. *US News & World Report*, p. 66-67, 20 ago. 1990.

DONATON, S.; MAGERA, M. SI for kids copycats. *Advertising Age*, p. 3, 29 jan. 1990.

ERICKSON, J. L. Food makers jump on microwave kid's meals. *Advertising Age*, p. 2, 7 nov. 1988.

_____. Link leaves Marjani Coke effervescent. *Advertising Age*, p. 2, 1º jun. 1987.

FICSHEL, C. *Designing for children* – Marketing design that speak to kids. Massachusetts: Rockport Publishers, 2001. p. 45, 73, 101, 129, 157.

FISCHER, C. Tyson's looney about kids. *Advertising Age*, p. 3, 18 dez. 1989.

FREEMAN, L. J &J polishes up new push at kids. *Advertising Age*, p. 2, 2 jan. 1989.

_____. Colgate makes play for kids market. *Advertising Age*, p. 24, 12 set. 1988.

_____. McKids grow up. *Advertising Age*, p. 82. 1º jun. 1987.

LINDSTROM, M.; SEYBOLD, P. B. *BrandChild*: remarkable insights into the minds of today's global kids and their relationships with brands. Filadélfia: Kogan Page, 2003.

MCNEAL, J. U. *Kids as customers*: a handbook of marketing to children. Nova York: Lexinton Books, 1992.

_____. *The kids market*: myths and realities. Nova York: Paramount Books, 1999. 272p.

_____. *On becoming a consumer*: Development of consumer behavior patterns in childhood. Woburn, MA: Butterworth-Heinemann, 2007.

MONTIGNEAUX, N. *Público-alvo*: Crianças. São Paulo: Negócio, 2003.

VELOSO, A. R. et al. Análise de estratégias de comunicação em propagandas televisivas voltadas ao público infantil. In: XII SEMINÁRIOS EM ADMINISTRAÇÃO, 2010, São Paulo. XII Seminários em Administração, 2010.

VELOSO, A. R.; HILDEBRAND, D. F. N. Representação social do ato de comprar para o consumidor infantil de alta renda. In: ENCONTRO NACIONAL DA ASSOCIAÇÃO NACIONAL DE PROGRAMAS DE PÓS-GRADUAÇÃO EM ADMINISTRAÇÃO, 2007. Rio de Janeiro. *Anais...* ENANPAD 2007, Rio de Janeiro, 2007.

Capítulo 6

JOHANSSON, B. Children and their money. *European Advances in Consumer Research*, v. 7, p. 327-333, 2006.

MCNEAL, J. U. *Kids as customers* – A Handbook of marketing to children. New York: Lexinton Books, 1992.

_____. *The kids market*: myths and realities. Nova York: Paramount Books, 1999. 272 p.

MOSCHIS, G. P.; MOORE, R. L. An analysis of the acquisition of some consumer competencies among adolescents. *The Journal of Consumer Affairs*, v. 12, n. 2, p. 277-291, inverno de 1978.

ROLAND-LÉVY, C. Children and money. MARSHALL, D. *Understanding children as consumers*. Thousand Oaks, CA: Sage, 2010.

STAMPFL, R. W.; MOSCHIS, G.; LAWTON, J. T. Consumer education and the preschool child. *The Journal of Consumer Affairs* (pre-1986), v. 12, n. 1, verão 1978.

STEPHENS, L. F.; MOORE, R. L. Price accuracy as a consumer skill. *Journal of Advertising Research*, v. 15, n. 4, p. 27-34, ago. 1975.

VELOSO, A. R.; HILDEBRAND, D. F. N. Representação social do ato de comprar para o consumidor infantil. In: ENCONTRO NACIONAL DA ASSOCIAÇÃO NACIONAL DE PROGRAMAS DE PÓS-GRADUAÇÃO EM ADMINISTRAÇÃO, 2007, Rio de Janeiro. *Anais...* ENANPAD 2007, Rio de Janeiro, 2007.

_____. A criança no ambiente varejista: Estudo exploratório na base da pirâmide. In: EMA, II, 2006, Rio de Janeiro. *Proceedings...*, Rio de Janeiro, 2006.

VELOSO, A. R. et al. A criança no varejo de baixa renda. *RAE eletrônica*, v. 7, n. 2, 2008.

_____. Uma visão holística da criança no varejo de baixa renda. In: III Encontro de Marketing da ANPAD, 2008, Curitiba. *Proceedings...*, Curitiba, 2008.

Capítulo 7

BRIDGES, E.; BRIESCH, R. A. The "Nag Factor" and Children's Product Categories. *International Journal of Advertising*, v. 25, n. 2, p. 157-87, 2006.

MARQUIS, M. Strategies for influencing parental decisions on food purchasing. *The Journal of Consumer Marketing*, v. 21, n. 2/3, p. 134-143, 2004.

MCNEAL, J. U. *Kids as customers*: A handbook of marketing to children. Nova York: Lexinton Books, 1992.

_____. *The kids market*: myths and realities. Nova York: Paramount Books, 1999. 272 p.

VELOSO, A. R.; HILDEBRAND, D. F. N. A criança no ambiente varejista: estudo exploratório na base da pirâmide. In: EMA, II, 2006. Rio de Janeiro. *Proceedings...*, Rio de Janeiro, 2006.

VELOSO, A. R. et al. A criança no varejo de baixa renda. *RAE eletrônica*, v. 7, n. 2, 2008.

_____. Uma visão holística da criança no varejo de baixa renda. In: II Encontro de Marketing da ANPAD 2008, Curitiba. *Proceedings...*, Curitiba, 2008.

Capítulo 8

ACUFF, D. S.; REIHER, R. H. *What kids buy and why*: the psychology of marketing to kids. Nova York: Free Press, 1997.

BELCH, G.; BELCH, M. *Propaganda e promoção*: uma perspectiva da comunicação integrada de marketing. 7. ed. São Paulo: McGraw-Hill, 2008.

KOTLER, P.; KELLER, K. L. *Administração de marketing*. 12. ed. São Paulo: Prentice Hall, 2006.

MCNEAL, J. U. *The kids market*: myths and realities. Nova York: Paramount Books, 1999. 272 p.

PECORA, N. O. *The business of children's entertainment*. Nova York: Guilford Press, 1998.

SCHULTZ, D. E. Integrated marketing communications: Maybe definition is in the point of view. *Marketing News*, 18 jan. 1993.

SCHULTZ, D. E.; KITCHEN, P. J. A response to "theoretical concept or management fashion"? *Journal of Advertising Research*. set.-out. 2000. p. 17-21.

TELECO. Portal de Telecomunicações. Disponível em: <http://www.teleco.com.br/>. Acesso em: 8 jan. 2011.

VELOSO, A. R.; TOLEDO, G. L.; HAMZA, K. M. Comunicação integrada de marketing em organizações sem fins lucrativos. In: ENCONTRO NACIONAL DE PROGRAMAS DE PÓS-GRADUAÇÃO EM ADMINISTRAÇÃO, 2004, Curitiba. *Anais...* ENANPAD, Curitiba, 2004.

Capítulo 9

ACHENREINER, G. B.; JOHN, D. R. The meaning of brand names to children: a developmental investigation. *Journal of Consumer Psychology*, v. 13, n. 3, p. 205-219, 2003.

ACUFF, D. S.; REIHER, R. H. *What kids buy and why*: the psychology of marketing to kids. Nova York: Free Press, 1997.

CHAPLIN, L. N.; JOHN, D. R. The development of self-brand connections in children and adolescents. *Journal of Consumer Research*, v. 32, p. 119-129, jun. 2005.

FITZGERALD, K.; LIESSE, J. Jetsons fly into hot licensing year. *Advertising Age*, 16 jul. 1990. p. 43.

GARFIELD, B. When selling to kids the loonier the better. *Advertising Age*. 5 fev. 1990. p. 50.

KELLER, K. L.; MACHADO, M. *Gestão estratégica de marcas*. São Paulo: Pearson Prentice Hall, 2006.

LAWRENCE, J.; FITZGERALD, K. Nintendo hits the spot with Seven-Up. *Advertising Age*, 25 jun. 1990. p.59.

LEVY, S. Symbols for sale. *Harvard Business Review*, v. 37, p. 117-124, jul.-ago. 1959.

MACKLIN, M. Pre-schooler learning of brand names from visual cues. *Journal of Consumer Research*, v. 23, n. 3, p. 251-261, 1996.

MONTIGNEAUX, N. *Público-alvo*: crianças. São Paulo: Negócio Editora, 2003.

SIEGEL, D. L.; COFFEY, T. J.; LIVINGSTON, G. *The great tween buying machine*: capturing your share of the multibillion dollar tween market. Chicago: Dearborn Trade Publishing, 2004.

VELOSO, A. R.; HILDEBRAND, D. F. N.; CAMPOMAR, M. C. Do Brazilian children have materialistic values? Drawings from high and low income children around 9 years old. In: Academy of Marketing Conference, 2011, Liverpool. *Proceedings...* Academy of Marketing Conference 2011: Marketing Field Forever, Academy of Marketing, Liverpool, 2011.

VELOSO, A. R. *Estratégias de segmentação e posicionamento direcionadas para o mercado infantil*. 2008. Tese (Doutorado) – Faculdade de Economia, Administração e Contabilidade da Universidade de São Paulo (FEA/USP), São Paulo, 2008. 300 p.

VELOSO, A. R.; HILDEBRAND, D. F. N. Representação social do ato de comprar para o consumidor infantil de alta renda. In: ENCONTRO NACIONAL DA ASSOCIAÇÃO NACIONAL DE PROGRAMAS DE PÓS-GRADUAÇÃO EM ADMINISTRAÇÃO, 2007, Rio de Janeiro. *Anais...* ENANPAD 2007, Rio de Janeiro, 2007.

Capítulo 10

ARORA, N.; ALLENBY, G. M. Measuring the influence of individual preference structures in group decision making. *Journal of Marketing Research*, v. 36, n. 11, p. 476-487, 1999.

BEATTY, S. E.; TALPADE, S. Adolescent influence in family decision making: A replication with extension. *Journal of Consumer Research*, v. 21, n. 9, p. 332-341, 1994.

BELCH, M. A.; BELCH, G. E.; SCIGLIMPAGLIA, D. Conflict in family decision making: An exploratory investigation. *Advances in Consumer Research*, v. 7, n. 1, p. 475-479, 1980.

BELCH, M. A.; KRENTLER, K. A.; WILLIS-FLURRY, L. A. Teen internet mavens: Influence in family decision making. *Journal of Business Research*, v. 58, n. 5, p, 569-575, 2005.

BEREY, L. A.; POLLAY, R. W. The influencing role of the child in family decision making. *Journal of Marketing Research*, v. 5, n. 2, p. 70-72, 1968.

Referências bibliográficas

CARLSON, L.; GROSSBART, S.; STUENKEL, J. K. The role of parental socialization types on differential family communication patterns regarding consumption. *Journal of Consumer Psychology*, v. 1, n. 1, p. 31-52, 1992.

CARLSON, L.; LACZNIAK, R. N.; MUEHLING, D. D. Understanding parental concern about toy-based programming: new insights from socialization theory. *Journal of Current Issues & Research in Advertising*, v. 16, p. 59, outono de 1994.

CARUANA, A.; VASSALLO, R. Children's perception of their influence over purchases: the role of parental communication patterns. *Journal of Consumer Marketing*, v. 20, n. 3, p. 55-66, 2003.

CHAN, K.; MCNEAL, J. Parent-child communications about consumption and advertising in China. *Journal of Consumer Marketing*, v. 20, n. 4, p. 317-332, 2003.

CHURCHILL, G. A. JR.; MOSCHIS, G. P. Television and interpersonal influences on adolescent consumer learning. *Journal of Consumer Research*, p. 23-35, jun. 1979.

COTTE, J.; WOOD, S. L. Families and innovative consumer behavior: A triadic analysis of sibling and parental influence. *Journal of Consumer Research*, v. 31, n. 6, p. 78-86, 2004.

ENGEL, J. F.; BLACKWELL, R. D.; MINIARD, P. W. *Comportamento do consumidor*. 8. ed. Rio de Janeiro: LTC, 2000.

FOXMAN, E. R.; TANSUHAJ, P. S.; EKSTROM, K. M. Family members' perceptions of adolescents' influence in family decision making. *Journal of Consumer Research*, v. 15, n. 3, p, 482-491, 1989.

GORN, G. J.; GOLDBERG, M. E. The impact of television advertising on children from low income families. *Journal of Consumer Research*, v. 4, n. 9, p. 86-88, 1977.

JENKINS, R. L. The influence of children in family decision-making: parents' perceptions. *Advances in Consumer Research*, v. 6, n. 1, p. 413-418, 1979.

KNIGHT, G. P.; KAGAN, S. Development of prosocial and competitive behaviors in anglo-american and mexican-american children. *Child Development*, v. 48, n. 12, p. 1385-1394, 1977.

LEE, C. K. C.; BEATTY, S. E. Family structure and influence in family decision making. *Journal of Consumer Marketing*, v. 19, p. 24-41, 2002.

MCNEAL, J. U. *Kids as customers*: a handbook of marketing to children. Nova York: Lexinton Books, 1992.

_____. The child consumer: a new market. *Journal of Retailing*, v. 45, n. 2, 1969.

MEHROTRA, S.; TORGES, S. Determinants of children's influence on mothers' buying behavior. *Advances in Consumer Research*, v. 4, n. 1, p. 56-60, 1977.

MOSCHIS, G. P.; MITCHELL, L. G. Television advertising and interpersonal influences on teenagers' participation in family consumer decision. *Advances in Consumer Research*, v. 13, n. 1, p. 181-186, 1986.

NELSON, J. E. Consumers as information sources in family decision to eat out. *Advances in Consumer Research*, v. 6, p. 419-423, 1979.

PRAHALAD, C. K.; LIEBERTHAL, K. The end of corporate imperialism. *Harvard Business Review*, v. 81, n. 8, p. 109-117, 2003.

ROEDDER-JOHN, D. Consumer socialization of children: a retrospective look at twenty-five years of research. *Journal of Consumer Research*, v. 26, n. 3, p. 183-213, dez. 1999.

ROSE, G. M.; BUSH, V. D.; KAHLE, L. The influence of family communication patterns on parental reactions toward advertising: a cross-national examination. *Journal of Advertising*, v. 27, p. 71-85, inverno de 1998.

SCHACHTER, S. *The psychology of affiliation*: Experimental studies of the sources of gregariousness. Oxford England: Stanford University Press, 1959.

SHAFFER, D. R. *Psicologia do desenvolvimento*. São Paulo: Pioneira Thomson, 2005.

SHOHAM, A.; DALAKAS, V. He said, she said... they said: parents' and children's assessment of children's influence on family consumption decisions. *Journal of Consumer Marketing*, v. 22, n. 6, p. 152-160, 2005.

SZYBILLO, G. J.; SOSANIE, A. Family decision making: husband, wife and children. *Advances in Consumer Research*, v. 4, n. 1, p. 46-49, 1977.

THOMSON, E. S.; LAING, A. W.; MCKEE, L. Family purchase decision making: exploring child influence behavior. *Journal of Consumer Behaviour*, v. 6, p. 182-202, 2007.

VELOSO, A. R.; HILDEBRAND, D. F. N.; CAMPOMAR, M. C. Children influences and family decision making. In: 2010 BALAS -- ANNUAL CONFERENCE, 2010, Barcelona. *2010 BALAS ANNUAL CONFERENCE PROCEDDINGS*, 2010.

VELOSO, A. R.; HILDEBRAND, D. F. N.; DARÉ, P. R. C. A criança no varejo de baixa renda. *RAE* eletrônica, v. 7, n. 2, p. 1-26, 2008.

WARD, S. et al. Children's purchase requests and parental yielding: a cross-national study. *Advances in Consumer Research*, v. 13, n. 1, p. 629-632, 1986.

WARD, S.; WACKMAN, D. Children's purchase attempts and parental yielding. *Journal of Marketing Research*, v. 9, p. 316-319, 1972.

Capítulo 11

ACUFF, D. F.; REIHER, R. H. *Kidnapped*: How irresponsible marketers are stealing the minds of your children. Chicago: Dearborn Trade Publishing, 2005.

BARRY, T. E. A framework for ascertaining deception in children's advertising. *Journal of Advertising*, v. 9, n. 1, p. 11-18, inverno de 1980.

BELK, R. W. Three scales to measure constructs related to materialism: reliability, validity and relationships to measures of happiness. *Advances in Consumer Research*, p. 291-297, 1984.

BRÉE, J. *Los niños, el consumo y el marketing*. Barcelona: Paidós, 1995. p. 1-318.

BRUCKS, M.; GOLDBERG, M. E.; ARMSTRONG, G. M. Children's cognitive response to advertising. *Advances in Consumer Research*, v. 13, p. 650-654, 1986.

Referências bibliográficas

BUCKINGHAM, D. *Crescer na era das mídias eletrônicas*. São Paulo: Loyola, 2007.

CHAN, K.; MCNEAL, J. U. *Advertising to children in China*. Hong Kong: Chinese University Press, 2004.

DONOHUE, T. R.; HENKE, L. L.; DONOHUE, W. A. Do kids know what TV commercials intend? *Journal of Advertising Research*, v. 20, n. 5, p. 51-57, out. 1980.

EIGHMEY, J. Deception and unfairness in children's advertising. In: AMERICAN ACADEMY OF ADVERTISING. *Proceedings of the American Academy of Advertising*. 1975. p. 69-71.

HANSEN, M. D. Internet controls: protecting your children. *Professional Safety*, v. 43, n. 4, abr. 1998.

GRANT-BRAHAM, B.; BRITTON, J. Motor racing, tobacco company sponsorships and alibi marketing. http://tobaccocontrol.bmj.com/content/early/2011/08/04/tc.2011.043448.full. Acesso em: 2011.

I-DICIONÁRIO AULETE: Disponível em <http://aulete.uol.com.br/site.php?mdl=aulete_digital&op=loadVerbete&pesquisa=1&palavra=materialismo&x=9&y=3>. Acesso em: 5 jan. 2011.

JOHN, D. R. Consumer socialization of children: a retrospective look at twenty-five years of research. *Journal of Consumer Research*, v. 26, n. 12, p. 183-213, 1999.

KHATIBI, A.; HAQUE, A.; ISMAIL, H. Gaining a competitive advantage from advertising (study on children's understanding of TV advertising). *The Journal of American Academy of Business*, p. 302-308, 2004.

LINDSTROM, M. *A lógica do consumo*: verdades e mentiras sobre por que compramos. Rio de Janeiro: Nova Fronteira, 2009.

LINN, S. *Crianças do consumo*: a infância roubada. São Paulo: Instituto Alana, 2006.

MARTIN, M. C. Children's understanding of the intent of advertising: a meta-analysis. *Journal of Public Policy & Marketing*, v. 16, n. 2, p. 205-216, outono de 1997.

MOORE, E. S. Children and the changing world of advertising. *Journal of Business Ethics*, v. 52, p. 161-167, 2004.

MOORE, E. S.; LUTZ, R. J. Children, advertising, and product experiences: a multimethod inquiry. *Journal of Consumer Research*, v. 27, p. 31-48, jun. 2000.

MOSES, L. J.; BALDWIN, D. A. What can the study of cognitive development reveal about children's ability to appreciate and cope with advertising? *Journal of Public Policy & Marketing*, v. 24, n. 2, p. 186-201, 2005.

MOSTAFA, M. M. Through the eye of a child: a meta-analytic study of children's understanding of advertising intent. *Global Business Review*, v. 9, n. 2, p. 243-255, 2008.

OATES, C. et al. Children's understanding of television advertising: a qualitative approach. *Journal of Marketing Communications*, v. 9, p. 59-71, 2003.

OBID – Observatório Brasileiro de Informações sobre Drogas. Levantamento sobre o uso de substâncias psicoativas entre estudantes da rede pública e particular das 26 capitais e Distrito Federal – 2010. Disponível em: <http://www.obid.senad.gov.br/ portais/OBID/biblioteca/documentos/Apresentacoes/328357.pdf>.

PARENTE, D.; SWINARSKI, M.; NOCE, K. Socialization to the internet: who is teaching our children? *International Journal of Management and Information Systems*, v. 13, n. 2, p. 11-20, 2009.

PARKER, R. S.; HAYTKO, D.; HERMANS, C. The perception of materialism in a global market: a comparison of younger Chinese and United States consumers. *Journal of International Business and Cultural Studies*, v. 3, p. 1-13, 2010.

TOBACCOFREE. Placing cigarette brands in films. Disponível em: <http://www.tobaccofree.org/films.htm>.

RICHINS, M.L.; DAWSON, S. A consumer values orientation for materialism and its measurement: scale development and validation. *Journal of Consumer Research*, v. 19, p. 303-316, 1992.

SHEIKH, A. A.; MOLESKI, L. M. Conflict in the family over commercials. *Journal of Communication*, v. 27, n. 1, p. 152-157, 1977.

STRASBURGER, V. C.; WILSON, B. J. *Children, adolescents, & the media*. Thousand Oaks: Sage Publications, 2000.

VALOR ECONÔMICO. São Paulo, 30 dez. 2010 apud <http://www.vonpar.com.br/site/content/noticias/default.asp?id=5054>.

VELOSO, A. R.; HILDEBRAND, D. F. N.; CAMPOMAR, M. C. Do Brazilian children have materialistic values? Drawings from high and low income children around 9 years old. In: PATTERSON, A.; OAKES, S. (Eds.). *Proceedings of the Academy of Marketing Conference 2011*: Marketing Field Forever. Liverpool: Academy of Marketing, 2011.

WARD, S.; ROBERTSON, T. S.; WACKMAN, D. Children's attention to television advertising. In: ANNUAL CONFERENCE OF THE ASSOCIATION FOR CONSUMER RESEARCH, II, 1971. *Proceedings...*, 1971. p. 143-156.

YOUNG, B. Does food advertising influence children's food choices? A critical review of some of the recent literature. *International Journal of Advertising*, v. 22, p. 441-459, 2003.

_____. Children and advertising. In: MARSHALL, D. *Understanding children as consumers*. Thousand Oaks, CA: Sage, 2010.

Capítulo 12

BANISTER, E. N.; BOOTH, G. J. Exploring innovative methodologies for child-centric consumer research. *Qualitative Market Research*, v. 8, n. 2, p. 157-175, 2005.

BARDIN, L. *Análise de conteúdo*. Lisboa: Edições 70, 2002.

Referências bibliográficas

BARNES, B. Disney expert uses science to draw boy viewers. *New York Times*. 13 abr. 2009. Disponível em: <http://www.nytimes.com/2009/04/14/arts/television/14boys.html>. Acesso em: 28 dez. 2010.

BARTHOLOMEW, A.; O'DONOHOE, S. Everything under control: a child's eye view of advertising. *Journal of Marketing Management*, v. 19, n. 3-4, p. 433-457, 2003.

CAMPOMAR, M. C. Do Uso de "Estudo de caso" em pesquisas para dissertações e teses em administração. *Revista de Administração*, São Paulo, v. 26, n. 3, p. 95-97, jul.-set. 1991.

CHAPLIN, L. N.; JOHN, D. R. The development of self-brand connections in children and adolescents. *Journal of Consumer Research*, v. 32, jun. 2005.

CHITAKUNYE, D. P.; MACLARAN, P. The everyday practices surrounding young people's food consumption. *Young Consumers*, v. 9, n. 3, p. 215-227, 2008. (doi: 10.1108/17473610810901642)

CHRISTENSEN, P.; PROUT, A. Working with ethical symmetry social research with children. *Childhood*, v. 9, p. 477-497, 2002.

COX, D. F.; GOOD, R. E. How to build a marketing information system. *Harvard Business Review*, maio-jun. 1967. p. 145.

COX, M. *Children's drawings*. New York: Penguin Books, 1992.

CREE, V. E.; KAY, H.; TISDALL, K. Research with children: sharing the dilemmas'. *Child and Family Social Work*, v. 7, p. 47-56, 2002.

DAVIS, T. Methodological and design issues in research with children. In: MARSHALL, D. *Understanding children as consumers*. Thousand Oaks, CA: Sage, 2010.

DERBAIX, C.; PECHEUX, C. A new scale to assess children's attitude toward TV advertising. *Journal of Advertising Research*, v. 43, p. 390-399, 2003.

DI LEO, J. H. *Young children and their drawings*. New York: Brunner/Mazel, 1970.

FARGAS-MALET, M. et al. Research with children: methodological issues and innovative techniques. *Journal of Early Childhood Research*, v. 8, 2010.

FOKS-APPELMAN, T. *Draw me a picture*: the meaning of children's drawings and play from the perspective of analytical psychology. Los Angeles, CA: Booksurge LLC, 2007.

GREIG, A.; TAYLOR, J. *Doing research with children*. London: Sage Publications, 1999.

HATCH, J. A. (Ed.). *Qualitative research in early childhood settings*. Westport, CT: Praeger Publishers, 1995.

GUBER, S. S.; BERRY, J. J. *Marketing to and through kids*. Nova York: McGraw-Hill, 1993.

KIROVA, A.; EMME, M. Fotonovela as a research tool in image-based participatory research with immigrant children. *International Journal of Qualitative Methods*, v. 7, n. 2, p. 35-57, 2008.

LOVERIDGE, J. *Involving children and young people in research in educational settings*: report to the Ministry of Education. Wellington: Victoria University of Wellington, Jessie Hetherington Centre for Educational Research, 2010.

MAANEN, J. V. *Qualitative methodology*. Thousand Oaks: Sage Publications, 1989. p. 10.

MACKLIN, M. C.; MACHLEIT, K. A. Measuring preschool children's attitudes. *Marketing Letters*, v. 1, n. 3, p. 253-265, 1990.

MALCHIODI, C. A. *Understanding children's drawings*. Nova York: The Guilford Press, 1998.

MCNEAL, J. U. *Kids as customers*: a handbook of marketing to children. Nova York: Lexinton Books, 1992.

_____. *The kids market*: myths and realities. Nova York: Paramount Books, 1999. 272 p.

_____. *Children as consumers*: insights and implications. Lexington, KY: Lexington Books, 1987.

MORROW, V.; RICHARDS, M. The ethics of social research with children: an overview. *Children & Society*, v. 10, p. 90-105, 1996.

PERACCHIO, L. A.; MITA, C. Designing research to assess children's comprehension of marketing messages. *Advances in Consumer Research*, v. 18, p. 23, 1991.

SCHEWE, C. D.; SMITH, R. M. *Marketing*: conceitos, casos e aplicações. São Paulo: McGraw-Hill, 1980. p. 70.

THOMAS, G.; SILK, A. *An introduction to the psychology of children's drawings*. Londres: Harvester Wheatsheaf, 1990.

VELOSO, A. R. *Estratégias de segmentação e posicionamento direcionadas para o mercado infantil*. 2008. Tese (Doutorado) – Faculdade de Economia, Administração e Contabilidade da Universidade de São Paulo (FEA/USP), São Paulo, 2008. 300 p.

VELOSO, A. R.; HILDEBRAND, D. F. N.; CAMPOMAR, M. C. Do Brazilian children have materialistic values? Drawings from high and low income children around 9 years old. In: PATTERSON, A.; OAKES, S. (Eds.). *Proceedings of the Academy of Marketing Conference 2011*: Marketing Field Forever. Liverpool: Academy of Marketing, 2011.

VELOSO, A. R. et al. A criança no varejo de baixa renda. *RAE eletrônica*, v. 7, n. 2, 2008.

VINTER, A. How meaning modifies drawing behavior in children. *Child Development*. v. 70, n. 1, p. 33-49, 1999.

WELLS, W. D. Communicating with children. *Journal of Advertising Research*, v. 5, p. 2-14, 1965.

YUEN, F. It was fun... I liked drawing my thoughts: using drawings in focus groups with children. *Journal of Leisure Research*, v. 36, n. 4, p. 461-482, 2004.

Capítulo 13

ALANA. Del Valle é multada por dirigir campanha abusiva ao público infantil. Disponível em: http://www.alana.org.br/CriancaConsumo/NoticiaIntegra.aspx?id=7906&origem=23. Acesso em: 29 dez. 2010.

Referências bibliográficas

BRÉE, J. *Los niños, el consumo y el marketing*. Barcelona: Paidós, 1995. 318 p.

CAMPOMAR, M. *Marketing de verdade*. São Paulo: Gente, 2011.

IDICIONÁRIO AULETE. Disponível em: <http://www.aulete.com.br>.

JARLBRO, G. Children and advertising on television – A survey of the research 1994-2000. *Nordicom Review*, v. 1, p. 71-78, 2000.

JONES, N. *Marketing brands to children*: ethically. New York: Strategic Book Publishig, 2009.

KLINE, S. *Out of the garden*: toys, TV, and children's culture in the age of marketing. New York: Verso, 1993.

MARTINEZ, M. San Francisco bans happy meals with toys. *CNN*. 2010. Disponível em: <http://articles.cnn.com/2010-11-09/us/california.fast.food.ban_1_meal-combinations-apple-dippers-yale-university-s-rudd-center?_s=PM:US>. Acesso em: 29 dez. 2010.

MCNEAL, J. U. *On becoming a consumer*: development of consumer behavior patterns in childhood. Woburn, MA: Butterworth-Heinemann, 2007.

OATES, C. et al. Children's understanding of television advertising: a qualitative approach. *Journal of Marketing Communications*, v. 9, n. 59-71, 2003.

IMPRESSÃO E ACABAMENTO
YANGRAF
Gráfica e Editora Ltda.
WWW.YANGRAF.COM.BR
(11) 2095-7722